全国教育科学规划国家青年项目（CLA130193）

李富刚　著

中华武术套路的美学研究

华东师范大学出版社
·上海·

图书在版编目（CIP）数据

中华武术套路的美学研究／李富刚著． —上海：华东师范大学出版社，2022
华东师大新世纪学术基金
ISBN 978-7-5760-2858-4

Ⅰ．①中… Ⅱ．①李… Ⅲ．①套路（武术）—体育美学—研究—中国 Ⅳ．①G852

中国版本图书馆 CIP 数据核字（2022）第 74447 号

华东师大新世纪学术基金资助出版

中华武术套路的美学研究

著　者	李富刚
组稿编辑	孔繁荣
项目编辑	夏　玮
特约审读	王莲华
责任校对	樊　慧　时东明
装帧设计	高　山

出版发行	华东师范大学出版社
社　址	上海市中山北路3663号　邮编 200062
网　址	www.ecnupress.com.cn
电　话	021-60821666　行政传真 021-62572105
客服电话	021-62865537　门市（邮购）电话 021-62869887
地　址	上海市中山北路3663号华东师范大学校内先锋路口
网　店	http://hdsdcbs.tmall.com

印刷者	常熟高专印刷有限公司
开　本	787×1092　16开
印　张	14.25
字　数	228千字
版　次	2022年7月第一版
印　次	2022年7月第一次
书　号	ISBN 978-7-5760-2858-4
定　价	69.00元

出版人　王　焰

（如发现本版图书有印订质量问题，请寄回本社客服中心调换或电话021-62865537联系）

目 录

绪 论 ………………………………………………………… 1
  一、问题的提出与研究意义 ……………………………… 1
  二、研究理论与文献综述 ………………………………… 6
  三、研究思路与研究假设 ………………………………… 27
  四、研究对象与研究方法 ………………………………… 29

第一章　武术套路的审美历程 …………………………… 33
  第一节　从先秦武舞看武术套路的审美基因 …………… 33
  第二节　汉唐武舞的雄健气势 …………………………… 50
  第三节　宋代"套子"的程式规范 ……………………… 57
  第四节　明清拳种的多样风格与形上追求 ……………… 61
  第五节　近现代以来武术套路审美转型、反思与未来展望 … 72
  小　结 ……………………………………………………… 94

第二章　武术套路的身份考察 …………………………… 96
  第一节　武术套路与技击实战 …………………………… 97
  第二节　武术套路与舞蹈 ………………………………… 100
  第三节　武术套路与体育 ………………………………… 102
  第四节　作为身体技艺的武术套路 ……………………… 104
  小　结 ……………………………………………………… 107

第三章　套路美的本体论思考 …………………………… 108
  第一节　"有意味"的程式之美 ………………………… 110
  第二节　武术套路"程式之美"的实践与文化根源 …… 121

  第三节 武术套路美的本质 …………………………………… 129
  小 结 ……………………………………………………………… 150

第四章 武术套路的审美创构 …………………………………… 151
  第一节 武术套路之"势"的内涵与创构 ……………………… 152
  第二节 武术套路演练者的学养与功夫 ……………………… 173
  第三节 意境：武术套路的审美理想 ………………………… 177
  小 结 ……………………………………………………………… 200

结 论 …………………………………………………………………… 202

参考文献 …………………………………………………………………… 205

后 记 …………………………………………………………………… 220

绪　论

一、问题的提出与研究意义

（一）问题的提出

中国传统武术素有"起于《易》、成于医、附于兵、扬于艺"之说（刘峻骧，2008）[32]。从这一简明又恰切的话语中可看出，尽管传统武术因"附于兵"而获得生存与发展的正当身份，但它却并未"以技击显"，相反却主要凭借其鲜明的艺术性与审美价值而扬名天下。且我们知道，"扬于艺"之说并不是主要指那些真实的打斗场面，而主要是针对武术套路这种深受中国传统文化影响、明显区别于他国武技的独特运动形式而言的。从古至今，无论是"武舞"、套子武艺，还是逐渐发展成熟、被认为是"诸艺之首"的"拳套"，抑或近代以来虽被体育化，但依然活跃在国内外大小运动会、武术文化节上的武术套路表演或比赛，舞台与影视荧幕上的各种套路演练与精心设计的打斗场面，都极富艺术与审美价值。所以，集中对武术套路进行美学研究十分必要，而近些年武术美学研究的繁盛局面也显示了学者们对这一研究领域的浓厚兴趣。不过，在我们对武术套路展开美学研究之前有必要思考以下几个重要问题：第一，我们是将武术套路视为一种"实用技艺"、体育运动形式，还是以一种"艺术"或"准艺术"的身份来对其进行美学研究呢？第二，套路之美到底"美在哪里"，是"形式"抑或"意蕴"，还是"体验"？第三，套路的美是现成的、实体化的，还是逐渐生成的？第四，我们应该采取哪一种美学研究范式才能更为切合它的本来面目呢？要回答这些问题，我们只有在对套路身份进行简略追索并对相关问题予以辨析的基础上，才能做出自己的选择。

我们知道，作为武术大家庭（功法、套路、格斗）中的"套路"练习形式，在追随武术整体身份由"技艺"向"体育"的古今嬗变过程中，"传统武术套路""竞技武术套路""影视武术"等词汇的出现，体现了武术套路在新的历史时空中的多样文化形态的存在与分疏。据此，学者们对武术套路究竟该归属于何种身份产生了疑惑与争议。有的学者仍固守将武术套路视为"武术完整技术体系中的一个环节或重要组成部分，其技击功用不能抹煞，其身份应是一种'技艺'而非'演艺'"（马勇 等，2009）[76]的观点，这种观点旨在突出武术套路是镶嵌在整个武术技能体系中的重要一环，与其他两种运动形式（即功法运动与格斗运动）相互关联、相互作用的传统理念，指出其艺术性、审美性的一面是与其实用"技击"功能密不可分的，并不能将其视为一种无所依傍的纯艺术性质的"演艺"。有的学者则将武术套路称为"一种能够用表演的形式进行攻击和防御的体育运动"（马庆，2012）[78]，或"表现攻防技击的艺术体育"（邱丕相 等，2001）[50]。这两种说法无疑都是为了尊重与兼顾武术套路在近代以来表现突出的体育与艺术的功能及身份而做出的界定，但其中"攻防技击"的限定词则无疑是为了凸显武术与其他艺术性较强的体育项目（如艺术体操等）的鲜明差异，同时也意味着"攻防技击"内涵的不可或缺。还有的学者则干脆将其称作"中国舞蹈"（程大力，2013）[6]，甚至追寻武术套路的"艺术化之路"（王国志，2012）[13]，或试图构建武术套路的艺术理论（吴松，2011）。这几位学者的观点无疑是为了凸显武术套路鲜明的艺术性与审美性，在他们的笔下，武术套路已俨然被堂而皇之地纳入"纯艺术"或"准艺术"的门下。

不同的视域、观照必然存在略有差异、甚至完全相左的看法及武术套路形象构建；但不管怎样，武术套路作为一种"以技击动作为素材，以攻守进退、动静疾徐、刚柔虚实等矛盾运动的变化规律编成的整套练习形式"（《中国武术教程》编写委员会，2004）[16]，则具有同一性。也就是说，"技艺"也好，"体育"也罢，抑或"艺术""准艺术"之说，名称与名号虽异，武术套路的基本形式依然在很大程度上得以保留与发展，只不过人们根据各种不同的需要会对其某一方面的功用加以放大与重点发挥，从而使得对其形式的利用具有一定的差异罢了。但在许多人看来，套路这种独特形式的存在，使它无论身处哪一种身份构建之中，都具有不容抹煞的艺术性与审美性；于是，套路作为一种迥异于他国武技的独特运动形式，似乎仅凭"形式"就能勾起克莱夫·贝尔所说的那种较为"纯粹"的审美情感，成为一种"有意味的形式"①。这一点在近现代以来不断花样翻新的武术套路编排与演练之中，以及其动作与技术元素被巧妙地嫁接或引进其他艺术（如网络游戏、动画电影等）中加以表现等方面得到了充分体现。那么，我们是否可以据此声称武术套路的美只在于其"形式"，对套路进行美学研究就在于对它做尽可能详尽的形式美分析（如节奏美、结构美、造型美等）呢？

显然，绝大多数人都不会同意这样一种过于简单化的定论，无论在古代还是当下，人们其实都不愿武术套路完全踏上舞蹈化或体操化的发展路径，而更愿意承认它的美是一种离不开中国传统文化与学术资源（如儒释道、中医、兵家等思想）濡染和各种实用价值（养生、防身、修身等）支援的"依存美"②。这种观点背后揭示的其实是人们看到了武术套路"形式"之美的实践与文化根源，看到了形式背后所积淀的丰厚的技能与社会文化"意蕴"。所以，与其说武术套路之美可以用克莱夫·贝尔（Clive Bell）所讲的那种能够激起人们特殊

---

① 克莱夫·贝尔说："在各个不同的作品中，线条、色彩以某种特殊方式组成某种形式或形式间的关系，激起我们的审美感情。这种线、色的关系和组合，这些审美地感人的形式，我称之为有意味的形式。'有意味的形式'，就是一切视觉艺术的共同性质。"（克莱夫·贝尔，1984.艺术[M].周金环，马钟元，译.北京：中国文联出版公司：4.）

② "依存美"是相对于纯粹美而言的，它是由德国哲学家康德（Immanuel Kant）在其《判断力批判》一书中提出的。我国美学家李泽厚在谈"美感"这一问题时就用这两个概念作出过分析和讨论。他认为针对人们审美过程中所获得的美感本身这一问题，现代美学界存在两种不同观点：以英国著名文艺理论家瑞恰慈（Ivor Armstrong Richards）、美国著名哲学家杜威（John Dewey）为代表的美学家，否认存在有特定的审美感情或审美感受的情感状态。他们认为，所谓审美感受、审美感情不过是日常生活中的各种经验的感受、感情的"某种方式"的"恰到好处"的协调、综合、均衡、中和，这种"中和"的感情越多、越丰富、越恰到好处，就越能形成审美感受，就得到越多的美感。而克莱夫·贝尔和罗杰·佛莱（Roger Fry）所持的审美感情说，认为有一种特殊的审美感情，它们是对对象的形式——色彩、线条、音响，即所谓"有意味的形式"的反应。只有在这种纯形式的欣赏中（如陶器、书法）才能获得审美感情，其他涉及内容（如故事、情节、人物）的情感、感受或认识都不能算作审美。他指出前者突出了审美的来源和组成，后者突出了审美的成果和状态。一偏重于依存美，一偏重于形式美。但在他看来，其实，一方面，如果没有日常经验和生活情感作为被剪裁、被纳入、被熔铸的材料，那所谓"审美感情"的心理结构将是空的。另一方面，如果有种种生活经验、感受或情感，而没有被纳入、剪裁和熔铸在一个审美心理结构中，那些材料不过是一堆大杂烩，不可能产生"审美感情"。参见李泽厚，2008.华夏美学·美学四讲：增订本[M].北京：生活·读书·新知三联书店：337-339.

"审美情感"、带有一定神秘感、"有意味的形式"说来加以解释，不如说它更符合经李泽厚先生用他的积淀说创造性重释之后的"有意味的形式"说。李泽厚在解释原始陶器纹饰由写实演化成抽象时指出："正因为似乎是纯形式的几何线条，实际是从写实的形象演化而来，其内容（意义）已积淀（溶化）在其中，于是，才不同于一般的形式、线条，而成为'有意味的形式'。也正由于对它的感受有特定的观念、想象的积淀（溶化），才不同于一般的感情、感性、感受，而成为特定的'审美感情'。"（李泽厚，2009）[27-28] 可见，经李泽厚这么一讲，在贝尔那里带有神秘感的审美情感（即"意味"）其实也并不那么神秘，"它正是这种积淀、溶化在形式、感受中的特定的社会内容和社会感情"（李泽厚，2009）[28]。只不过是随着时光的流逝、社会的变迁，使得"这种原来是'有意味的形式'却因其重复的仿制而日益沦为失去这种意味的形式，变成规范化的一般形式美。从而这种特定的审美感情也逐渐变为一般的形式感"（李泽厚，2009）[28]。总的来看，套路由过去那种有着丰富技能与文化内涵的"综合实用技艺"向当今越来越形式化、舞蹈化、体操化的方向发展，也较为符合这样一种由内容（意蕴）向形式积淀的整体发展规律。所以，李泽厚的"积淀说"能帮助我们更好地理解套路形式所勾起的特殊审美情感的根源所在，即李先生所说的"美的本质、根源来于实践"（李泽厚，2008）[277]，"美是人类实践的产物，它是自然的人化，因此是客观的、社会的"（李泽厚，2008）[276]。但这并不意味着我们可以宣称套路之美在于其"意蕴"，因为"无论哪一种美，都必须有感性（的）自然形式。一个没有形式（形象）的美那不是美"。（李泽厚，2008）[279] 在这样一种解释学的循环论证中，我们再次确证形式与意蕴之间本来就不是对立关系，而应该是一个统一体。正如在传统武术表演中，如何做到形神兼备一直都是演练者所追求的一样，对于当下比赛或演练中存在某些千篇一律、没有个性风格与意蕴表现的武术套路，许多人都表示不满，并主张习练者要向传统与生活回归，在传统与生活中汲取营养以充实套路表演的内涵。

这实际上就涉及了"体验"问题，任何时代的个体习武者都必然面临前辈传下来的某些经典套路程式；但这种动态的运动形式却不是靠口说或思致就能在自己身上呈现的，它必须经过每一个个体生命的重新体证、复活，并增进新东西才有美感可言。正如柳宗元"美不自美，因人而彰"的话语消解了实体化、现成化、外在于人的"美"本身一样，陈伯海说："是'体验'照亮了'形式'，赋予了'形式'以生命（使之成为灌注生气的形体）；反过来讲，形式的功能恰在于能彰显其内在的意蕴，然亦有可能遮蔽意蕴。"（陈伯海，2012a）[194]这足以表明个体的生命体验对于照亮"形式"、激活"意蕴"的重要性，且"意蕴"可以随着习练者人格与文化修养的提高、技艺的不断精进而得以逐渐开显，甚至步入"技进乎道"、天人合一的难以言传的至高境界。

基于以上分析，我们认为，对武术套路进行美学研究时，不能将形式与意蕴之间的关系对立起来，而要充分尊重套路的"形式"与"意蕴"之间本来就有的相互作用、相互成就与相互贯通的关系。这样，对武术套路之美的追问也就不再是一个单一的"美在形式"或"美在意蕴"之类的固定不变的"是什么"的问题，而是一个"如何是"，即如何逐渐生成武术套路的独特形式之美与丰厚意蕴之美的问题。所以，我们大可不必纠缠于将武术套路定义为某种固定不变的身份。这种单一的"是"的思维方式，对于解释武术套路这一多元文化现象及其审美价值并不适用；因为，这种非此即彼的定义都只能是片面的真理。其虽然看到了武术套路中某一方面的特征，但将这方面特征与功能放大时，往往又忽略了其他方面的特征与功能，造成一叶障目式的独断与偏颇。在一定程度上，武术套路既可视为技击术，也可视为体育艺术；但它作为一种综合文化现象，又高于其中任何一种定论。所以，与其想方设法地为其某一方面的身份进行正名，不如承认它的这种历史积淀而成的综合文化样态，以及各种身份之间的相互牵制与相互成就的关系。一方面，我们要从历史与文化、社会实践的角度来追寻与勾勒"意味"（或意蕴）在套路形式中的积淀过程，即探寻武术套路的独特程式是如何逐渐生成的。另一方面，我们又要立足个体生命体验，尤其是从某些武术大师的角度来探索他们是如何重新复活套路的程式，为其注入鲜活的生命体验并表现出气势雄健、含蓄蕴藉，有着丰富"意象"与"意境"内涵的佳作的。探索他们是如何结合不同的时空条件打破成规，创造出新的能够得到人们广泛认同与激起人们审美情感的套路形式的。

（二）研究意义

从美学角度，尤其是从实践美学、生命体验美学的角度来研究武术套路，尝试对武术套路逐渐生成的历史与文化渊源，以及在个体身上复活与创新套路之美的问题展开研究，具有重要意义。第一，有助于进一步完善中国武术理论基础学科的建设，引导、帮助我们更好地感知武术套路，认识武术套路，亲身参与和体验武术套路，形成审美经验，从而更好地欣赏、品评套路之美，进行套路美的创造。第二，有助于把握中国传统文化的内在精神。"很多学者都认为中国文化是一种诗性的文化、艺术的文化、审美的文化（钱穆、方东美都说过这样的话），因此不研究中国美学，就很难把握中国文化的特性，特别是很难把握中国文化的内在精神。"（高建平 等，2006)[19]因而对文学、书画、舞蹈等艺术部门的美学进行分门别类的具体研究，以及对并非纯艺术但又具有极高艺术欣赏价值的武术套路，从美学角度进行研究，有助于理解中国武术文化、中国文化所暗含的诗性特质与审美精神。第三，本研究不仅可从审美的角度解释武术套路在当下发展出现瓶颈的原因，也能在一定程度上提出指引套路在当下以及未来需要积极引导与培育的审美趋向。当中国社会的主要问题已开始从解决生存问题上升到解决生存质量层面，即从"如何活"上升到"活得怎样"转型时，人们的审美需求与审美权力的问题凸显出来。我们需要积极引导民众对武术套路从一般的浅表认识与体验走向深度体验，激发人们的参与热情与长期实践，这样才能发挥套路本有的陶冶性情、化育心灵、增强人们幸福感的长效作用。

二、研究理论与文献综述

（一）中西美学发展轨迹的简笔勾勒

本研究既然是从美学角度来对武术套路展开研究，就不能不对美学的发展历程做一简略的介绍与梳理。但对于"美学是什么"的问题，其实并不容易回答。在陈伯海看来，美学这门学科伴随着社会历史的发展与人类认识的加深与变化，不断经历着解构与重构的命运。从西方美学来讲，"古代西方人对把握美的本质特别重视，多从哲学高度来追寻什么是'美本身'，他们心目中的'美学'应该就是美的哲学。近代人则将'美学'定名为 Aesthetics，致力于辨析人们的审美经验构成，更由审美经验以追索美的存在，则美学或当理解为审美之学。现代学界人士又多将'美本身'之类视作伪命题，绝口不谈美的本质，专一从事审美活动与艺术活动（包括艺术作品）性能的探讨，于是美学成了'无美之学'。而在当下后现代主义思潮冲击下，审美活动泛化为日常生活，美学批评蜕变为社会学、历史学、文化学批评，则不仅审美与艺术自律的领域被打破，美学自身亦随之而遭到彻底消解，美学是什么的问题就更难解说了"（陈伯海，2012b）[107]。可见，由于美学的内涵随着时代的发展经常处于变动之中，要寻求一劳永逸的回答几乎不可能；但就在这种你方唱罢我登场的轮番上演之中，却也为当下新的美学建构积淀了一些可资借鉴的经验。在陈伯海看来，以下三方面的历史经验是不容忽视的：第一，"在美的本质问题上，由原初的实体论演变为当代非实体性的生成论，是美学发展的一个基本的趋势。"（陈伯海，2012a）[9]这样一来，原来认为可以统摄各类具体的美的事象的"美本身"就不再是先天给定且恒定不变的实体，而是在人的审美活动之中所开显出来的一种价值意境、一种理想形态，其内涵也随着社会时空的变化以及个体生命的浸润等体现出一定的时代风貌与个体风格差异。第二，"在审美活动的性能上，西方美学经历了由他律论经自律论而演进为当前自律与他律相结合的态势"（陈伯海，2012a）[10]。这样一来，"人的审美活动既处于历史、文化、社会、心理各种非审美因素的制约与影响之下，而又能保持其自身的活动性能与运作规律，换言之，审美仍有其自立性，却又跟人的整体生命活动交相共振与彼此融通"（陈伯海，2012a）[11]。第三，"西方美学由'形而上学'的一分支，转向'形上'与'形下'相结合"（陈伯海，2012a）[11]。这种既重视社会学、心理学、语言学、文化学等"形而下"的学科的参与，又不抛弃具有超越性精神追求的哲思与信仰的研究，应该是能够更好地推进美学学科健康发展的未来趋向。

就中国美学的发展来讲，尽管早在数万年前中国古人的装饰、器物中就已萌生了审美意识，且中国传统的美学思想也相当丰富，但它并未形成系统的美学学科。"美学"一词以及"美学"作为一门学科都是在19世纪末、20世纪初从西方传过来的。但就在这短短的一百年时间里，中国美学的学科建设也基本匆匆走过了西方美学两千多年的路。从陈伯海对中国美学学科发展历程所做的四个阶段的划分中，我们看到：作为现代美学开创期的20世纪上半叶，主要以翻译、转述、评介西方美学思想为主。尽管有少数学者（王国维、宗白华等）试图发掘传统美学资源，沟通中西；但特殊时代的影响使应者寥寥。20世纪五六十年代关于美学的大讨论，可看作中国现代美学发展的第二个重要阶段。在这场讨论中，针对美的本质的讨论，出现了以蔡仪为代表的客观论，以吕荧、高尔泰为代表的主观论，以朱光潜为代表的主客观统一论，以及以李泽厚为代表的客观社会论这四大派别的代表性观点。实际上唯物论的认识论成为了他们共同的理论基础，即仍将审美仅仅当作对美的认知活动，总体观念未脱西方近代美学的窠臼。20世纪七八十年代之交至90年代的美学发展为第三阶段。这一阶段的突出特点是原有的各派观点(除蔡仪外)基本都向以实践为本位的观点靠拢，"实践美学"成为主流学派；但学派内部(如实践美学与后实践美学)的观点并不统一。从20世纪90年代末到21世纪初的十年，可视为中国现代美学发展的第四个阶段。改革开放以来，社会经济体制由计划经济向市场经济转轨，与此相应的是大众审美文化迅速勃兴，西方后现代的各种文化与审美思潮被悉数引入中国，致使"日常生活审美化"，以及各种打破审美自律的"文化批评"等，成为新的美学研究热点。

在对这四个阶段完成简笔勾勒后，陈伯海认为："马克思主义否定资产阶级美学观，认识论本位让渡于存在论本位，而今又面临后现代思潮的挑战。一次次的解构迎来一次次的重构，它显示着中西美学的共同命运，故而西方美学的历史经验对我们来说实具有直接的借鉴作用。比如说，西方人对美的本质的认识，经过了从实体论到生成论的演化，这对我们就很有启示。"(陈伯海，2012a)[15-16]所以，陈伯海试图重新构建的生命体验论美学，就是在梳理中西美学发展历程的基础上，试图综合继承前期中西美学研究的历史经验，并注重融入与激活中国传统美学中的相关优秀思想所做的一种有效尝试。

其实，在笔者看来，以李泽厚为代表的实践美学的发展轨迹也可视为是由实体论向生成论演进的范例。自20世纪50年代李泽厚参与美学大讨论开始，到70年代末、80年代初率先掀起新一轮的"美学热"，以及他后来对美学的持续研究与深入思考，已使其实践美学思想日渐丰厚与完善。正如朱志荣所认为的："李泽厚的实践美学思想经历了从实践认识论到实践本体论(人类学历史本体论)再到实践生存论，尤其是个体生存论的变化历程。他所关注的对象，从对美感及美感与美的关系，转换到人类整体生存的基础，即人类生存所必需的物质生产活动,最后走向探讨人的生存方式、生存境界和生存意义……他的'积淀说'尝试解决其主体性实践哲学中工艺—社会结构、文化—心理结构以及群体和个体之间的关系问题,层层剥析,重视实践的理性和群体性的基础地位,继而透视出主体性的二重性,再将主体性的主观方面细化为集体和个体两个层次。而'积淀说'的原理实质上又为个体主体突破创造功能的探究打下了基础,走向其整个美学的最终归宿,即新感性,或称'情本体'。它是李泽厚在现代社会重建个体生存意义和自由理想的重大理论尝试。"(朱志荣 等,2008)³⁻⁴陈伯海也指出,80年代末兴起的、以杨春时为代表的"后实践美学"对以李泽厚为代表的实践美学的批判中,实际上"双方似均立足于人的存在来谈论美的存在,对于审美性能的掌握已越出了以往认识论范围的局限,开始进入存在论的局面"(陈伯海,2012b)¹¹³。这两位学者的观点足以表明,以李泽厚为代表的日渐完善的实践美学业已突破认识论的藩篱而向生成论、存在论的美学发展方向演进。李泽厚所独创的"积淀"一词本来就在强调动态生成,而被他看重的艺术社会学的研究,也成为阐释其"积淀学说"的最好载体。李泽厚认为,对艺术①的美学研究与一般艺术概论的研究是有区别的。一般艺术概论的研究是对艺术作品的具体构成规律及其产生、演变发展的原因和过程进行研究,而美学层面的艺术研究则是围绕或通过审美经验(即审美意识)这个中心来展开研究。这种研究重在把艺术看成是一定时代社会的产儿、是物态化了的一定时代社会心灵结构的灿然呈现。这样,艺术就不只是一个静态的概念,而是动态、变化、发展的概念。正如李泽厚所说:"艺术作为各种艺术作品的总和,它不应被看作只是各个个体的创作堆积,它更是一个真实性的人类心理—情感本体的历史的建造。"(李泽厚,2008)³⁵⁹所以,艺术(艺术原理、艺术史)往往成为审美意识的集中体现,从审美意识角度展开的艺术研究,也往往成为美学研究的宠儿。这样一来,李泽厚所倡导的"艺术社会学"也就成为贯

---

① 李泽厚认为,"就整体看,从古至今,可说并没有纯粹的所谓艺术品,艺术总与一定时代社会的实用功利紧密纠缠在一起,总与各种物质的(如居住、使用)或精神的(如宗教的、伦理的、政治的)需求、内容相关联。即使是所谓纯供观赏的艺术品,如贝尔所谓的'有意味的形式',也只是在其原有的实用功能逐渐消褪之后的遗物,而就在这似乎是纯然审美的观赏中,过去实用的遗痕也仍在底层积淀着"。(李泽厚,2008.华夏美学·美学四讲:增订本[M].北京:生活·读书·新知三联书店:357.)

通他所构建的美的哲学(即美的根源是"自然的人化")与审美心理学的最好途径,三者之间已不再是彼此分离的独立言说,而成为相互作用、相互成就的统一整体。

综上所述,尽管中国现代美学的学科发展历程很短,但它也基本经历了与西方美学大致相似的不断解构与重构的命运。美学学科究竟研究什么的问题并不容易回答,但在梳理中西美学发展历程后却仍可以总结出富有建设意义的历史经验。如对美的本质的研究,就已从对过去那种一成不变的实体化的"美本身"的追问向非实体化的生成论转型。就当前的中国美学来讲,李泽厚不断完善的实践美学①和陈伯海尝试构建的生命体验论美学②,就均可视为成功吸收了前人美学经验并结合新的时代特点融会创新的美学理论建构。

(二) 武术(侧重于武术套路)美学研究现状述评③

1. 1949—2013 年武术(主要是武术套路)美学研究的历史分期

自近代以来,武术被纳入体育范畴,但其艺术性、表演性、审美性的一

---

① 所谓实践美学,从哲学上说,乃人类学历史本体论(亦称主体性实践哲学)的美学部分,它以外在—内在的自然人化说为根本理论基础,认为美的根源、本质或前提在于外在自然(人的自然环境)与人的生存关系的历史性的改变;美感的根源在于内在自然(人的躯体、感官、情欲和整个心理)的人化,即社会性向生理性(自然性)的渗透、交融、合一,此即积淀说。(李泽厚,2008.华夏美学·美学四讲:增订本 [M].北京:生活·读书·新知三联书店:408.)
② 它以"生命活动"为审美的本原,以"体验"为审美的核心,更以精神"超越"为其指向,在三者的交互关系中来把握审美活动的性能,这样一种理念或可称之为生命体验论的审美观,提高一步,也就是生命体验美学了。陈伯海注重人的体悟性,指出人通过体悟交流来认识美。(陈伯海,2011a.论生命体验美学及其当代建构 [J].社会科学战线(8):123.)
③ 与武术美学有关的学术论文主要来源于中国期刊全文数据库(1949—2013 年)、中国优秀硕士学位论文全文数据库(1999—2013 年)、中国博士学位论文全文数据库(1999—2013 年)、万方数据库、中国社会科学引文索引、人大复印资料等,按照"武术(或太极拳、长拳、八卦掌、形意拳等)美学""武术套路美学""武术(或太极拳、长拳、八卦掌、形意拳等)艺术"等关键词进行检索,得出相关学术期刊论文总计 323 篇,其中硕士学位论文 11 篇、博士学位论文 2 篇。其次,与武术美学有关的书籍来源于国家图书馆、华东师范大学图书馆、河南大学图书馆、超星数字图书、万方数据库、当当网(图书类)、卓越网(图书类)等。再次,与武术美学有关的课题通过查找国家哲学社会科学基金立项项目(1999—2014 年)、"六五"至"十二五"全国教育科学规划课题立项项目、教育部人文社会科学研究一般项目立项项目(2001—2014 年)、全国教育科学规划学校体育、艺术、卫生和国防教育研究专项课题(2007 年和 2010 年),以及国家体育总局体育哲学社会科学研究项目立项项目(2001—2014 年),得出相关立项课题四项(见正文表绪-2)。

面不断被研究者认可、提出，并予以研究。民国期间，面对西洋体育强势进军中国学校和社会，武术也在强国强种的号召下顽强发展。这一时期研究者多用西洋的生理卫生知识来发掘与论证武术的健身价值，而很少涉及武术的艺术与审美价值方面的研究；但这方面的价值仍旧得到研究者的认可。如黄寿宸所著的《太极拳术的理论与实际》[①]一书中，除了用大量篇幅试图科学解析太极拳的健身功效外，还在结论部分指出："太极拳是一种艺术"。所谓"术"就是指健身的"术"；所谓"艺"就是指练之有素，武中有文、文中有武的"艺"。（黄寿宸，2008）[123-124]新中国成立后，传统武术、竞技武术、社会武术、学校武术等都取得较大发展。改革开放以来，随着社会经济水平显著提高，大众娱乐休闲与文化需求增强，影视武术与表演武术的潜力得到较大程度的激活。因此，从美学角度对武术进行研究也越来越被人关注与重视。笔者查阅相关文献资料后发现，从新中国成立至今，有关武术美学研究方面的文献分布情况大致可分为起步期（1949—1978年）、缓慢发展期（1979—2003年）和快速发展期（2004至今）三个阶段。其中起步期的文章不多，且主要在报刊上发表；但研究者（如蔡龙云、刘峻骧等）深厚的文化与武学功底，使他们的思考为后期研究打下坚实基础。自改革开放以来，相关文章多在学术期刊上发表，某些具有开创性的代表性文章的观点与内容还被教材采纳。根据中国期刊网检索，1979年至今与武术套路美学相关的学术性文章共有323篇（不包括会议、比赛信息等）。从表绪-1可看出武术美学研究的论文数量基本呈现不断上升的趋势，尤其是2004年至2013年更是达到高峰。

表绪-1　（1979—2013年）学术期刊发表武术美学方面的论文统计一览表

时间（年）	1979	1980	1981	1982	1983	1984	1985	1986	1987	1988	1989	1990
一般（篇）	0	0	0	0	1	0	2	0	1	1	0	2
核心（篇）	1	0	1	1	4	0	1	0	0	3	0	3
共计（篇）	1	0	1	1	5	0	3	0	1	4	0	5

---

① 《太极拳术的理论与实际》早在1948年已由永嘉出版社在沪出版。参见黄寿宸，2008.太极拳术的理论与实际［M］.太原：山西科学技术出版社.

续 表

时间（年）	1991	1992	1993	1994	1995	1996	1997	1998	1999	2000	2001	2002
一般（篇）	0	0	1	1	1	4	1	2	1	2	4	5
核心（篇）	2	0	1	2	0	2	0	1	0	1	1	2
共计（篇）	2	0	2	3	1	6	1	3	1	3	5	7

时间（年）	2003	2004	2005	2006	2007	2008	2009	2010	2011	2012	2013
一般（篇）	6	11	12	13	37	19	23	27	46	6	11
核心（篇）	3	9	2	3	6	3	3	9	6	1	9
共计（篇）	9	20	14	16	43	22	26	36	52	7	20

（1）起步阶段（1949—1978 年）

1949—1978 年这一时期自觉地从美学角度对武术（侧重于武术套路）展开的学术研究并不多见，有零星的相关文章散见于当时的报刊、书籍之中。如早在 20 世纪五六十年代，蔡龙云先生就在报刊上发表了一系列文章来谈武术的表演与欣赏。他认为："我国武术从创始到现在，始终是循着'击'和'舞'两个方面发展的。"（蔡龙云，2007g）[51]因此，武术的"舞"，即武术的表演艺术价值应该一直传承与发扬下去。他谈到了自己对如何欣赏武术表演的看法，指出武术表演的好坏，一看"手、眼、身、法、步"的具体要求是否到位，二看"动要有韵""静要有势""快而忌暴""慢而忌温"，即动、静、快、慢火候的把握与拿捏。他把这些理论具体运用到对刀（如六合刀、峨眉刀）、枪（长枪、六合枪）、剑（剑舞）、棍、拳术（醉拳）等武术表演活动的欣赏中，将演练者的演练水平与具体拳种、器械的风格特点结合起来进行解析，深入浅出，言简意赅，写得十分精到。蔡先生在 50 年代所写的这一组文章（蔡龙云，2007a；蔡龙云，2007g；蔡龙云，2007e；蔡龙云，2007c）值得我们珍视，尽管他似乎并没有明确提出从传统美学角度来探究武术运动的特点，但从其文章中可以看出他的古典文化底蕴之深厚。他已把他的思考与评价自觉地融入了古典文化与艺术话语中，使人一看就知道这是中国的"武术行家"在用中国的语汇阐释武术的表演与艺术性。此外，对太极拳研究颇深的顾留馨在其 1957 年的《在越南太极拳训练班演讲稿》中也提到,许多外国朋友都认为我们"太极拳"具有很高的"艺术性"。(顾留馨,2008)[176] 1961—1962 年间,刘峻骧发表了《武术与艺术》(1961年7月26日,《北京日报》学术版)、《武术与表演》(1961年9月14日,《光明日报》)、《论表情》(1961年12月29日,《光明日报》)、《情、景、形、神——形体美学笔记》(1962年2月14日,《光明日报》)、《文人与剑》(1962年4月14日)和《谈手式》(1962年9月19日)等一系列文章(主要在报刊上)。这些文章有着明确的研究视角,那就是从文化艺术性的角度研究武术,文章颇为重视武术训练的精、气、神,希望这一优势能为其他艺术(如话剧、电影)的演员所重视和借鉴。(刘峻骧,2008)[247] 可以说,刘峻骧的这一组文章对武术艺术、武术美学的研究具有开创意义。

(2)缓慢发展阶段(1979—2003 年)

从表绪-1 可看出,1979—2003 年这一阶段,伴随着 70 年代末、80 年代初美学大讨论以及美学研究热点的兴起,自觉从美学角度对武术(武术套路)展开研究的论文开始出现并日渐增多。其中 1979—1989 年间发表的相关论文共计 16 篇,年平均发表量约为 1.5 篇;1990—2003 年间发表的相关论文共计 48 篇,年平均发表量为 3.4 篇。1979—2003 年这一阶段的论文共计 64 篇,占 1979—2013 年期间论文总量的 20%,所以从论文发表量来看,这一阶段可视为武术美学研究的缓慢发展期。

1979 年,习云太选取套路运动中"节奏"这一特点,对竞技武术套路编排中的节奏如何把握展开深入研究。他指出:"套路动作结构,安排要注意快慢交错,起伏明显,转折自然,衔接紧凑。段(趟)中有重点组合,组合中有重点动作。重点动作指对身体素质要求较高、难度较大的动作,如双倒打等。"(习云太,1979)[44] 这是"文革"后的首篇武术美学研究论文。

1981 年,刘峻骧以笔名峻骧在《民族艺术与武术》一文中从学科交叉的角度阐述民族艺术中的舞蹈与武术之间的关系。(峻骧,1981)1982 年邱丕相发表《武术套路美学初探》一文,重点探讨了武术套路所展现的形式美,并从姿势、劲力、节奏、形神、结构等几个角度来予以揭示,指出武术套路"姿势的比例和谐匀称,动静疾徐的节奏变化,劲力运用的刚柔相济、轻重兼施,运动形式中的攻守进退、起伏转折，形与神、气与力的内外相合，以及整套结构中的结构变化虚实相生、布局回环错落等等，无一不具备和谐与变化中的统一，堪称形式美的典范之一"（邱丕相，1982）[47-48]。可见，邱丕相在这里主要运用了西方美学形式美的规律来全面分析武术套路的美学特征，这一研究路数的开辟，深刻地影响了后来的研究者。

进入90年代，研究者逐渐开始从传统美学的角度对武术展开研究，从《简论中华武术美学思想》（蔡宝忠 等，1990）[41]、《论中国武术美学思想的内涵与特征》（张志勇，1998a）等一系列文章就可看出。而且，还需要特别注意的一点是：90年代相关优秀的武术美学学术性论文的观点与内容，被编写进多种版本的武术理论教材之中。特别是在全国体育学院统编的教材《武术理论基础》中，辟专章对武术美学进行了介绍与阐述。这无疑对武术美学的研究起到了一定的刺激与推动作用。

如：1990年出版的由旷文楠等撰述的《中国武术文化概论》第十章"武术之美"（胡小明执笔），值得我们特别关注。（胡小明，1990）[274-299]该章经作者压缩整理后，以《中国古典美学与武术》为题发表在了1990年《体育科学》第5期。该论文既从历史角度把握了古典美学对武术的影响，又着重分析了古典美学对中国武术美学范畴、审美特色的具体影响。该章第二节主要分析了中国武术与西方体育项目的审美差异，在前两章的基础上作者在第三部分进一步谈到了武术美学的未来走向，认为其还有很大的研究空间。胡先生在文中为我们从古典美学的角度研究中国武术建立了一个很好的范式。他在有限的篇幅里，把握住了中国武术对古典美学精华部分的吸取，点出了武术与西方体育的迥然不同，并特别提醒我们："武术之美，深受中国古典美学的熏染，是东方传统文化长期积淀的一种外在显现。……完全用西方文化观念来认识武术，用西方美学来分析武术美；完全按西方体育运动项目的模式来发展中华武术运动，在理论和实践上都将遇到难以逾越的障碍。"（胡小明，1990）[298]这一提法无疑很有见地，大量学习、借鉴西方文化与理论为我们阐释传统文化带来了全新的视角，这是值得肯定的；但如若用得不当则有隔靴搔痒之感。因此，胡小明从古典美学的角度来研究中国武术所产生的观点，既给我们一种警示，也给我们很大的启发与动力。不过，它毕竟只占了一章的篇幅，它的意义更多的是具有先行者的开创之功,其中的每一部分还有待于我们进一步去充实与深挖。

1993年由北京体育学院出版社出版的《武术理论基础》第三章"武术的美学基础"里率先出现"武术美学"的概念,并对武术美学的产生与发展、武术美学的基本特征和表现形式进行研究。(《武术理论基础》编写组,1993)[71-89]该教材给武术美学所下的定义是:武术美学是"以武术运动为基础,以中华民族传统哲学、美学和文化学的思想理论、观点和方法为指导,注重研究武术的艺术特性和审美功能,以及武术美的创造与发展规律等问题的学问"(《武术理论基础》编写组,1993)[74-75]。该教材还把武术美学看成是一门新兴的武术理论基础学科,这一定位无疑提升了武术美学研究的价值与意义。但该教材在谈武术的基本特征和表现形式时,主要采用的是西方美学形式美的研究视角。

此外,还有1995年由武汉体育学院江百龙主编的《武术理论基础》面世,该书第三章"武术运动自身理论体系雏论"(江百龙,1995)[81-109]也曾以《中华武术审美特性的根源》(吴庆华 等,1990)为题,发表在1990年第1期《武汉体育学院学报》上。该文认为"气"是武术美的本源,阴阳运化形式表现(如刚柔、动静等)为武术基本的审美特征。

1997年全国体育院校武术专业通用教材《武术理论基础》问世,该书在第六章"武术与传统美学思想"中主要论及了传统美学范畴中"韵""气""形神""阳刚""阴柔""趣"等在武术中的体现,并予以了较详细的分析。(全国体育院校教材委员会,1997)[122-134]该文也由作者整理后以《武术形神论》(郭志禹,1997)为题发表在1997年第3期《上海体育学院学报》上。

总之,20世纪90年代这一批主要从传统美学思想的角度对武术美学展开研究的学术论文,进一步提高了研究的深度与水准,而相关优秀论文观点与内容被写进教材,则进一步扩大了它们的影响与传播面,提高了人们对武术美学研究的学科认识,也指导人们更好地认识与赏鉴武术之美。

(3)快速发展阶段(2004—2013年)

从表绪-1可看出,自2004年始,武术美学方面的学术性论文量开始大幅增长,至2013年,10年的论文总量共计256篇,年平均达到25篇,占1979—2013年这一时期论文总量的80%;所以仅从论文的发表量来看,这一阶段也可视为武术美学研究的快速发展期。至于快速发展的原因应该是多方面的，其中外部的社会环境变迁以及内部的武术学科建设的深入发展等可视为两大主要原因。随着市场经济深入发展所带来的审美文化勃兴，武术作为一种兼具多种功能价值的综合文化样态，日渐发挥着更为重要的丰富与建构人们生活方式、满足人们精神与审美需求的作用；而武术学科内部的建设也愈来愈完善，如武术硕士点、博士点的增加，高校招生规模与师资队伍的扩大，武术科研工作者的增多，武术美学相关课题立项资助的加大（见表绪-2）等，都促使武术美学成为当前的一个研究热点。

表绪-2　武术美学方面国家级社科基金课题立项统计表

序号	时间(年)	课题名称	课题负责人	课题题目
1	2011	国家社会科学基金青年项目	王国志	中国武术艺术化之路研究
2	2011	国家社会科学基金青年项目	孙　刚	中国武术审美文化研究
3	2012	国家社会科学基金青年项目	马文友	中国武术审美文化的现代转型及发展模式研究
4	2013	国家社会科学基金青年项目	李富刚	中华武术套路的美学研究

此外，这一阶段与武术美学相关的武术审美哲学专著（1本）（郑仕一，2006）和2篇博士论文（孙刚，2009；吴松，2011）的出现也再次呼应了这一热潮。

2. 1949—2013年武术美学研究主要内容分布特点

范式概念是美国科学哲学家托马斯·库恩（Thomas Kuhn）范式理论的核心，库恩的范式概念有广义和狭义两种用法。广义的范式是指科学共同体的团体承诺，包括符号概括、模型、价值以及范例。（郁振华，2012）[217]对某一学科来说就是学术共同体所共享的信仰、理论体系或观察问题与分析问题时的角度、视野和参照框架。那么对中华武术美学的研究范式来讲，目前并未形成统一的能够广为接受的研究范式，而是呈现出多元化的研究视角与立论依据；而研究者不同的看问题的角度会选取与之相应的研究内容与理论架构。根据我们的梳理，武术美学的研究范式及其所涵盖的研究内容大致可分为五大方面：一是武术审美哲学的理论构建和武术美的本质研究；二是以范畴为中心的武术美学思想研究范式;三是武术艺术理论构建及武术与其他艺术之间的关系研究;四是武术审美教育;五是武术美学综述研究。当然这种分类是相当理想层面的,很多情况下研究者在探讨问题时往往把各种问题放在一起探讨。

(1)有关武术审美哲学理论体系的构建和武术美的本质研究

西方美学长期作为哲学"形而上学"的一分支而存在,中国传统美学思想虽不像西方古代美学那样与哲学"形而上学"结下不解之缘,但中国传统美学与中国传统哲学密不可分,且自有其特色;所以,谈美学不能不涉及哲学。就武术美学研究来讲,首先,从哲学思辨的高度来尝试构建武术审美理论的成果并不丰富。其中刘同为、花家涛的《论竞技武术套路审美范式结构》(刘同为 等,2004)一文和郑仕一的《中国武术审美哲学——现象学诠释》(郑仕一,2006)一书可视为自觉从哲学高度来构建武术审美范式的代表作。刘同为、花家涛在其文中认为:竞技武术套路审美的信念层次是战斗的意境理念,概括层次是审美主体对运动员创设的运动形象的认知活动和评价活动的统一,解释层次为审美直觉、审美领悟和审美超越。(刘同为 等,2004)[68]该理论架构有明显的心理学痕迹,多少有些忽视武术这种身体技能的身体主体地位。郑仕一在其专著中明确道出:"中国武术哲学美学之研究,是一种哲学化的美学思辨的艺术。"该研究认为:"中国武术哲学美学的核心——'人'与'武术',它是'先验的融合性',这并不是一般的主客体之谓;中国武术哲学美学的要素是作为内在要素的'直觉观念、想象体验',以及作为外在要素的'超感反应、妙悟回馈',它是'先验的存在性'。中国武术哲学美学的特征是'虚实、意形、节奏、刚柔'的融合与超越的'本质直观'的范畴,它是'本质的直观性'。"(郑仕一,2006)[1]郑仕一的这一研究是我国首次以专著形式出现的武术美学理论建构,且其理论体系建立在中西哲学会通的基础上,论文的宏观视域和严密推理都极大地提高了该研究的理论深度与价值意义;但文中胡塞尔现象学浓厚的先验哲学与意识哲学特点也多少遮蔽了武术本身的身体与实践维度。对于武术来讲,那种"先验的融合性"只能是理想模态,而不是起点,是要靠长期的实践工夫转化的。

其次,在对武术美的本质问题进行哲学思考的文章中,可见到所谓的客观论、主客统一论、客观社会论等观点；但它们之间并非泾渭分明，而是经常混杂或交融在一起。

其一，从客观论来讲，又可分为两派。一派认为"美在物质对象的形式规律或自然属性，如事物的某种比例、秩序、有机统一以及典型等等"；一派认为"美在对象体现着某种客观的精神、理式、理念等等"。(李泽厚，2008)[272]而武术套路美学研究则主要体现为前者，即研究者往往将武术套路之美还原与等同于套路"和谐"的自然属性(洛正，1987)与某些形式规律(如结构、节奏、造型等)(李德元，1987)等。客观论的长处在于肯定了套路美的形式规律与自然属性；缺陷在于忽视了套路美的人本内涵，用一种静观的态度来分析武术套路之美，忽视了武术套路作为一种动态的身体艺术与人类实践、与演练者的体验与情感等胶着在一起的特点。

其二，中国武术内外兼修、形神兼备的特点使研究者更多坚持主客统一论的观点，他们往往认为武术美的价值本体在于主客观相互作用生成的"武术意象/行拳意境/人生境界"。如崔怀猛等人的《武术美学的"四重境界"》(崔怀猛 等，2007)、吴松等人的《武术意象：一种典型的艺术化物象——对中国武术艺术理论的初探》(吴松 等，2012)、陈雁杨的《中国武术的意象理论》(陈雁杨，2004)等一系列文章基本都持这种观点。较有代表性的观点如崔怀猛等将武术的境界分为"外练筋骨皮"的"形美""内炼精气神"的"神美""尚武崇德，以德服人"的"德美""以术求道"的"道美"四重境界；并认为"道"是中国武术追求的最高境界，也是中国文化所追求的最高境界。(崔怀猛 等，2007)当然，更多研究者则是将武术套路的形式美特征与意境美等放在一起进行论述，如刘同为、花家涛认为：竞技武术"具有'形式美、本色美和意境美'等美学特征，其中以意境美为最高追求，其他美学特征皆服从于战斗的意境美的创构。形式美包括：形体美、造型美、结构美、劲力美、服装器材美等；本色美包括：踢、打、摔、拿、击、刺和由此繁衍出的千变万化的技击方法所具有的美；这些技击方法表现在武术套路中是经过艺术化处理的、与技击的本质是离形(形离)神似的辩证关系；意境美包括：韵律美、神采美等"(刘同为 等，2004)[69]。在我们看来，主客统一论的观点当然更符合中国武术、中国传统美学的特征，尤其是当研究者把意象、意境之美和武术套路的形式美特征融合在一起，并注重它们之间的相互作用与层级关系时，这种观点就更有说服力。但需要注意的是，李泽厚说："'主客观统一'中的'主'，如果指的是人的意识、情感、意志、愿欲等等，就仍可归入主观论。"（李泽厚，2008）[272]这是有道理的，对于作为身体技艺的武术来讲，并不是任何人将意识与情感倾注在套路之上就能创生所谓的"审美意象"。人们经常讲"内行看门道，外行看热闹"，如若脱离了长时间的亲身实践、体验与领悟活动，演练者是无法用自己的身体运动去复活那些程式化的武术意象以及创造新的武术意象的，欣赏者也是无法真正体验与领悟到名家表演之中的精到之处的。就目前的研究来讲，这种对身体、实践、体验重视的不足在整个武术美学研究之中体现得较为明显，容易使整个武术审美活动失掉根基与源泉。

其三，李泽厚所创立的客观社会派美学思想尽管影响较大，相关研究者也承认社会实践是武术成为审美对象的基础，（吴庆华 等，1990）[48]但真正把他的美的哲学（即对美的根源的探讨）观点具体深入地运用到武术研究之中的文章却很少，陈青山等人的《中华武术美的本质》一文可视为其中的一篇。该文认为："武术美的本质则是人的本质力量在武术运动领域中合规律性与合目的性的感性显现，它反映的是人与武术运动的审美关系。由于武术美是以人为对象，以人体运动为主要表现手段的。因此，也可以说武术美是人的本质力量在自身的直接展示；是人的本质力量在自身的'复现'和'确证'；是人们经漫长历史过程中改造世界、创造生活能动活动的具体实现；是实现社会生活本质、规律，能引起特定情感反映的具体形象；是社会性、自然性、客观性和主观性四者有机的统一。"（陈青山 等，2003）[149]这一观点主要脱胎于实践美学，较为重视武术美生成的客观性与社会性根源；但要让如此宏大的命题更有说服力，显然还需要结合具体的历史时空背景与文化背景来展开进一步论述。

（2）以审美范畴为中心的武术美学思想研究

美学也研究主体的人对审美对象的审美体验，即美感。广义的美感，相当于审美意识。它是人们在长期的社会实践，尤其是审美实践中形成并不断发展起来的、被系统化了的审美经验，深受文化形态和一般文化心理的影响，是总体社会意识的有机部分，具体包括较为稳定的审美心理结构（如审美观念、审美趣味、审美理想等)和具体审美活动中的审美感受等。狭义的美感则主要指具体审美活动中的审美感受,即人们在审美创造或者审美欣赏过程中的一种特殊的心理现象和情感体验过程。对武术审美活动中的美感研究包括狭义和广义两大方面,但对狭义的美感即武术审美活动中具体的审美感受进行研究的单篇论文很少,大多只是夹杂在某篇文章中的简略论述。相比较而言,从广义角度对武术审美活动中的美感,即审美意识,展开研究的论文较为丰富,尤其是从传统美学的角度探讨武术美学的重要范畴。在众多范畴的讨论中,除了上文所提到的具有价值存在意义的意象、意境、境界范畴之外,形神(郭志禹,1997)、虚实、气韵、神韵、体悟、势等也成为武术美学研究中较为常见的审美范畴研究对象。如孙刚把武术内蕴之"势"置于传统美学"势"的范畴中进行考察,指出:中华武术"重'势'不重'形'","势"体现了"流体的生命意象"。"'势'的美学思想体现在武术中主要表现为:造型中的'力'之美、运动中的'气势'美、运用中的'劲'之美。'势'是'力'的含蓄,'力'是'势'的作用。在中国文化特有的'气'化思想影响下,武术'尚劲不尚力','得势'实为'得劲',从而表现出不同于西方'尚力'技击术的中华审美情趣。"(孙刚,2010)[123]作者结合武术的理论与技击思想,把武术之"势"从多个层面加以阐述,并言之成理成据,使在一般人心目中颇为模糊的武术之"势"得以澄清,这种针对具体某一范畴的细致研究是比较有意义的。

  从传统美学角度对作为理论形态的审美意识(即武术套路的审美范畴)进行研究的成果较为丰富,但与前文所提到的对个体审美感受的研究成果严重不足一样,从艺术社会学的角度对武术审美意识进行研究的也很少独立成篇,只是作为相关论文的一部分出现而已;且这种论述一般来讲只是极为简略的对和武术套路相关的形象作品(如武舞、套子武艺、拳种流派等)发展流程的勾勒与铺叙,并未深入到各个历史时期的社会背景与文化心理结构之中展开令人信服的深入研究。在这一方面,胡小明在1990年的《中国古典美学与武术》一文的第一部分,就较早地从历史角度来探讨古典美学对中国武术审美的影响,他基本按照中国古典美学的发展历程来对应中国武术美学的发展演变,这从宏观上看似乎也可以说通,但若进一步深入到武术自身发展的微观上来看,就会发现,对于在中国古代更多的是作为一种下位文化存在的武术来讲,它并不是那么贴合以文学、书画等为主导的中国古典美学发展步伐。因此，对具体某一阶段的武术审美风尚特征的概括就需要更加谨慎，需要更为丰富的材料佐证与更为全面深刻的分析。

(3) 武术艺术理论研究及其与其他艺术关系的研究

首先，武术鲜明的艺术性使众多研究者对其艺术性的多样体现展开了深入研究，甚至有研究者将武术界定为纯艺术，并开始构建武术艺术理论体系，或对武术在未来的艺术化发展道路提出自己的策略。如程大力认为，中华武术是一门艺术，艺术的追求与完成是永无止境的。纯艺术化的武术虽然脱胎于实战，但又不一定要作用于实战，在实战中实现价值。作为一种艺术，它自身可以外在于实战，相对独立地发展。(程大力，2006)陈春娣、乔凤杰认为，是人的心理需要成就了武术的艺术属性，是人的审美态度强化了武术的艺术功能。"暴力美"是艺术武术形式的当代体现，艺术武术形式中的"暴力美"是对暴力的消解，是人的心理压抑的文明宣泄。(陈春娣 等，2006)李江从"身体美学"出发，讨论太极拳如何以其独特的运动形式培养我们的身体，完善我们的感受(松体沉气，动静结合，神意调控)，从而成为一门塑造自我的真正"生活艺术"(塑造身体，变化气质，掌控生活)。(李江，2011)俞晓艳等提出，"太极拳是一种具有哲学意趣的艺术"(俞晓艳 等，2011)。可见，在这些研究者的笔下，武术的多面艺术特征(如完美、消解暴力等)与艺术价值得到了开显，使其面相与内涵更加丰满。尤其是吴松在其博士论文《中国武术的艺术理论研究》中，开始以专论的形式从"中国武术的艺术本质""中国武术的艺术本体""中国武术的艺术特征""中国武术的艺术功能"四个方面展开详细论述，以此构建更加完善、周密的武术艺术理论体系。(吴松，2011)此外，王国志针对目前中国武术面临的"尴尬"境遇，提出了中国武术发展要走艺术化之路的三条途径：1) 武术影视；2) 武术动漫；3) 功夫舞台剧。并认为在实际操作中，应注意六个方面：1) 中国武术的艺术化不能为艺术而艺术；2) 要有品牌意识，走品牌化路线；3) 深挖武术艺术内涵；4) 注重创新性人才的培养；5) 深入调研寻找武术与艺术的最佳结合点；6) 注重宣传，扩大影响。(王国志，2012)马文友等在对武术的艺术化发展路径进行分析时认为，中华武术长期以来以"武"

与"舞"的两种形式并行不悖地发展着;但近现代以来,武术发展中"舞"的一面体现得越来越明显。作者预言,伴随着社会的发展与前进,以及人们审美观念的日趋成熟,武术艺术性的一面在未来可能进一步成为中华武术最主要的外显功能(马文友 等,2010)。

其次,对武术的技击性与艺术性的关系进行了研究。郑文生等在阐述武术套路运动与表演艺术美的关系及其如何体现健、力、美和谐发展时,提出了"技击技术动作的艺术化"概念。① 陈春娣、乔凤杰认为,武术套路并非一种纯粹的艺术,而是在保证其技击功能以及其他各种实用功能的基础上所进行的自身的艺术化,在其发展过程中很难做到不依存其他属性而单纯地展示自身的美感。(陈春娣 等,2007)陈沛菊、乔凤杰认为,传统武术套路附着于技击意识的这种美,只是传统武术套路在表现技击意识时的一种自然表现,而不是一种有意识的创造。(陈沛菊 等,2005)刘占鲁、苏长来认为,套路是技击的艺术化,因为套路与技击是同属于武术范畴,具有交叉关系的两个概念,攻防含义是它们的共同内容;但这两者之间有着根本区别:技击以克敌制胜为主要目的,而套路以表现美为其最高追求(刘占鲁 等,2003)。

再次,研究了武术与其他艺术的关系。

其一,武术与舞蹈。刘涛认为,武术与舞蹈同为身体文化形态,二者有很多相通与共同之处,并在发展过程中相互参照、借鉴与促进,尤其是武术对舞蹈产生了不可忽视的影响。(刘涛,2007)陈沛菊、乔凤杰从历史的角度考察了武术套路形成的原因与过程,认为舞武与武舞不同,武术套路"源于武舞"而"成于舞武";舞与武的一体性,是武术套路最根本的魅力所在。(陈沛菊 等,2005)郭志禹认为,古代文化是一个整体,武术、舞蹈、戏曲相互影响。(郭志禹,1985)江百龙认为,武术中的"舞"(指套路运动)与舞蹈是两种性质不同的活动,两者相互影响,并行发展。武术中的"舞"曾经浇灌过舞蹈艺术之

---

① 在他看来,"所谓技击动作的艺术化,是指将理性的技击技术动作客观地表现出来。它的技术结构、组合目的便于技击;但技术结构自身的特点,却表现出人们未曾遇到的技术使用过程,而由演练者在演练过程中通过'技击意识'和'精、气、神'真情实感地体现出技击技术的使用目的和效果。"(郑文生,闭锦源,1990.浅谈武术套路运动与表演艺术的关系 [J].湖北体育科技(4):69.)

花,舞蹈艺术的蓓蕾也曾经在武术园林中灼灼绽开。(江百龙,1983)从这些研究中可看出,研究者大多承认武术与舞蹈的同源共生关系,以及在发展过程中的相互影响关系;但也认为两者之间在性质上还是有区别的。

其二,武术与书法的密切关系一直受到重视与称道,早在唐代,草圣张旭观公孙大娘舞剑后得到书法之神韵的故事就广为流传。书法家包世臣在其《艺舟双辑》一书的《答熙载九问》中也说过"学书如学拳"(包世臣,2019)。李淑敏认为,太极拳与书法在内在功力上、习练方法上、境界上等都有一致性,认为太极拳与书法对人的修德、益智和育美,对强身健体十分有效,是养生、防病益寿的灵丹妙药。(李淑敏,2012)此外,还有研究者对武术与戏剧、文学等艺术之间的关系进行了研究。总之,这些研究充分揭示了中国武术的艺术精神,具有与其他艺术相通的一面,但在比较中也进一步凸显了武术自身富有个性的艺术特征。

(4)武术审美教育研究

"审美教育就是(施教者)按照一定时代的审美观念和审美理想,选择和利用适当的审美媒介,引发(受教者)审美经验(感受、体验乃至操作),以培养、陶冶审美能力和审美境界的活动或过程。"(杨恩寰,2002)[367]而武术中的审美教育主要融入在教学、影视、竞技、表演等过程中进行。如李觉民认为,"每个陈式太极拳传人一定要用认真搞艺术的态度来对待教学工作,要把自己的拳技教学看成一件艺术品,对微细的拳势精雕细琢","细节决定陈式太极拳艺术"。(李觉民,2009)[22]孙刚认为,通过武术教学、影视、竞技等路径渗透武术审美教育,对于培养人们的审美情趣、培育高尚的艺术素养及对武术之美的鉴赏力、创造力等具有重要的现实意义。(孙刚,2011a)[21]王军伟等认为,所谓"武术套路教学艺术化就是指:根据武术的民族传统体育特性,在教学活动中,将这具有艺术的文化形态,遵照教学规律,通过图像音响、情景实物、影视媒体等艺术形式表现出来,对受学者审美感化、情感交流和兴趣诱导,使其充分感知、体验,从而获得武术知识"(王军伟 等,2011)[73]。田宜为则进一步结合实例来探讨武术教学过程中如何将武术美的成分发挥出来,如长拳中提膝亮掌的停势一刹那,演练者只有做到身体的形态与内劲、眼神等的协调配合与统一,才能更好地将这一"形神兼备"的优美造型真正体现出来(田宜为,1987)[52]。

(5) 武术美学综述研究

笔者所查阅到的有关武术美学综述性的文章,到目前为止仅有3篇。如马文友、邱丕相对20世纪80年代以来我国武术美学研究的现状进行分析与总结,认为:武术美学研究从无到有,取得了较大的进步;但是前期研究多重于"形而上"的美学思想方面,对介于"道"与"器"之间的武术审美文化缺乏系统研究和宏观把握。(马文友 等,2012)[226]孙刚对新中国成立以来有关中国武术美学的研究,从研究思路、视角、内容等方面筛选了较有代表性的50篇文章进行综述和评鉴,划分出中国武术美学研究的萌芽起步期(1950—1979年)、初步发展期(1980—1999年)和快速发展期(2000年至今)三个历史阶段。提出未来中国武术美学研究的参考建议:以民族文化为基点,以生命意识为主线,以古代武学典籍为理论背景,以中国绘画、书法为话语参照,以中西美学观的对比为路径,从美学原理入手,通过规范和深化中国武术美的基础,为未来武术美学研究搭建坚实的理论平台。(孙刚,2011b)曾天雪、王飞对20世纪以来有关中华武术美学研究的成果进行梳理与分析,认为中华武术美学研究由于深受中国美学研究范式的影响,使得武术美学的研究呈现两种态势:一种是致力于本民族传统美学,从中国古典美学思想的角度进行研究;另一种是运用西方美学范畴,从美的存在形式进行研究。指出"对武术进行美学研究仍应以中国本民族传统美学为主","同时,理性地选择、消化、吸收西方美学的理论……"(曾天雪 等,2002)。

综上所述,从武术美学的研究范式和研究内容的分布情况,我们可以看到目前已取得一些良好的成绩,如:第一,武术美学研究所采用的美学理论范式和研究方法是多元的、灵活的,既有西方美学视角(如形式主义、现象学、身体美学等),也有中国传统美学范畴体系的参照(如意象、形神等),更有中西美学相互结合后的理论构建(如武术审美哲学理论构建、武术艺术理论构建等),或对相关问题的比较研究(如武术与舞蹈、与书法、与戏剧等)。第二,研究领域与研究内容较为全面,既有对武术美的本质研究,又有对武术审美活动中的美感研究，还有对武术的艺术性或武术与其他艺术之间的关系研究、审美教育研究等；并且相关问题探讨较为细致深入。但在看到优点的同时，我们也不能忽视前期研究中存在的一些问题，如忽视了武术最根本的身体与技能层面，将其几乎等同于文学、绘画、书法等之类的美学研究，未能凸显武术的独特性；即使是主客统一派，也不脱一种意识美学的窠臼。这就极大地忽略了武术套路作为一种动态的身体运动、一种时刻都在生成与变化之中的过程艺术所具有的鲜明特征，也轻视了主体的实践与体验、教养维度，有将其简单化之嫌。许多人认为武术套路美的本质在于主客观相互作用而生成的"武术意象"，但如若脱离了长时间的实践、体验与领悟活动，演练者是无法用自己的身体运动去复活那些程式化的武术意象，以及创造新的武术意象的。如果抹杀了人的实践与体验的工夫维度，就有可能使武术之美变成无本之木、无源之水的空洞之美，好像任何人都会很轻松地体验到武术深度的神韵与意象之美一样。人们经常讲"内行看门道，外行看热闹"。在现代社会中，非专业观众更多的是把武术套路视为一种令人震惊的功夫奇观；而一般的影视武术也主要在打斗的新奇与惊险上下功夫，舞台表演也主要侧重迎合人们的猎奇心理。这样走下去，势必使武术失去深度的"意象"与"意境"之美，无法体现出武术本质内涵的深度之美。也就是说，现代非专业观众更多的是关注一种"看得见"的武术之美，而不再追求看不见的、或者说需要体验与想象的深度之美。这种现象的出现，与研究者对美学学科的发展动向关注不足密切相关。所以，面向未来，武术美学的研究既要立足于自身研究现状与内在需求，也要把握与借鉴母学科美学学科新的发展动向，以此推进与深化武术美学的相关研究。

3. 武术美学研究的未来展望

从前文有关美学研究的简笔勾勒中我们可知，美学的内涵随着时代的发展经常处于变动之中，要寻求一劳永逸的回答几乎不可能。所以说美学这门学科的命运即在历史演进过程中一直经历着解构与重构。西方如此，中国现代美学亦然。但在反复的解构与重构历程中，也为当下新的美学建构积淀了一些可资借鉴的经验，其中有三方面的历史经验是不容忽视的："其一，在美的本质问题上，由原初的实体论演变为当代非实体性的生成论，是美学发展的一个基本的趋势。""其二,在审美活动的性能上,西方美学经历了由他律论经自律论而演进为当前自律与他律相结合的态势。""其三,就美学学科的性质而言,西方美学由'形而上学'的一分支,转向'形上'与'形下'相结合。"(陈伯海,2012b)[111]这些美学学科发展的历史经验与新动向,也有助于我们对武术美学研究的反思与重构。

首先,从生成论的角度来研究武术套路之美,要比过去那种审美静观式的研究范式更为切合武术的修炼、演练与创作实践过程。武术套路作为一种身体技艺,它的美并不是先天预成且恒定不易的实体,而是在漫长的历史过程中不断生成与完善的。所谓的姿势美、节奏美、本色美、意境美等的武术审美诸形态,也是需要每个习武之人经过长期的亲身实践、切身体验才可能具有的自由的"造型"与"赋形"能力的体现,是习练者与演练者在武术审美活动中所追求的多样的价值意义与审美境界。

其次,对武术套路进行美学研究,并不一定要特别强调其"艺术"或"准艺术"的特性。相反,承认它是一种历史积淀而成的"综合实用技艺",重视其各种特性之间相互牵制与相互成就的固有关系,以"牵一发而动全身"的全息效应汇聚到武术套路的艺术性与审美性这一"焦点项"上看问题,尽力探寻其他方面的文化营养是如何浸润与促成武术审美价值的内部互动关系,这样一种研究思路不仅切合武术套路审美价值生成的本来面目,也符合当前美学研究更加注重自律与他律相结合的发展态势。恰如陈伯海在《生命体验与审美超越》的引言中所说:"人的审美活动既处于历史、文化、社会、心理各种非审美因素的制约与影响之下,而又能保持其自身的活动性能与运作规律,换言之,审美仍有其自立性,却又跟人的整体生命活动交相共振与彼此融通。"(陈伯海,2012a)只有充分认识到武术套路的艺术性与审美性离不开它所具有的技击、养生、修身等多种实用功能的支援,揭示出正是在这些非审美因素的制约与影响下,才使其审美价值更加丰盈与凸显的事实,才能进一步使人们看到武术套路所具有的不被任何一种单一文化所同化与扭曲的强大生命力,看到其与众不同的审美价值。

再次,对中国武术(武术套路)进行美学研究时,应充分认识与尊重其"技进乎道"的价值追求,这就需要研究者一方面不能抛弃其所具有的超越性精神追求的一面,对其进行哲学的思辨与信仰的研究;另一方面应重视社会学、心理学、艺术学、文化学、教育学、体育学、运动生物力学等学科的积极参与,以此更好地阐释武术所具有的这一固有特征。这种研究不仅可从本来就注重形而上之"道"与形而下之"技"相互贯通的中国传统哲学与美学中吸取理论营养,也可从当前西方美学研究转向"形上"与"形下"相结合的态势中所出现的相关学派(如存在论美学、生命体验论美学、现象学美学等)来获得理论支撑。

三、研究思路与研究假设

(一)研究思路

本书立足于武术套路自身的技能与美学特征,综合运用中西美学的相关理论来对武术套路展开美学研究,尤其在论著的框架设置上深受李泽厚的实践美学和陈伯海的生命体验论美学的启发,试图扭转长期以来武术美学研究所存在的将武术套路之美现成化与实体化的研究倾向,将武术美学的研究放置于整个美学由实体论向生成论转型的总体态势之中进行考察。

论著主要包括绪论、武术套路的审美历程、武术套路的身份考察、武术套路美的本体论思考、武术套路的审美创构和结语六个部分。绪论部分旨在阐述问题的提出与研究意义、研究理论与文献综述、研究思路与研究假设、研究对象与研究方法诸方面问题。论著第一章以"武术套路的审美历程"为题集中探讨武术套路在各个不同历史时期所呈现出来的技术发展情况与审美风尚特征。于其中可以看到,武术套路是在漫长的历史过程中,通过涵融各种文化养料而逐渐形成与发展的,其审美风貌也深受不同时代背景与社会文化的影响。在此基础上,论著第二章对武术套路的身份进行重新考察,通过将武术套路与技击术、舞蹈、体育等进行比较,本论著将武术套路看成一种深受中国传统文化影响的、势势相承的身体技艺。这一特性的确认有助于我们在接下来的分析中充分尊重武术套路是一种将实践性与文化性、实用性与审美性等统一起来的复合性文化形态。在论著的第三章"武术套路美的本体论思考"中,我们不仅将探讨武术套路是一种相对稳定的程式化的练习形式与表现形式，其形式本身就具有相对独立的审美价值；也探讨武术套路的美不是一种本然存在，它是"人的本质力量的对象化"，是"自由的形式"；还探讨武术套路的美与人的价值观念和"心意的作用"等密切相关，是人的创造性的体现。论著第四章"武术套路的审美创构"主要立足于个体创构武术套路作品的审美经验，重点从武术套路作品中具有审美意蕴的基本单元——"势"的创构、演练者的文化修养与功夫、武术套路最高的审美追求（即意境的生成）几个方面展开研究。结语部分是对论著主要内容与重要观点的概括与总结。

此外，值得注意的是，在论著第一章中，笔者从美学的角度对武术套路未来的审美走向进行了探讨，认为武术套路审美一方面会继续向求新求异方向发展，另一方面则需要向生活回归。这一看法可视为笔者对破解当下武术套路发展瓶颈与审美疲劳的一种思考与尝试性回答。

(二) 研究假设

1. 武术套路虽名为"套路"，但它不是静止的、机械的。只有将套路所呈现出来的技艺发展情况与多样审美风貌放置在不同历史时期的社会文化背景与审美心理结构之中进行考察，才能得到更好的诠释，也才能更好地预测其未来。

2. 武术套路的身份不是单一的，而是涵融了多种文化养料的复合形态。对武术套路进行美学研究需要考虑与尊重其特性的这种综合性特征。

3. 武术套路的"程式化"特征，使其形式本身具有相对独立的审美价值。套路美的根源，可以从实践与文化的角度加以追溯；套路美的本质，可以从美的规律与价值尺度进行探讨。

4. 武术套路的审美创构是复杂的、多元的，其中对武术套路之"势"与"意境"的内涵与创构进行集中探讨必不可少，它们体现了武术套路审美的民族特色。

5. 展望武术套路审美的未来走向，需要从观赏与体验的角度进行思考，只有观赏性的武术套路运动与体验性的武术套路运动良性互动，才能更好地促进各种拳械套路作为一种活态化的存在传承与发展下去。

四、研究对象与研究方法

（一）研究对象

从美学角度对中华武术套路展开研究，需要充分考虑武术套路作为身体技艺的实践与动态品格，本论著认为武术套路美学研究的对象应包括三个方面：一是把武术套路看成一定时代社会的产儿，看成一定时代社会心理结构的集中体现，从审美意识的角度研究武术套路的审美历程；二是对套路美的本质进行思考；三是从审美活动的角度来探讨武术套路作品的创构规律。

（二）原则与方法

1. 历史意识与当代意识统一的原则

我们在对中国武术套路美学进行研究时，一定要贯彻好历史意识与当代意识统一的原则和方法。中国古代武术是在中国古代社会特定的历史时空中逐渐形成的，它的运动特征与理论表述中都蕴含着极富民族特色的武术美学思想，而且这些思想即使在近现代西学的猛烈冲击之下，依然顽强存留与活跃在当今武术中，使我们不能忽视它、更无法割舍它。然而，由于近现代时空的转换，外来文化的影响和社会生活的千变万化，当代人的审美意识已经发生了很大改变。如果对中国古代武术套路美学思想不做任何阐释，或者采取以古释古的方式，想要当代人接受显然是不现实的。因此，我们必须在一定程度上对中国古代武术套路中所蕴含的美学范畴与命题进行现代诠释，才有可能将这份优秀的审美遗产传承下去。毫无疑问，这个工作难度颇大、充满挑战，主要问题在于古今思维方式的不一致。近代以来，我们的思维观念受到西方文化的影响，已在一定程度上接受了西方式的思维方式。相较于中国古典美学与其他学科混融一体，范畴具有多义性、模糊性、随意性、直觉性等特点而言，西方美学处在较高的发展阶段上，其范畴也体现出明晰性与体系性之特征。因此，我们在对武术套路展开美学研究时，除了立足本民族传承下来的思想与文化背景外，也应该学会以西方美学为参照系来建立自己的美学体系。具体而言，这种西学参证的方法在本书中主要体现在：一方面，西方美学理论为中华武术套路美学思想提供了一种可供参考的视野和思路；另一方面，以西方理论分析性、逻辑性的语言之长来弥补中国古代经验性、描述性的表述之短，可以视为一种更深层次的思维方式的西学参证。这不仅体现为话语系统的根本转换，更是使中华武术美学思想条理化、结构化、系统化的一种深层的逻辑建构。而对本研究启发较大的李泽厚的实践美学，如《美学四讲》（李泽厚，2008）、《美的历程》（李泽厚，2009）、《华夏美学》（李泽厚，2008）、《历史本体论》（李泽厚，2006）、《实用理性与乐感文化》（李泽厚，2005）和陈伯海的生命体验论美学，也可视为是在西方美学参照之下，对中国传统美学所做的一种创造性解读与理论重构，他们的做法对本研究无疑具有一定的典范作用。

2. 理论与实践相结合的原则

美学是一门思辨性很强的理论学科，它与哲学关系密切，西方如此，中国亦然；并且中国美学时常与中国哲学不可分割地交融在一起，故从某种意义上来说，对中国哲学的深切领会决定了对中国美学的理解程度。因此，在对中华武术套路美学进行研究时，我们必须储备丰富的中西哲学与美学知识，以增强对武术套路美学思想的理论阐述与分析能力。同时，武术又是一种体验性极强的身体舞动，如果仅从理论思想层面加以分析，没有实证材料或实践体验，则有可能会给人一种坐而论道、纸上谈兵之感。因此，本研究又必须立足于武术运动本身，从形而下的"技"的层面对理论加以解析和佐证，使理论与实践相互印证，将相关范畴与命题阐述清楚。

3. 逻辑与历史统一的原则

就美学研究来说，所谓逻辑与历史统一的原则，就是指美学理论的逻辑推理与审美现象的历史发展规律基本保持一致；但这又不是刻板的、机械的对应一致，而是根据历史发展的规律对审美现象的历史演进进行逻辑"修正"之后而获得的一致。因此，美学理论便可以更深刻地揭示审美现象的历史本质和规律。本研究的第一部分"武术套路的审美历程"就基本是按照这种历史与逻辑相统一的原则与方法来写的。中华武术审美意识的发展，在先秦以后并非一帆风顺，而是有曲折的、作为形象系列的武术作品和作为理论形态的范畴系列非完全同步发展的。如在两晋南北朝至宋代这一漫长的历史时期，尽管中国古典美学涌现出了许多至关重要的美学理念与命题，如"气""韵"等，它们在书画中都有明显的体现，但这一时期的武术理论著述却相对匮乏。我们在写这一段历史时期的武术套路审美意识时，就不能脱离武术套路自身的发展状况而将社会主流层面的审美意识风尚完全投射到对武术形象作品的分析中，否则势必给人一种先入为主的硬套之感；但纵观中华武术套路审美意识的整个发展历程，它又基本体现了历史与逻辑相统一的规律，这就需要我们在写作时把这一条原则和方法与武术套路发展的实际结合好。

4. 文献资料法

系统查阅并认真阅读与武术套路相关的论文、书籍，尤其是与武术套路审美有关的学术论文①、理论著述②，同时搜集与套路形式以及技能规范有密切关

---

① 与武术美学有关的学术论文主要来源于中国期刊全文数据库(1949—2013年)、中国优秀硕士学位全文数据(1999—2013年)、中国博士学位论文全文数据库(1999—2013年)、万方数据库、中国社会科学引文索引、人大复印资料等，按照"武术(或太极拳、长拳、八卦掌、形意拳等)美学""武术套路美学""武术(或太极拳、长拳、八卦掌、形意拳等)艺术"等关键词进行检索。其次，与武术美学有关的书籍来源于国家图书馆、华东师范大学图书馆、河南大学图书馆、超星数字图书、万方数据库、当当网(图书类)、卓越网(图书类)，等。

② 严格来说，中国历史上并不存在独立的中华武术美学理论著作；但不可否认的是，与武术套路有关的某些理论著作其实含有丰富的武术套路美学思想。不过，我们必须认清一个事实，那就是在中国古代很长一段历史时期(两晋南北朝——宋元)，有关武术的理论著述很少出现，这与自先秦就开始的文武分途有很大关系。宋明理学的"主静"学说则进一步推波助澜，使掌握着社会话语权的精英阶层，即文士不屑于涉足武术，导致武术的理论著作少之又少。直到明清之际，武术的全面兴盛提出了理论升华的诉求；而部分文兼武备的习武之人(如俞大猷、戚继光、苌乃周、王宗岳等)的加入，使这一诉求得以完成——一批武术理论著作问世，中国传统的文化、哲学与美学思想在这一时期才得以完全渗入武术之中。因此，明清时期直至民国期间的一批理论著述，成为探讨武术套路理论形态的审美意识的重要文献，其中不乏戚继光所撰《纪效新书》十四、十八卷，唐顺之所撰《武编》和《荆川先生文集》，俞大猷所撰《剑经》，茅元仪所辑《武备志》(剑诀)，程宗猷所撰《耕余剩技》，吴殳所撰《手臂录》，黄百家撰的《内家拳法》，张孔昭撰、曹焕斗注的《拳经拳法备要》，苌乃周撰的《苌氏武技书》，王宗岳著的《太极拳论》，武禹襄、李亦畬的相关太极拳论说，王芗斋著的《意拳正轨》《大成拳论》等文，孙禄堂著的《孙禄堂武学录》，陈鑫著的《陈氏太极拳图说》和《太极拳图画讲义》，等。不过，也不能忽视其他散见的一些与武术套路美学有关的理论记载，如《庄子·人间世》《庄子·杂篇·说剑》《史记》《陈氏太极拳图说》《吴越春秋·勾践阴谋外传·越女论剑》等。还有傅玄的《矛俞》《剑俞》两诗、明清时期包世臣著的《艺舟双楫·记两棒师语》(作者为论述书法，借两位友人论拳枪之理，称武道深合书道，从而留下了拳、枪技法之精论)。

系的相关形象作品①，如历史遗存下来的石刻、砖画，还有作为一种武术活化石的现代民间流传下来的相关拳术，都可以帮助我们加深对某些文献记载、历史遗迹及范畴与命题的理解。另外，武术谚语、歌诀作为武术套路的口传理论在古代武术中具有十分重要的作用，由于古代武术缺乏足够的文字记载，口口相传的谚语、歌诀就成为弥补这种不足的最好资料。

5. 比较分析法

比较是确定事物异同关系的方法。本研究处处带有一种比较视野，既将武术套路与其他艺术门类，尤其是与舞蹈进行比较，以突显出二者发展脉络（同源异流）与本质特征的不同；又将武术与他国武技以及体育等进行比较，以彰显出武术套路所折射出的鲜明民族特色。

---

① 指早期武舞、套子武艺以及对抗性武术活动（如角抵等）、气功导引活动等。我们知道武术是一种"过程"艺术，也是一种现场艺术，当现场演练一结束，作品也就不存在了。"过程"艺术的保存是需要特殊手段（如电子记录）的，这在中国古代显然无法实现；因此，与其他艺术，如文学、书法、绘画等保留下来的大量的静态作品比较起来，我们很难对历史上的武术作品有较为切实的认知。不过，考古发现的石刻、砖画等也为我们保存了一些静态的武术演练或技击对抗作品，如史前的岩画、郑州新通桥出土的"剑戟对刺图"、唐河出土的"击刺图"、南阳出土的"舞剑图"和"空手夺枪图"等。尽管这些图画只是抓住了瞬间的动作与形象，但还是多少为我们还原了一些当时历史时空中的武术审美意识的零星观念。除此之外，我们知道，中国古代武术主要是靠师徒口传心授一代代传下来的；因此，我们目前所见到的各种传统武术拳械套路其实就是在延续与继承古代武术的基础上进一步成长与完善起来的，它作为一个濡染了中国传统文化的成熟形态，对于我们反观某些理论阐述有着巨大的作用。所以，现代民间流传下来的相关拳术是可以作为一种活的武术作品帮助我们加深对某些文献记载、历史遗迹以及范畴与命题的理解的。

第一章 武术套路的审美历程

第一节 从先秦武舞看武术套路的审美基因

中国武术迥异于世界他国武技的主要形式是套路，正如温力先生说："世界上各民族在它们历史发展的进程中也都产生了各自的武技；但从武术的运动形式上看，中国武术的套路运动形式则充分地体现了它的民族特点。因为世界各国的武技都没有套路的运动形式流传，或即使有也远不及中国武术套路丰富和完整。"（温力，2005）[136]且论者大多也同意"武术套路的渊源应该说最早可以追溯到远古，原始状态下的巫、武、舞合一的文化形态，便包含着武术套路的雏形。武舞的长期存在，应该说也为武术套路的形成，产生过相当的影响。"（全国体育院校教材委员会，1997）[31]可见，为了更清楚地理解武术套路这种文化现象及其独特的审美特征，十分有必要回到早期的武舞文化现象中进行探源与研究。我们知道，钱穆先生曾将中国文化的演进划分为三个时期："先秦以前可说是第一期（这一时期指从原始蒙昧时代经夏、商、周以至春秋、战国时代，即秦汉形成统一以前的时期——引者注）；秦汉、隋唐是第二期，宋、元、明、清四代，是第三期。"（钱穆，1994）[175]"且认为中国文化的草案，先秦时代已经设计完毕，以后的时代只是按照这个方案去做。"（钱穆，1994）[164-165]钱先生的这个观点得到很多人的认同。在我们看来，这种分期同样适用于我们对中国武术，尤其是武术套路的历史发展所做出的判断。但就目前来讲，研究者对草案时期(即先秦时期)的武舞现象的重视还不够,以致在一定程度上忽视了早期文化基因对武术套路独特形式及其精神内核的形成所造成的深远影响。周伟良说:"尽管由于资料的匮乏,目前还难以对先秦时期的各类武舞有更清晰的描述,但现有资料中反映出的'武'与'舞'的结合却令人不容置疑。"(周伟良,2003)[13]尽管由于文献的有限给我们的解释带来一定的困难,但如果能够将武舞放入早期宗教、伦理、哲学与艺术交融的文化视域中进行综合考察的话,我们便能就武舞这种文化形态对武术套路审美品格的形成究竟产生了哪些重要的影响,做出相对客观公正的认识。那么,早期的武舞都出现在哪些场合?我们究竟该如何理解这种文化现象?它对后来的武术套路审美究竟产生了哪些深远的影响?在这里,我们需要对先秦时期的武舞文化现象进行重新审视,并试图对这些问题做出回答。

一、以舞通神

人类有着大致相似的童年,只要对史前人类稍作考察就会发现,处在原始时期的世界各族人民的生活方式、分配原则、权力所属、两性关系等是很相近的。就审美来说,史前人类的审美意识虽有所萌生,但它们往往寄寓在各种实用功利的物质生产与日常生活之中,而且一般都与原始社会神秘的巫术活动混融在一起;而原始社会的巫术活动又多以迷狂的歌舞形式出现。舞蹈是艺术之母,在人类还没有健全的语言思维之前,原始先民已经开始用身体动作和姿势来表情达意了。这些身体动作与姿势不仅是原始人各种物质生活(如采集、狩猎、战争、生殖等)的直接体现,也是当时人精神生活的组成部分。在丰富多彩的原始舞蹈内容与舞蹈形式中,原始武舞是较为鲜明的一种,有学者指出:"武舞较文舞产生更为久远。"(贾磊磊,2005)[317]在我国,无论是人类学家对原始岩画中武舞画面的研究,还是语言学家字源学的分析以及早期文献的证明等都表明武舞与原始先民们的生产劳动、狩猎生活、战争生活等密切相关,巫、舞、武之间具有同源互生关系,武舞是原始人身心活动与文化观念的体现,而审美意识也就悄然地萌生于武舞之中。

原始社会作为人类历史上第一个社会形态,人类所身处的自然与社会条件都十分低下，庞大而凶猛的野兽对原始人的生存是一个主要威胁。《韩非子·五蠹》所描写的"人民少而禽兽众"（张觉 等，2007）[673]，以及《淮南子·览冥训》所载的"猛兽食颛民，鸷鸟攫老弱"（刘安，2016）[145]的情景，也许就是当时的真实生存图景。为了生存，原始先民必须不断地同自然界作艰苦的斗争，狩猎便是原始人类获取生活资料的重要手段之一。在与凶禽猛兽争夺生存环境和猎取动物为食品而进行的搏杀中，原始人不仅在一定程度上开发了徒手搏兽的能力，而且已能制作与使用石球、石刀、石矛、石斧、石镞、弓箭等工具。工具是人手臂的延长，工具的形制与使用方法孕育着武术兵械格斗技术的因素。如使用弓箭后便有了"射"的概念，使用"矛"之后便有了刺、扎的概念，武术的萌芽就从这里开始了。正是在制作与使用工具的过程中，人的生存能力得到了拓展，人区别于动物的自觉意识、心理结构等也开始萌现。从这些用于生产、生活与搏杀的器具来看，生活于旧石器时代的原始人使用的石器只是经过简单加工，形制也较为粗糙、简陋。但新石器时代的某些石器则制作精细，重视形式美，材质也有富有色泽感的玛瑙、玉石等，具备一定的审美价值。敏泽先生指出："这种外饰，对于劳动工具本身的改进并无什么实际的意义，却有力地说明了经过长期的劳动实践，原始人的审美意识在某种程度上已经开始挣脱了纯粹实用意义的'束缚'，而向着独立的方向起步了。"（敏泽，2004）[5]李泽厚先生认为，当原始人作出种种"装饰品"（李泽厚，2009）[3]，"这种原始的物态化的活动便正是人类社会意识形态和上层建筑的开始。它的成熟形态便是原始社会的巫术礼仪，亦即远古图腾活动"（李泽厚，2009）[3]。所以，如果说从原始社会的某些与武术技能有关的工具与武器中已萌生了审美意识的话，那么，从当时的拟兽舞、战争舞蹈等原始武舞中，更能看到原始人宗教观念与审美意识的萌芽。

在原始社会晚期，随着生产工具的改进，生活资料也有所积余，私有制便萌生其中，氏族部落开始形成。为了争夺财物以及复仇等，部落之间纷争不断、战争频仍。用于人与人之间相互争斗与残杀的大量磨制锋利的武器也开始涌现，军事战斗技能也逐渐在部落生活中占据重要地位。《路史》载："自剥林木而来，何日而无战？大昊之难，七十战而后济；黄帝之难，五十二战而后济；少昊之难，四十八战而后济；昆吾之战，五十战而后济；牧野之战，血流漂杵。"（罗泌，1985）[24]可见当时部落之间战争的频繁、惨烈与残酷。为了获取战争的胜利，原始军事训练活动也逐渐开展起来。《史记·五帝本纪》："轩辕乃修德振兵……教熊罴貔貅貙虎，以与炎帝战于阪泉之野。"（司马迁，1982）[3]《史记·五帝本纪》正义案："言教士卒习战，以猛兽之名名之，用威敌也。"（司马迁，1982）[5]这里的熊罴貔貅等动物名其实是氏族部落图腾的符号。弗雷泽（J.G.Frazer）在《图腾崇拜与外婚制度》（*Totemism and Exogamy*）中写道："'图腾'是一群原始民族所迷信而崇拜的物体……图腾保护人们，而人们则以各种不同的方式来表示对它的爱戴。"（弗洛伊德，2005）[113]原始氏族部落的产生及其对周围世界的恐怖感，是图腾产生的根源。原始宗教的重要形式——巫术和图腾崇拜通常以原始武舞的方式加以体现。原始社会的原始宗教舞蹈（即巫舞），是一种由巫师带领进行的仪式性舞蹈，其动作夸张、奇特、富有神秘感。巫师多身披饰物、头戴假面、手执道具进行舞蹈，这其中就有手执"干戚"、弓箭等武器出现的武舞。武器的加入无疑能进一步增加仪式活动的严肃气氛，而且作法时还有一套相应的程式化动作与姿态，巫术礼仪的色彩十分鲜明。在原始社会，诗、乐、舞合一，且乐就是礼，礼与乐不分；最初是图腾仪式，后演化为神的仪式、祭祖仪式，以及各种具有宗教或现实功能的仪式。原始武舞既能敬神、请神、娱神，又能镇妖、驱鬼、医病。直到今天，我们还可以从某些尚处于原始状态的民族风俗中，看到武术与原始巫术的联系；如云南纳西族的祭神武舞"东巴跳"，数十上百人手执武器狂舞。

在众多的原始宗教舞蹈中，与武术有关的舞蹈主要有拟兽舞和战舞两种。所谓拟兽舞就是模拟各种动物的形象或动作而跳的舞蹈，它们广泛存在于世界各地的古老文明之中，普列汉诺夫在《论艺术》一书中说："当狩猎者有了想把由于狩猎时使用力气所引起的快乐再度体验一番的冲动，他就再度从事模仿动物的动作，创造出自己独特的狩猎的舞蹈。"（普列汉诺夫，1973）[73-74]费尔巴哈也说："动物是人不可缺少的、必要的东西；人之所以为人要依靠动物；而人的生命和存在所依靠的东西，对于人来说就是神。"（费尔巴哈，1984）[438-439]可见，这种拟兽舞蹈既是当时狩猎生活的反映，又带有图腾崇拜的遗迹，它们在原始人的生活中占据十分重要的地位。当原始人在狩猎之前跳起带有巫术色彩的拟兽舞蹈时，他们大概认为跳这种舞蹈有助于狩猎的成功。在惟妙惟肖的舞蹈模仿中，人们已模糊了真实与想象之间的界限，希望达到呼唤神灵赐予的目的，也再次巩固了人们从狩猎生活中所总结的各种知识与技术，加强了彼此之间的联系与团结。云南沧源勐省乡新石器时代岩画猎牛图就表现了几个巫师舞人装扮成鸟振翼而舞的生动形象。(马薇 等，2002)[20] 我国著名的岩画专家盖山林说："当时的作画者，为什么要在坚硬的石头上，经年累月，费时费力，叮叮当当地刻制岩画呢？这必须从作画者的心理和社会需要中探索原因：当时的作画是一种巫术活动，通过模拟作画，施展魔法，去影响社会行为的结果。比如，画一幅狩猎图，图中射出的箭头射中了动物，而事后行猎中会真的射中野牲，原始的思维认为，愿望与事实、可能与现实是等同的，两者间没有区别。此外，作画者认为岩画富有神性，是祭祀和崇拜的对象。岩画还是重大事件或重要仪式的记录、传授知识的载体、神话传说的记载……总之，功利主义是作画的原动力。"(盖山林，2004)[4] 对于动物模仿和生产动作的有节奏、有韵律的再现，除了在狩猎前后跳，还多在大型的祈祷祭祀活动中出现。我国上古传说中帝舜与诸方会盟时"击石拊石，以歌九韶，百兽率舞"的情景可能就是氏族社会中举行的一种大型的图腾舞蹈盛会。《尚书·益稷》载："夔曰：'戛击鸣球、搏拊、琴瑟、以咏'祖考来格。虞宾在位，群后德让。……笙镛以间，鸟兽跄跄；《箫韶》九成，凤凰来仪。夔曰：於！予击石拊石，百兽率舞，庶尹允谐。"(李民 等，2012)[38] 这里的百兽显然并不是真正的百兽，而只是会盟诸部落的图腾标志，人们模拟本部落的图腾动物(如熊罴等)翩翩起舞，就好像看到百兽齐舞的壮观景象。这种图腾色彩浓厚的拟兽舞蹈，带有很强的象征与神圣意味，通过看似迷狂却又相当严肃的舞蹈活动来实现人与神的沟通与交流，来表达对大自然、对祖先的敬重与崇拜。研究者们多认为，拟兽舞、图腾舞蹈的出现可能就孕育了武术中象形拳的原始形态。我们知道，武术在后来发展中出现了很多象形拳种(如通背拳、鹤拳、螳螂拳等)，而且非象形拳中也掺杂着大量武术模拟动物形象及其典型动作的武术招势(如二龙戏珠、凤凰单展翅、鹞子翻身、金鸡独立、白鹤亮翅等)，尽管人们多从仿生学的角度予以解释，但也不可忽视这些象形拳术中所积淀的原始巫术与图腾崇拜的成分。

与狩猎舞蹈一般在狩猎前表演以期获得更多猎物、狩猎后舞蹈庆贺成功颇为相似，远古的"战争舞蹈"也多在战前集体演练来鼓舞士气和祈求战争的成功,这种舞蹈"武"的色彩更浓厚。当时人们在军事战争开始前跳武舞,主要是想通过这些击刺杀伐动作来震慑敌人。参战者将刚猛有力的舞蹈动作和誓师与敬神相结合的情感冲动熔铸在一起,将他们同仇敌忾的信心与抱负彰显得淋漓尽致。《尚书·大禹谟》中有这样一段故事,相传舜时有苗不服,禹帅人去讨伐,同有苗打了30天的仗,没有征服有苗。于是,"益赞于禹曰:'惟德动天,无远弗届。满招损,谦受益,时乃天道。帝初于历山,往于田,日号泣于旻天,于父母,负罪引慝;祇载见瞽瞍,夔夔斋慄。瞽亦允若。至诚感神,矧兹有苗?'"(李民 等,2012)[26]在益的启发之下,禹"班师振旅,帝乃诞敷文德,舞干羽于两阶。七旬,有苗格"(李民 等,2012)[26]。关于通过"舞干羽于两阶"而实现"有苗乃格"的效果,在我们现代人看来或许是这种手执盾和斧子的"干戚舞"在演练时透露着威猛之气,对人有极强的震慑之力,有苗是"被慑服了"(习云太,1985)[10]。除此以外,还有一种解释认为这种"舞干羽"的活动其实是一种以舞降神的巫术活动,夏禹根据苗民重祀神的风俗特点,故意采取这种"舞乐降神"的方式来击破对方的心理防线。刘师培说:"伪《书》言夏禹舞羽格苗,其事亦见周秦诸子。又《韩诗外传》言:久喻教,而有苗服。《墨子》言:禹亲把天之瑞令以征有苗,则舞羽格苗,羽即降神之乐舞,盖苗俗重祀神,禹讬舞乐降神之说以徼苗民,苗民以服。"(刘师培,1997)[37]李泽厚在谈到青铜饕餮的狞厉之美时,指出了这种让人心生恐怖的礼器就是与当时带有浓厚宗教性质的巫史文化密切相关。在我们看来,这些用于重大祭祀场合的礼器与同样能起到威吓作用的武舞相配,在"鼓之舞之以尽神"的祭祀活动中,"它一方面是恐怖的化身,另方面又是保护的神祇。它对异氏族、部落是威惧恐吓的符号,对本氏族、部落则又具有保护的神力"(李泽厚,2009)[39-40]。

这种在战前发挥作用的武舞活动还见于"武王伐纣前歌后舞"的故事中,《礼记·祭统》正义引皇侃所述《尚书大传》,"武王伐纣,至于商郊,停止宿夜,士卒皆欢乐歌舞以待旦"。(郑玄 等,2004)[1469-1470]汪宁生以现今凉山彝族和景颇族的民族学资料为依据,认为:"前歌后舞"不是一般的欢乐歌舞,乃是指巴人参与战争时"歌舞以凌",是一种古老的战俗,是先头部队的一种冲锋陷阵方法。正如旧时凉山彝族"打冤家"时的先锋"扎夸",和景颇族掠夺性械斗时的"兵头"。他们都口发恫吓之语,在队伍前面一手舞刀,一手舞盾,跳跃着冲打头阵。(汪宁生，1989)¹⁶¹⁻¹⁶² 他考证说："'武王伐纣前歌后舞'传说的产生，与巴人曾以'歌舞以凌'方法参加这次战役有关。所谓'歌'，就是高唱战歌或高声吼叫；所谓'舞'就是先锋或先头部队作出冲杀和刺击的恐吓性动作，大武舞即是模拟这些动作而产生的。"(汪宁生，1981)¹⁷⁹ 可以看出，这种"前歌后舞"的古老战俗中的舞蹈动作大概源于当时战争中的冲杀与击刺动作，再加上凌厉的高歌与呼喊，颇能壮己声威，沟通神灵，也能威吓敌众。

原始社会巫、舞、武同源互生的现象还能从字源学中得到进一步证明。在现代汉语中，"舞"指舞蹈、跳舞；"巫"指巫师；"武"指武事，与"文"相对，也常作形容词，指勇猛、猛烈。从字意来看，三者之间似乎没有联系。但通过"辨章学术，考镜源流"，学者们却发现三者之间关系密切，认为巫、舞、武同源①。关于巫字，《说文·工部》载："巫，祝也。女能事无形，以舞降神者也。象人两褒舞形。與工同意。"(张章，2012a)²¹⁴ 其说巫一般以女性居多，善于用魅惑的歌舞与神灵沟通。关于舞字，李孝定《甲骨文字集释》按："(無)象人执物而舞之形。篆增舛，象二足……舞者手舞足蹈。"(李孝定，1970)²⁰³⁹⁻²⁰⁴⁰ 关于武字，甲骨文 𢦏 = 戋(戈，兵器) + 𣥂(止，脚，表示前进)。许慎《说文解字》中引用楚庄王的话这样解释"武"，"夫武，定功戢兵。故止戈为武"(张章，2012b)⁴⁴⁷。费秉勋先生认为："'武'字由'止'和'戈'两个偏旁构成，不是制止刀兵之谓，'戈'是武器，'止'在古文字中代表人的脚，戈这一武器之下安一只脚，表示人持戈移动舞步作舞，古人如此造'武'字，说明上古时战争与舞蹈密不可分，使得我们远古祖先的头脑中，二者几乎就是一回事。"(费秉勋，1988)⁶⁻⁸ 可见，巫、舞、武三者的关系主要表现在：巫能够以巫术舞(如武舞)来"事无形"，即沟通神灵。

进一步来讲，巫之所以能够在神与人之间实现沟通的原因还在于早期社会的巫实际上被视为智能超常的人，所谓的"巫君合一"(如大禹就被视为巫)的现象就体现了这一点。甲骨文中的巫字作 田，即两个 工(巧具)相套，表示多重

---

① 王力先生的《同源字典》中提到"舞"与"巫"同源；陆宗达、王宁先生的《训诂与训诂学》中提到"舞""巫""武"是字形分化的同源字；郭锡良先生的《古音手册》也表明三词的古音均为"miua"，只是声调略有区别。参见焦艳阳，2010．"巫"、"武"与"舞"同源试证［J］.忻州师范学院学报，26(4)：55－56.

巧具组合使用，强调极为智巧。那么这个巧具（即I）是什么呢？《说文·工部》载："工，巧饰也。象人有规矩，与巫同意。"（张章，2012a)[213]"金祥恒《续甲骨文编》把甲骨文的巫字排在'巨'字下，引《说文》：'规巨也，从工，象手持之。'"（张章，2012a)[134]张光直先生认为："这都明确地指出巫与巨的关系，也就说明了甲骨文中巫字的来源，即巫是使矩的专家，能画圆方，掌握天地。"（张光直，2000)[351]远古巫师是部落中最智巧的人，他们能够周天画地，凭借歌舞以降神，即贯通天地。"贯通天地是中国古代宇宙观里一个最重要的动力和焦点。这种'天人合一'的宇宙观将宇宙分为不同的层次。古代宗教和仪式的主要任务是使生人（活人）能够贯通不同的层次，能上天入地，能贯通明暗、阴阳、生死，巫的任务就是执行这项业务。"（张光直，2000)[414]据张光直先生的考证，"中国古代的哲学自三代以前开始一直到战国时代及其以后，显然经历了许多变化，包含许多学派。但研究中国思想史的学者承认中国古代宇宙观若干共同的基调。'天圆地方'便是这种共同基调的一个重要成分。"（张光直，2000)[350]为了表现这种"方圆"观念，巫手执的"规矩"就是一种具有象征性的绘制方圆的工具。在东汉武梁拘的浮雕石刻上，我们可以看到被视为人类文明始祖的伏羲女娲的蛇尾人身像，他们一人拿矩，一人持规，这正是绘制方圆图形的工具。有论者认为，"据此而言，早在三皇时代，我们的祖先便认识并掌握了方与圆这两种基本的形状。人们认识了方圆，反过来方圆作为一种观念又极大地影响了人们的思维方式和行为方式，比如天圆地方的盖天说便是一例"（长贵，2005)[1]。其实，规矩、方圆这一套话语早已渗透到中华文明的各种技艺之中，如字正腔圆、形方动圆①等。

中国武术素来对规矩颇为重视，武术套路在一定程度上就可视为一种可以遵循的"规矩"与法度，武术套路中所谓"势正招圆"以及阴阳法则的普遍运用等似乎早已成为一种不证自明的观念与原则，这可能在一定程度上就有原始巫术礼仪中武舞通神的文化影子。在"巫史文化"传统中成长起来的武术套路一定积淀

---

① 明代朱载堉《乐律全书·小舞乡乐谱》载："广大象地，清明象天，此谓画缀兆也。——圆在外，方在内，象天圆地方也。""文先左旋，武先右旋，终而复始，象四时也。方转三变，圆转一变，所谓周旋中规，折旋中矩是也。风雨喻其动转不息之象。"参见：袁禾，2007.中国舞蹈意象概论［M］.2版.北京：文化艺术出版社：5-6.

了原始巫术身上所体现出来的"巫术礼仪"所具有的那种"秩序"特征,这种形式化、程式化的特征表明巫术也具有"理性"的一面,看似迷狂的武舞可能也具有一定的秩序感,是感性与理性的统一。李泽厚对早期巫术的研究就表明,这些巫术礼仪实际上兼具了各种实用功能,而不只是泛滥的情感与感性宣泄。马林诺夫斯基认为,巫术操作者们施行巫术时是极为认真、严肃的,"有种种等等极其严格的条件,如咒语绝对记得准确,仪式行得无可訾议,禁忌与律令遵守得毫不含糊之类,都使术士很受限制。这任何一项被忽视,巫术便算失败了"(马林诺夫斯基,1986)[15]。程大力坚持认为武术套路起源于巫术,他说:"也许有人会说:套路武术,除个别花法动作外,都是严谨、严格、逼真的攻防技术动作组合;与之相反,原始巫舞却只是象征性的、虚拟的、近似的动作。然而事实并非如此。对原始人来讲,巫术是另一种实用行为,实用手段,巫术同样不能任意地、随便地使用。"(程大力,1993)如果说程式化是武术套路最鲜明的一大特征,那么也许早在原始武舞这种带有巫术礼仪色彩的活动中就已埋下了伏笔,只不过在后来漫长的历史过程中不断地得到充实与完善罢了。如汉代与魏晋时期的"巴渝舞",作为一种武舞,晋代文学家傅玄便云其"疾逾飞电,回施应规"(《短兵篇》)。"回施应规",当然是说动作定型并且规范严整。

巫、舞、武同源互生的现象对后期武术套路的发展产生了深远影响。巫者作为原始部落最智巧的人,他们看似迷狂的武舞实则既有狩猎、战争等现实根源,也具有一定的秩序感,通过感性的身体活动,在通神、娱神的同时也愉悦了舞者自己的身心,这是一种集理性与感性于一体的活动,含有审美因素在里面。正是在这种狂热的身心活动中,模糊了现实与想象之间的界限,舞者实现了与神秘世界的沟通,这种"以舞通神""真实想象"的文化精神在一定程度上也为后来的武术套路所继承。成熟形态的武术套路依然有"阴阳不测之谓神""阶及神明"之类的说法。武术套路演练中对"虚拟对手"的想象大概也有这种原始武舞的文化遗迹存在。

二、以舞习武

武术套路之所以具有较高的审美价值主要得益于它继承了自原始武舞、西周武舞发展而来的乐舞精神。以舞蹈化的形式与生命节律来习武,是武术套路的一大特色,也是其具有健身娱情、伦理教化等多样功能价值的主要原因所在。而这一"以舞习武,寓教于乐"的特色,早在原始社会的操练武舞中就已孕育,经过西周春秋时期专门编排的教育国子的武舞(如《大武》、象舞、万舞等)而得到进一步理性化与明确化的发展。刘峻骧说:"以舞习武是举世图腾文化时代的共同特征,在原始艺术史学者们的考释和实地调查中都会发现。但世界其他地方的先民们很快把这两者分离开来,而中国武、舞不分地发展了很久,这给武术文化和舞蹈艺术都留下了独特的影响。"(资华筠,2006)[30]

祀与戎这两种文化现象往往交融在一起,武舞活动除了具有降神、通神的作用之外,还有军事操练、加强协同、整齐步法与动作等的综合作用。武舞作为一种集感性与理性、自然与社会于一体的乐舞形式,使人们在参与的过程中就会很自然地凝聚为一个整体,如同闻一多所说的,"(舞者)最高的满足,是感到自己和大家一同活着,各人以彼此的'活'互相印证,互相支持,使各人自己的'活'更加真实,更加稳固,这样满足才是完整的,绝对的。这群体生活的大和谐的意义,便是舞的社会功能的最高意义。"(闻一多,1987)[382]在原始社会后期,这种武舞更成为部族男子平时为战争操练的一项活动,高罗斯(Ernest Groose)认为:"除战争外,恐怕跳舞对于原始部落的人,是唯一的使他们觉着休戚相关的时机。它也是对于战争最好的准备之一。因为操练式的跳舞有许多地方相当于我们的军事训练。"(闻一多,1987)[383]可见,这种"武舞"已经有着较为明确的训练目的,希望通过平时的演练来提高实战能力。我国甘肃嘉峪关黑山青铜时代岩刻操练舞蹈及云南沧源山岩画中的盾牌舞即属于此类舞蹈。(马薇 等,2002)[26-27]西周、春秋时期的战争方式主要是车战,军事训练中的主要内容就是适应车战需要的射和御。车战要求队形、动作、步伐等整齐一致,所以我们看到古代文献对射礼、驾车等的记载中都十分注重动作与音乐节奏(如鼓声)的相互配合。刘师培在《古政原始论·古乐原始论》中又说:"屈伸俯仰升降止下,和柔其形体,以廉制其筋骨,庶步伐止齐,施之战阵而不愆。"(刘师培,2015)[176]公元前1705年,周武王统率军队在牧野与商大战之前,《尚书·牧誓》载他在勉励将士中的一段话中提道:"今日之事,不愆于六步七步,乃止齐焉。勖哉夫子!不愆于四伐、五伐、六伐、七伐,乃止齐焉。

勖哉夫子！尚桓桓如虎、如貔、如熊、如罴，于商郊弗迓克奔，以役西土，勖哉夫子！尔所弗勖，其于尔躬有戮！"（李民 等，2012）²⁰⁴汉代经学大师郑玄解释说："伐，谓击刺也，一击一刺为一伐。""一击一刺为一伐"，显然是指两种不同兵器之间的配合。（周伟良，2003）¹²可见，这种"一击一刺"两种兵器的配合动作在当时的战争中是十分重要的，它可以发挥实用的技击格杀功能，因此可能是士兵平日军事训练不可或缺的内容。在用来象征武王伐纣事业成功的祭祀雅乐《大武》中就有"伐"的动作，即"天子夹，振之而驷伐，盛威于中国也"（杨天宇，2011）⁴⁹⁸。上述两段材料中分别提到的"步伐整齐"和"齐焉"一语都可看出武舞有整齐士兵动作与步伐的作用，这与当时以车战为主的战争形式是一致的。这一点也可从《乐记》中的相关记载得到进一步证明，《乐记》第十九云："故听其《雅》《颂》之声，志意得广焉；执其干戚，习其俯仰诎伸，容貌得庄焉；行其缀兆，要其节奏，行列得正焉，进退得齐焉。故乐者，天地之命，中和之纪，人情之所不能免也。"（杨天宇，2011）⁵⁰⁵从"齐、正"等要求中就可看出"以舞习武"的明确意图。

《诗经·周颂·维清序》云："《维清》，奏象舞也。"（程俊英，2011）⁵¹⁵这里的"象舞"在《毛诗正义》中释为："文王时有击刺之法，武王作乐，象而为舞。"（李学勤，1999）¹²⁸⁶可见，所谓"象舞"即是种模仿"击刺之法"的人体活动形式。据《礼记·内则》记载，当时年满15岁的贵族子弟，就要求学习"象舞"（杨天宇，2011）³⁵⁸。还有一种武舞名曰"万舞"，《左传》庄公二十八年记，"万舞"者，"习戎备也"（李梦生，2016a）²⁰⁹（即是军事训练）。周伟良认为："'象舞'和'万舞'，都具有明显的身体训练特点，并且这种身体训练，又与当时军事活动有着密切的关系，它标志着先秦时期中国古代武术，在'武'与'舞'的两种文化合力滋养下已破土萌芽。"（周伟良，2003）¹³⁻¹⁴从审美上来讲，我们不仅要关注武舞"习戎备"的实用功能，更要看到其是以舞蹈的形式来开展的，渗透了乐舞的精神，如注重生命节律、审美化育等，而这些乐舞特征在后期武术套路中一直延续着。

三、教化功能

"以舞习武"的方式固然有习武练兵的实用功能，但也不可忽视武舞所具有的祭祀先祖以及教育子民的道德教化作用。西周武舞显然并非军事武艺的简单模仿与重复,而是以"象"的理念与形式进行了重构。武舞(如《大武》、象武、万舞等)是从武术技艺角度锤炼出来的一种符合当时价值观念、具有政治教化功能的完美形式。

周朝建国初期,即在周公旦的主持下制礼作乐,建立了一整套礼乐制度,周代宫廷设置了专门的乐舞机构,掌管各种礼乐事宜。周礼以人文为主要内容,它不同于巫术礼仪。它主要的功能已不再是宗教,也不再是娱神,而是人文,而人文则重德。《尚书·蔡仲之命》云:"皇天无亲,惟德是辅。民心无常,惟惠之怀。"(李民 等,2012)[334]《周易·贲卦·象辞》说:"文明以止,人文也。""观乎人文,以化成天下。"(周振甫,2013)[80]这里的人文,包括社会制度、礼仪习俗及科学技术、文学艺术等各种体现社会文明的形式。把握好人文,便可用它来教化天下,使整个社会文明化。与周礼共同存在的还有乐,乐在早期礼乐文化中主要作为礼的辅助而存在,寓教于乐是周礼的重要特征。在庄严肃穆的礼仪过程中,配上乐时便可以更好地发挥教化功能,体现文化含义。经过周代礼乐文化浸染之后,人们对原始武舞的功能与价值的看法也体现出理性化、德性化的特征。前文述及的"有苗乃格"这一带有鲜明巫术礼仪色彩的活动,已被周人以"诞敷文德"一语加以理性化、德性化的重释。礼、乐二者密不可分,它们都具有鲜明的等级性,不同阶层的人所享用的礼、乐是不同的。但二者又具有一定的差异,所谓"礼辨异,乐统同"以及"乐从和"的说法就精当地揭示了二者的不同。这里的"同"与"和"鲜明地揭示了乐的独特价值。

周代的"乐"仍是诗乐舞不分的,作为一种感性的"人文"形态具有比从外在约束的礼更有效的教化作用。乐舞这种"人文化成"的方式不是灌输与说教,而可称为"感化"或者"化育",是始终不脱离感性的、如同春风雨露一样慢慢滋养与陶钧着人们的心性品质,使受教之人在潜移默化之中移风易俗或变化气质。在先秦"乐从和"的美学理论中,有一个较为突出的特征,便是以情感感染和化育为中介,把"乐"与政治密切地联系起来。"乐"之所以需要,首先是因为它"可以善民心,其感人深,其移风易俗,故先王著其教焉。"(杨天宇,2011)[481]中国历代统治者都有通过制作乐舞来象征自己文治武功的传统,"王者功成作乐"即道出了乐舞所具有的鲜明的象征意义和政教目的，其中与武术密切相关的武舞就很能烘托出一种气势宏大的盛世局面。如著名的武舞有周武王的《大武》、李世民的《破阵乐》等，这些武舞都与国家政治密切相关，统治者希望通过乐舞来和合人心，实现教化子民的目的。周代著名的《六舞》①中的前五个舞都是前代遗存下来的，是以歌颂氏族首领为主要内容的乐舞，而仅有《大武》是为歌颂武王伐纣成功而创编的大型武舞。此外周代的武舞还有象舞、万舞等。

周代用这些乐舞（包括武舞）作为当时社会教育"国子"（"公卿士大夫之子弟者谓国子"）的课程之一。（吕友仁，2004）[289]通过周公制礼作乐，当时社会形成了尊崇"礼乐文化"的社会共同体。掌握话语权的贵族统治者十分重视培养君子"威仪"，使贵族子弟体现出很好的文化教养。这既使普通百姓与之保持一定距离，心生畏惧，又被其"威仪气象"所感化而自觉效仿。所谓的"六艺"（即礼、乐、射、御、书、数）就是塑造"威仪棣棣"的君子形象的重要手段，从而成为当时的主要教育内容。《论语·泰伯》中说："兴于《诗》，立于礼，成于乐。"（金良年，2017）[85]《论语·述而》载："志于道，据于德，依于仁，游于艺。"（金良年，2017）[85]这些说法无疑都是看到了乐舞、射御之类的"乐"或者"艺"所具有的化育心灵与成就人格的积极作用。根据朱光潜的观点，"外物的节奏也同样地逼着我们的筋肉及相关器官去适应它，模仿它。单就声音的节奏来说，它是长短、高低、轻重、疾徐相继承的关系。这些关系时时变化；听者心中自发生一种节奏和声音的节奏相平行。"（朱光潜，2006）[114]西周时期的乐舞（包括武舞）、驾车②等活动都十分注重对节奏、韵律的把握，从而也具有一定的审美化育的作用。

西周时期的武舞除了用于教育国子，培育君子人格外，以《大武》为代表

---

① 历史上著名的《六舞》（或《六代舞》）、《小舞》（或称《六小舞》）都是在这时集中整理、加工编排的。《六舞》包括：《云门大卷》（或作《云门》）、《大咸》（或作《咸池》）、《大韶》《大夏》《大濩》《大武》六个乐舞。《六舞》是周代主要的成套祭祀乐舞。各乐舞用于不同的祭礼，如《周礼·春官·大司乐》所记，"乃奏黄钟，歌大吕，舞云门，以祀天神。……乃奏夷则，歌小吕，舞《大濩》以享考妣。乃奏无射，歌夹钟，舞《大武》以享先祖。"（杨天宇，2004.周礼译注［M］.上海：上海古籍出版社：327.）

② 西周时期学校教育中对"御"（即驾车控马）总结出了"鸣和鸾，逐曲水，过君表，舞交衢，逐禽左"五种要求。其中"鸣和鸾"就要求四马并驱，奔驰合节，使车上鸾铃声响一致，马稳车平。参见：熊晓正，1984."礼·力"为核心的西周学校教育［J］.体育文化导刊（3）：36-37.

的武舞主要作为祭祀雅乐而被加以利用。《周礼·春官·大司乐》记载："乃奏无射，歌夹钟，舞《大武》以享先祖。"从《大武》的舞蹈形式之变化就可以看出其背后鲜明的政教意义。《礼记·乐记》中就有一段孔子向宾牟贾解释《大武》内涵的详细记载："夫乐者，象成者也。揔干而山立，武王之事也。发扬蹈厉，大公之志也。《武》乱皆坐，周、召之治也。且夫《武》始而北出，再成而灭商；三成而南；四成而南国是疆；五成而分，周公左，召公右；六成复缀以崇。天子夹，振之而驷伐，盛威于中国也。分夹而进，事蚤济也。久立于缀，以待诸侯之致也。"（杨天宇，2011）[498]可见，在孔子看来，《大武》舞的动作编排、队形的变化等都具有一定的情节性和较为明确的象征意义，整套《武》乐都是用来象征武王伐纣事业成功的。其中"揔干而山立，武王之事也"（司马迁，1982）[1229]是指开始舞蹈时舞者拿着盾牌像山一样屹立不动，这是象征武王等待诸侯的到来。"发扬蹈厉，太公之志也。"（司马迁，1982）[1229]孔颖达疏《礼记·乐记》"发扬蹈厉之已蚤，何也？"曰："初舞之时，手足发扬，蹈地而猛厉。"（杨天宇，2011）[497]《史记·乐书》引此文，张守节正义："蹈，顿足踢地。厉，颜色勃然如战色也。"（司马迁，1982）[1227]可见，这句话描写了舞者奋力扬手顿足、勃然战色的动作与仪容，来象征太公的威武鹰扬之志。"《武》乱皆坐，周、召之治也。"（司马迁，1982）[1229]是指《武》舞终了时舞者都跪下，这是象征周公和召公将用文德治理天下。后面的几句又进一步具体谈到了《武》舞的结构和内容，从中可看出《武》舞分为六段，而每一段都有其象征意义①。而"天子夹，振之而驷伐，盛威于中国也。分夹而进，事早济也，久立于缀，以待诸侯之至也"，则表明作为最高统治者的天子也夹在舞队中参加舞蹈，他敲响木铎以每做四个一击一刺的动作为一个节奏，在周王朝领地显示其强大的威严。《大武》舞气势雄浑，场面颇为壮观，既能很好地发扬蹈厉、鼓舞人心，又能展现国家蒸蒸日上、欣欣向荣的盛世局面。所以，吴国公子季札观《大武》后忍不住赞叹道："美哉！周之盛也，其若此乎？"（杨伯峻，2016）[1287]这一观感与

---

① 即第一段舞队向北进（象征武王开始出兵伐纣）；第二段象征灭商；第三段象征武王（灭商后）又向南用兵；第四段象征南方各国都收入版图；第五段象征周公和召公分陕而治，周公治理陕以东，召公治理陕以西，协助周王统治；第六段舞者又都回到开始时的位置上以象征《武》乐已经完备。参见：杨天宇，2011.礼记译注［M］.上海：上海古籍出版社：499.

评价足以表明《大武》在颂扬文治武功的同时，也具备了较高的审美价值。

但《大武》所具有的政教色彩和伦理道德意义在孔子看来还有所欠缺。孔子在齐闻《韶》，说"尽美矣，又尽善矣"；但说"《武》，尽美矣，未尽善也"。（孔子，2000）[27]这样一种评价反映了中国古典美学中的一大特点，即强调美善统一，认为美不仅是给人以味、声、色的官能享受的美，而且与善的要求是融合一致的，具有社会伦理道德价值意义的美。我们知道《大武》是歌颂武王伐纣取得胜利而创编的象征武功的一种乐舞，里面有发扬蹈厉的击、刺动作，这是人的感性力量的释放与展示，很能振奋人心；所以对人的官能感受也一定冲击很强，确实"尽美矣"。可按照孔子的伦理观点来看，这种对人的感性力量和武功的过度强调与彰显，却并不是那么符合"尽善"的道德要求；所以他说："尽美矣，未尽善也。"（孔子，2000）[27]可见"孔子虽然提出了'尽善'和'尽美'的说法，把美和善区分开来。但是，在他那里，美对于善也还是处在一种从属的地位。……有时甚至不要美只要善。这种情况，对于中国文艺的发展产生了不利的影响。"（李泽厚 等，1999）[107]孔子对《大武》所做出的这一"尽美矣，未尽善也"的评价，对武术套路的审美产生了深远影响，成熟形态的武术套路以集体形式进行表演时，依然具有发扬蹈厉、感发民气，展现国家繁荣昌盛的政教作用，如2008年北京奥运会上的集体武术表演。当武术套路主要作为个体的习练方式与表演方式时，除了具有"习手足，便器械"的强身健体、增强技艺的作用外，也具有化育心灵，培养健全人格的作用。但当过分强调武术套路的政教功能与伦理道德意义时，就在一定程度上导致武术对具有竞争精神的"武"的追求（如两两相当的纯粹较技）并未占据最高位置，而"武德"逐渐成为衡量习武人的最高标准。与此同时，这一"美善合一"的价值评判标准也使那些试图摆脱实用技击束缚，以舞台表演效果为主要追求的所谓"花法武艺"也一直遭受诟病。

四、中和适度

在周代，诗、乐、舞三位一体，它们都是一种乐教形式，而乐是崇尚中和的，有所谓"乐从和"之说。李泽厚先生说："华夏文艺及美学既不是'再现',也不是'表现',而是'陶冶性情',即塑造情感,其根源则仍在这以'乐从和'为准则的远古传统。"(李泽厚,2008)³⁴但要发挥"乐从和"、移风易俗的政教作用,并非杂乱无章的"声"所能做到的。这其中一个重要的标准就是"中庸"观念与阴阳法则的广泛运用。早在西周时期的武舞之中,这种在疾徐、屈伸、动静、刚柔等变化之中体现出整体的和谐之美、中和之美的审美标准就已显露端倪。

"中和"是中国古代出现较早且十分重要的一个美学范畴。"中和"之"中"是适中,不偏不倚、恰到好处的意思;"中和"之"和"是平和、融合的意思,具有鲜明的政治、道德与伦理内涵。自先秦始,中和既作为美学范畴,也作为哲学与伦理范畴运用。《国语·郑语》云:"夫和实生物,同则不继","声一无听,物一无文,味一无果"(左丘明,2010)³⁰⁰,可见,单一不能构成"和","和"一定是多样性的统一。与此同时,这种统一又表现为对立因素的"相济",如《左传·昭公二十年》载:"清浊,小大,短长,疾徐,哀乐,刚柔,迟速,高下,出入,周疏,以相济也。君子听之,以平其心。心平,德和。"(李梦生,2016b)¹³²⁷《尚书·舜典》云:"帝曰:夔!命汝典乐,教胄子,直而温,宽而栗,刚而无虐,简而无傲。诗言志,歌永言,声依永,律和声。八音克谐,无相夺伦,神人以和。"(孔颖达,1997)¹³¹这里的"正直而又温良,宽宏而又坚毅,刚强而不暴虐,简易而不傲慢"都充分地体现着"执其两端用其中"的尚"中"思想。"八音克谐,无相夺伦,神人以和"则表明通过八种乐器的合奏实现了杂多之中的统一、和而不同的审美效果。

早期武舞大概也在一定程度上体现了这种中和特征。《乐记》第十九载:"故听其《雅》《颂》之声,志意得广焉;执其干戚,习其俯仰诎伸,容貌得庄焉;行其缀兆,要其节奏,行列得正焉,进退得齐焉。故乐者,天地之命,中和之纪,人情之所不能免也。"(杨天宇,2011)⁵⁰⁵从这里的"干戚""行列得正,进退得齐"等语可判断这里的雅乐包含了武舞。这就是说,一个人"听《雅》《颂》之声"是为了"志意得广焉",即要融入《雅》《颂》之类诗歌所塑造的特定氛围中,理解其内容,想象其情境,拓宽自己的情感意志;手执干戚这类舞具、做俯仰诎伸之类的动作时则需要容貌与表情肃穆、庄重,即"容貌得庄焉";舞动时动作的变化要把握好节奏,以保证"行列得正""进退得齐焉"。在这里,乐舞的作用与"志意""容貌""行列""天地""人情"等联系起来,且无不体现"中和"的主旨精神。西周时期的武舞作为一种雅乐,主要用来祀神;因此它主要是配合《诗经》的《雅》《颂》中的庙堂音乐手执干戚之类的舞具来表演的。这样的表演尽管有主观情感,即"志意"的抒发,有身体的俯仰屈伸,有动作的往复变化等,但它们决不仅仅是出于感官愉悦与享乐。这里的"要其节奏""广""庄""正""齐"等词汇就鲜明地表明,有意节制情感与动作,以达到"中和之美"的境界。

武术套路发展到成熟形态时,它不仅有极强烈、极逼真的攻防技击动作,又有极投入,甚至进入一个战斗情境中的气势与情感宣泄;但这一切都是假定的、虚拟的,并且动作始终都在开合、动静、刚柔之间进行变化,以期维护一种动态的平衡,整体审美风貌上呈现出一种有节制的情理合一之美。李泽厚先生指出:"中国古代艺术家在观察世界的时候,十分善于从杂多的现象中把握住各种对立的因素,并使之恰当地统一起来,取得在结构上井然有序而又极富微妙变化的效果,构成一个和谐的美的艺术品。"(李泽厚 等,1999)[92] 人们在欣赏武术套路时,既感受到了武术发扬蹈厉的力量与气势之美,同时又感受到这种强烈的生命律动与情感欲望并不是毫无节制、毫无秩序的任意宣泄;相反,它是在"蓄"到极致之后的"发",也就是在欲左先右、欲扬先抑的回环往复之中的一种相当规整、相当有秩序的情感与力量表达。恰如中国的民族音乐一样,是一种"半开半闭""半吞半吐""欲语还休"的态度,有一种哀婉的凄楚之说(项退结,1988)[78]。

以中和为美的美学原则既有其合理性的一面,因为一切种类的美的创造,都离不开对立面的和谐;但也存在局限性,即过于强调和谐,排斥和反对激烈的冲突、爱憎。就武术套路审美来讲,一方面,它促成了武术套路含蓄、内向性格的形成,对其含而不露、从容中道、婉而成章的含蓄美无疑产生了积极的作用;另一方面,它又使传统武术的拳种套路较少正面去表现那种激烈的矛盾与冲突之美,致使武术套路之形在漫长的历史长河中更多关注的是对立面的交替与转化,寻找两端之中(如表现在套路运动中攻与防、虚与实、刚与柔、开与合、快与慢、动与静、起与落等交替变化形成的强烈的动感)恰到好处的"度"与"和"。

以上分别从以舞通神、以舞习武、教化功能和中和适度四个方面论述了先秦武舞的特征；而这些特征也深刻地影响了成熟形态的武术套路的形式、功能与审美特征。在一定程度上可以说，先秦武舞已经为武术套路奠定了深厚的审美文化基因。

第二节　汉唐武舞的雄健气势

秦统一中国，建成华夏第一个集权制的封建国家。后经楚汉之争，出现了统一的汉朝。又经三国鼎立，南北对峙，出现了统一的唐朝。战乱时，由于战争的需要，征伐各方不同兵械及格杀法的交流，促进着武术向多样化发展。统一时，武术的健身与娱情价值得到重视，娱乐化、表演化、舞蹈化的武术活动得到发展，还出现了在采用一定护具的前提下，以物代械格斗以为娱乐的游戏性较技和争胜比试活动。武术的非军事性功能得到利用和发展。

秦汉时期，是中国历史上大一统的时期；但秦统治苛严，"收天下之兵，聚之咸阳，销锋镝，铸以为金人十二，以弱天下之民"（贾谊，1976）^{2}。秦代，角抵活动多在宫廷上演，如《史记·李斯列传》中记"（秦）二世在甘泉，方作角抵、俳优之观。"（司马迁，1982）^{2559}这里将角抵与俳优并列，足见二者具有不相上下的观赏娱乐价值。汉代经过休养生息之后迎来了繁荣发展时期，这也有力地推动了各种文化艺术的发展。汉代"两两相当"的角抵、手搏活动非常兴盛。马明达先生通过汉代汉字中"扌"（手）为偏旁部首的字数繁多、且区分颇为细致，推测当时的"徒搏"技术已达到相当高的水平。[①]《汉书·艺文志》中

[①] 马明达认为：汉代人对手击人的方式已经有了相当细致的区分，这可以从《说文解字》"手"部的某些字上得其涯略。试列举一些如下。批：反手击也。捭：两手击也。抵：侧击也。㧌：拘击也。挚：旁击也。挨：击背也。撒：中击也。擉：敲击也。拂：过击也。抌：深击也。㨶：捣头也。在马先生看来，虽然不能说这些字都一定与汉代手搏技术用语有关，但是，如果我们逐一审读这些字，仔细体味它的字义，就很容易联想到汉代以手打击的方法之丰富多变和技术分类的精细；且这些字在一般人的社会生活中不可能经常使用，因为正常情况下，绝大多数人们的双手主要用于生产和生活活动，不会用于搏击。所以，这些字的产生和应用，应该同手搏技术的发展有关系，也同手搏的传播和有关著述的形成有关，至少其中一部分是这样。参见：马明达，2007.说剑丛稿［M］.北京：中华书局：59.

也有《手搏》篇专门记述之。从着装上看，手搏较技者一般都着短衣，裸露身体的大部分。《诗经·郑风·大叔于田》："袒裼暴虎。"（程俊英，2011）[121]《礼记·王制》："凡执技论力，适四方，裸股肱，决射御。"（杨天宇，2011）[159] 汉唐时期的画像石、壁画上对角抵、手搏活动都有所反映，且从当前日本相扑选手着装仍可看出。选择这样的着装，一方面当然是为了最大限度地发挥技巧技法；另一方面也有展现选手健硕体格、彰显人体美的意图。程大力先生就认为这与性崇拜有一定关系（程大力，1995）[194]。仅从着装上就可看出，这种实战搏击活动与武舞表演活动、套路演练活动是有较大区别的，两相对照，套路似乎显现出更多的文化性、人文性特征。

汉时，从上到下习剑之风都很流行。习剑在当时被视为"君子武备，所以卫身"（周伟良，2003）[23]之事。所以上至统治集团（如淮南王刘安）、士大夫（如司马相如、东方朔等），下至黎民百姓都多有习之。据《汉书·地理志》记载"吴、粤之君皆好勇，故其民至今好用剑，轻死易发。"（班固，2007）[1328] 从当时的文献资料来看，汉代的斗剑活动比较讲究方法的总结，并有一定的传承谱系。东汉王充《论衡》中所言的"剑伎之家，斗战必胜者，得曲城、越女之学也"（王充，2006）[174-175]，就鲜明地体现了这一点。魏文帝曹丕在其《典论·自序》中回忆了他与奋威将军邓展比试剑技的情景，在他获胜之后还对邓展说："余亦愿邓将军损弃故技，更受要道也。"（魏文帝，1985）[3]《汉书·艺文志》中有《剑道》38篇，虽已亡佚，但被列入"兵技巧"之下，且上升到"道"的高度，足可见出当时社会对击剑方法及其功用价值的重视。

除了"两两相当"的角抵、手搏与剑术对抗较技活动以外，这一时期的武舞表演活动也颇为兴盛。《后汉书·南蛮西南夷列传》载："高祖为汉王，发夷人还伐三秦。秦地既定，乃遣还巴中……其人多居水左右。天性劲勇，初为汉前锋，数陷阵。俗喜歌舞，高祖观之曰：'此武王伐纣之歌也。'乃命乐人习之，所谓《巴渝舞》也。"（范晔 等，2008）[1042] 这里的《巴渝舞》本为典型的民间武舞，猛锐粗犷，发扬蹈厉，体现出原始舞蹈的活力与生命情调。由于少数民族作战有功，刘邦乃命宫廷乐人习之，使少数民族武舞登上了大雅之堂。尽管史书没有明确记载《巴渝舞》是否已成为雅乐。"但从（曹）魏、晋、南朝各代沿用《巴渝舞》（有时改称《昭武舞》或《宣武舞》）作为祭祀的武舞分析，汉代的《巴渝舞》可能已经在宫廷宴享、礼仪或祭祀中出现。"(王克芬，2014)[100]显然这种祭祀性质的《巴渝舞》大概相当于西周时期的《大武》舞。

汉代的角抵活动也在"两两相当，角力、角技艺"的基础上，广泛吸收舞蹈、音乐、杂技、戏剧和幻术等其他艺术活动的技术与内容，形成了广受欢迎的综合性文体艺术形态——角抵戏；因而，也有人称"大角抵"或"角抵奇戏"。在角抵戏中就有模拟人兽相搏的"武舞"性质的舞蹈表演活动，其中的一个经典节目是《东海黄公》。晋代的《西京杂记》卷三中这样记载："有东海人黄公，少时为术，能制御蛇虎。佩赤金刀，以绛缯束发，立兴云雾，坐成山河。及衰老，气力羸惫，饮酒过度，不能复行其术。秦末，有白虎见于东海，黄公乃以赤刀往厌之。术既不行，遂为虎所杀。三辅人俗用以为戏，汉帝亦取以为角抵之戏焉。"(葛洪，2006)[120]在《东海黄公》这个节目中根据故事的情节设置有人、虎相斗的情景。这是一种预设性的、表演性的搏斗场面，它被有机地整合进整个故事剧情的发展之中，不同于"两两相当"的竞技搏斗。此时的角抵戏已由宫廷走向大众，以纯粹用于娱乐的表演艺术形式呈现给人们，审美价值较高；因此，每当上演"大角抵"时，观者如云。

汉代，那种即兴起舞、佐助酒兴的剑舞、刀舞、双戟舞等武舞表演活动在军中也颇为流行。人们耳熟能详的鸿门宴上的"项庄舞剑，意在沛公"就是一个典型例子。从"军中无以为乐，请以剑舞"(司马迁，1982)[313]可以看出，军中的"剑舞"不仅具有"习手足，便器械，以立攻守之胜"的实用价值，还具有娱己、娱他的观赏与表演价值；从"项庄起舞，项伯亦起舞，常以身翼蔽沛公"这一场景的描绘可以看出当时已存在假定性的武术对练活动；从"项庄舞剑，意在沛公"一语则可看出"舞剑"动作所具有的攻防技击意图。《三国志·吴志·甘宁传》中也记载了甘宁、凌统、吕蒙的"双戟舞""刀舞"。从这些文献记载的武舞活动来看，表演者多为军人，他们所持的器械与汉以前以及当时军队练习中所用的器械密切相关。张选惠认为："这些宴饮间的舞剑、舞刀或舞戟是军中时兴的一种娱乐，它必然产生于军队训练的基础上，反映出当时的某些训练方法与内容。"(张选惠，1983)对于具体的操练形式，史籍记载不多；但在出土的汉画像砖石上，则展现了一幅幅生动的对练画面。这些只截取瞬间的武术动作，不仅造型朴拙、雄浑，而且体现出对身法、步法等的讲究，使整个静态画面富有气势和动感，是一种集自娱与娱人、自练与表演于一体的武术活动。

总之，在汉代的大量画像石、印章图案中，既有生动形象的角抵、斗剑活动，也有潇洒英武的剑舞表演，更有扛鼎、舞刀、走索、角抵混在一起的琳琅满目的"百戏"临摹。从这些尘封近两千年之久的画像上，我们分明看到了一个极为丰富、饱满、充满非凡活力和旺盛生命激情、异常热闹的人间世界。这些武术表演场景与原始武舞所体现出来的神秘气息不同，与《庄子·说剑》中相对惨烈的斗剑场景也颇为不同，其娱乐性、表演性、游戏性、世俗性成分更强。汉代正处于我国封建社会的上升时期，这是一个欣欣向荣、朝气蓬勃的时代。因此，汉代武术表演所表现出来的精神气质大多也是气势昂扬、雄健有力，充满勃勃生机的。李泽厚在《美的历程》一书中认为，汉代艺术形象所体现出的古拙与气象以及蓬勃旺盛的生命，为后代艺术所难以企及（李泽厚，2009）[84-87]。这一观点显然也适用于我们对汉代的武术表演活动所呈现出来的整体审美风貌的判断。

三国至隋唐时期，是武术套路逐渐形成的重要阶段。首先，以"两两相当"为形式的徒手搏斗与较技活动，在宫廷与民间都颇为流行，得到广泛开展。它们的广泛开展不仅有利于徒手搏斗技术的进一步发展，而且有可能还为当时的"力士舞"提供了动作素材。"角抵"在晋代开始又名"相扑"。《北齐书·孝昭帝纪》载："诸贵戚家角力批拉，不限贵贱。"（李百乐，1972）[80]"批"在古文中释为打，"拉"即牵拉、摔的意思。"《荆楚岁时记》云：荆楚之人，五月间相结伴为相攒之戏。'即扑也。"（翁士勋，1990）[34]"攒"即争力竞倒之义。周伟良认为，"从字面上分析，这类活动类同摔跤。"（周伟良，2003）[32]唐代有不少君王（如唐玄宗、唐宪宗、唐穆宗等）都对角抵活动有浓厚兴趣，角抵活动成为宫廷宴席间的重要表演活动，"内园恒排角抵之徒以备卒召。"（翁士勋，1990）[62]唐代朝廷还有管理角抵相扑的机构——左右军（又名"二军"）。《唐音癸签》卷十四中注唐代的"角力戏"，"凡陈诸戏毕，左右两军擂大鼓，引壮士裸袒相搏较力，以分胜负"（胡震亨，1957）[131]。其场面之盛大与壮观于此可见一斑。唐、五代民间的角抵相扑活动同样兴盛。《吴兴杂录》记唐"七月中元节，俗好角力相扑"（翁士勋，1990）[58]。四川蜀都甚至通过结"社"的形式召集勇士来参加比赛,"或赢者,社出物赏之,采马拥之而去。观者如堵,巷无居人。从正月上元,至五月方罢"(翁士勋,1990)[95]。唐人周絾在《角抵赋》中云:"前冲后敌,无非有力之人;左攫右拏,尽是用拳之辈。"(翁士勋,1990)[129]这里的"冲""做""攫""拿""拳"等字眼反映了当时角抵活动中所用的一些技法与形式。这一时期还出现了专门记述角抵活动的书籍——《角力记》。作者调露子大约是五代末至宋初时人,"角力者,宣勇气,量巧智也。然以决胜负,骋趫捷,使观之者远怯懦,成壮夫,已勇快也。使之斗敌,至敢死者。"(翁士勋,1990)[3]从这一写作主旨可看出角力活动所具有的斗智斗勇特色,并有一种战胜怯懦、勇往直前的英雄主义豪情。与此同时,角抵、相扑活动中所开发出来的各种徒手搏斗的姿势与方法,有可能为武术套路拳法演练中那些具有攻防技击含义的动作提供了素材。魏晋南北朝时期已经开始出现徒手拳法表演活动。《魏书·奚康生传》中有这样一段记载:"正光二年三月,肃宗朝灵太后于西林园。文武侍坐,酒酣迭舞。次至康生,康生乃为力士舞。及至折旋,每顾视太后,举手蹋足,瞋目颔首,为杀搏之势。"(魏收,1995)[1002]奚康生何许人也?"康生性骁勇,有武艺"(魏收,1995)[1000],屡立战功。他所跳的"力士舞"中有"折旋""顾视""举手、蹈足、瞋目、颔首"等动作的配合与变化,整体营造出一种令人生畏的"杀搏之势",(魏收,1995)[1002]达到一种"形生势成""以实生虚"的表演效果。这个例子说明,《力士舞》是个充满力量、威武雄健的男子武舞。周伟良认为:"这种名为'力士舞'的拳技演练本身是否已是一种相对稳定的套路形式,目前尚无其他资料佐证,但它表明中国古代一种与武术单练具有十分相似之处的活动形式开始形成。"(周伟良,2003)[37]研究舞蹈史的学者王克芬认为,从敦煌西魏壁画的那些力士像以及反映北魏时期的云冈、龙门石窟的石刻力士,仍在一定程度上可想见当年《力士舞》的时代风貌。她指出:"这些力士是石窟的守护神,是佛的卫士和侍从。他们或托起巨石,支撑石窟;或举起佛座,或立于佛龛两侧。他们瞋目而视,表情凌厉,常作出胯叉腰姿;那粗壮健美的体魄,凸起的肌肉,既富于力感,又具有舞蹈的美感。"(王克芬,2014)[147]

其次,在秦汉时期出现的较为复杂的动作组合的基础上,魏晋隋唐时期兵器使用的技术更加复杂,武术动作也更加规范化,出现了较为稳定的配有谱子和口诀来进行练习的武术形式与方法。两晋以后，骑兵（南北朝的重骑兵和唐以后的轻骑兵）和步兵逐渐发展成军队的主要兵种。与此相应，这一时期历史文献中多舞槊、舞戟的记载，且多为马上舞槊、棍等长兵器，不同于秦汉时期的刀、剑、短戟等的器械演练，对技法要求更高。五代时期的《王氏见闻录》中记载过一个名叫王承协的人，他在马上运使一柄重三十多斤的铁枪，舞动盘旋，"星飞电转，万人观之，咸服其神异"（李昉，1994）[323]，这一记载足见王承协臂力深厚，技艺精湛。这一时期还出现了梁简文帝萧纲对用槊技术进行总结整理，"搜采抑扬，斟酌繁简"后编制而成的《马槊谱》（萧纲，1995）[2852]。《抱朴子·外篇·自叙》中也记载，当时关于刀楯的配合，关于单刀、双戟、杖的使用也"皆有口诀要术"（葛洪，1986）[204]。《抱朴子·外篇·行品》还提到练武者"虚使无对，而实用无验"（葛洪，1986）[141]。"谱"、口诀要术等的产生，不仅说明人们已用较精炼的语言把各种器械的技击用法加以浓缩、概括，以便于传习，也说明当时的武术训练方法已体现出一定的程式化特征。有学者甚至据此认为，当时"开始出现了一些较为稳定的套路练习"（张选惠，1983）。

再次，这一时期武舞的发展也促使武术攻防练习进一步朝程式化、规范化方向发展，其艺术性与审美价值得到进一步提高。乐舞中的武舞历来与武艺有很密切的关系，前文已述及"巴渝舞"就是汉高祖看到少数民族賨人表演的武舞刚健勇武，故命宫中乐人采编入乐，成为武舞之一种的。后来历代在沿袭时又有所修改增益。晋代将此舞改名为"宣武舞"，其时的文学家傅玄所写的《矛俞》和《剑俞》两诗就对此舞有形象的描绘。傅玄在《矛俞》中写道，"进退疾鹰鹞，龙战而豹起"，"如乱不可乱，动作顺其理，离合有统纪"；在《剑俞》中写道，"剑为短兵，其势险危。疾喻飞电，回旋应规。武节齐声，或合或离"[①]。从这两首诗的描绘可看出，当时持矛、剑等器械的表演体现出进退、快慢、回旋、离合等形式与节奏之变化；且这种变化"如乱不可乱"，动作自然而然，合乎法度与规矩。较之汉代军人的即兴起舞，这种武舞似乎更能带给人一种中和有序、美善统一的审美感受，其艺术化、程式化特征更为明显。在先秦时期我们已谈过武、舞同源；所以在武术套路独立发展以前，武舞在发展

---

① 傅玄的《矛俞》《剑俞》两诗见：郭茂倩，1979.乐府诗集［M］.北京：中华书局：770.

演进过程中所呈现出来的各种新变化都值得我们注意，它们有可能带给武术套路的各种影响是不容忽视的，这一点在社会环境长期稳定、文化艺术繁荣昌盛的唐代表现得尤为突出。

隋唐结束魏晋南北朝分裂、动乱的岁月后，唐代统治者重视武备，实行了武举制，尚武任侠成为唐代的普遍风习。骆宾王、李白、孟郊、元稹等人都留下了千古传诵的诵侠诗篇。杨炯"宁为百夫长，胜作一书生"（刘国建，2009）[6]的千古名句，更是道出了初唐文人不甘平庸、渴望建立赫赫军功的价值追求。大唐帝国的开放心态、经济文化的繁荣昌盛，使其技艺/艺术浸染了一种蓬勃的生命力量和动人心魄的整体气象。为歌颂唐太宗李世民卓越战功而专门创编的规模宏大的男子武舞《破阵乐》，演出队伍多达 120 人。表演者身披铠甲，手执战戟，舞蹈动作勇猛威武，还不断变换舞蹈队形，组成各种雄壮的战阵势象，如同《旧唐书·音乐志二》描述的"发扬蹈厉，声韵慷慨"（刘昫，1995）[669]，伴奏音乐"声振百里，动荡山谷"（刘昫，1995）[670]。这一武舞带有强烈的战斗意识和威慑力，使得观赏者无不震惧。唐代，剑技的发展与艺术化的"舞"结合更紧密，艺术感染力也更强。开元年间裴旻将军的舞剑就与张旭的草书、李白的诗歌被当时人称为"三绝"。《独异志》中记载了裴旻将军舞剑的场景："开元中，将军裴旻居母丧，诣道子（画圣吴道子），请于东都天宫寺画神鬼数壁，以资冥助。道子答曰：'废画已久，若将军有意，为吾缠结，舞剑一曲。庶因猛励，就通幽冥'。旻于是脱去縗服，若常时装饰，走马如飞，左旋右抽，掷剑入云，高数十丈，若电光下射；旻引手执鞘承之，剑透室而入。观者数千百人，无不惊栗。道子于是援毫图壁，飒然风起，为天下壮观。"（李冗，1983）[42-43]裴旻舞剑时的高超技艺所展现出来的"猛厉精神"已能让观者"惊栗"，令"画圣"吴道子"就通幽冥"，绘画与武舞之间不复有什么界限，以至"道子平生年画，得意无出于此者"（李冗，1983）[43]。杜甫的《观公孙大娘弟子舞剑器行》则为我们描写了名家表演剑器时的生动画面："昔有佳人公孙氏，一舞剑器动四方。观者如山色沮丧，天地为之久低昂。爔如羿射九日落，矫如群帝骖龙翔。来如雷霆收震怒，罢如江海凝清光。"（蘅塘退士，2008）[318-319]此诗既从侧面描写了公孙氏剑器表演所具有的极强感染力，大有感天动地、使观者为之变色的势壮之美，也从正面描写了公孙氏舞剑器时所展现出来的轻快洒脱、气势腾然的身法与动静结合的节奏韵律。张彦远的《历代名画记》中说："时又有公孙大娘，亦善舞剑器。张旭见之因为草书，杜甫歌行述其事。是知书画之艺皆须意气而成，亦非懦夫所能作也。"（张彦远，1964）[175-176] 书、画艺术与武舞表演之间的相互感通，从武舞表演中汲取雄健的"意气"与生命勃发力量，足已证明这一时期的武舞表演已达到极高的艺术审美境界。唐代陆龟蒙为"巴渝舞"的"矛俞"写的一段歌词描述道："手盘风，头背分。电光战扇，欲刺敲心留半线。缠肩绕脰，襟合眩旋。卓植赴列，夺避中节。前冲函礼穴，上指字彗灭，与君一用来有截。"（郭茂倩，1979）[769]（《乐府诗集·舞曲歌辞》）这里的"手盘风""头背分""缠肩绕脰"之类的歌词内容与演练时枪法的技术动作与要求照应，唱其词，就能想见其表演场景与大概的技术风貌，尤其是当音乐、武舞、歌词交融在一起同时呈现时，尤能激发人们的审美联想，其艺术审美价值更是非同一般。

综上所述，汉代各种武术对抗活动（如角抵、斗剑等）和武舞表演活动十分兴盛，与先秦武舞相比，这一时期的武术表演活动所具有的娱乐性、表演性、游戏性、世俗性更强；且这一时期的武术表演也呈现出气势昂扬、雄健有力的审美风貌。汉以降直至隋唐时期的武舞除了延续汉代武舞的雄健气势之外，这一时期的武舞体现出一定的规范化发展态势，而唐代大一统的政治盛世局面与包罗万象的文化开放心态，则进一步使武舞的艺术感染力量大为增强。

第三节　宋代"套子"的程式规范

宋代时期，火器开始逐步进入战争，但是在战场上还不能起到主导作用，冷兵器依然发挥着重要的价值，此时还是一个冷兵器与热兵器协同作战的时代。到了明清时期，火器在军旅装备中的比例大大增加，开始逐渐取代冷兵器。1901年，武举制被废止，标志着古代武术从整体上退出了军事技术范畴。从社会与文化背景来看，宋以降的中国封建社会有明显的崇文抑武倾向，不仅封建统治者所颁布的禁兵之法日益峻密，而且作为官方意识形态的宋明理学倡言"主静"，以射御为"粗下人事"，"见人静坐，便叹其善学"；以至"衣冠文士羞与武夫齿。秀才挟弓矢出,乡人皆惊;甚至子弟骑射武装,父兄便以不才目之"。(颜元,1987)[20]但有意思的是,即便在这样的社会风习影响下,再加上拳勇之技和冷兵器的实战价值也在慢慢衰落,中国武术不仅没有因统治者的频频禁武而走向消亡,反而凭借其顽强的生命力赢得了更为广阔与多元的发展空间;尤其是形成了以民间武术为核心的武术发展体系。随着两宋以来社会经济日益活跃,商业的繁荣、城市规模的扩大、市民阶层的兴起,促使武术进一步向表演艺术和健身娱情方面发展。

从宋代开始,朝廷颁行统一军事操练的图像和要求。据《宋史》卷一百九十五,志一百四十八《兵九》记载宋代元丰二年(1079)九月,颁布了"教法格并图象":"步射执弓、发矢、运手、举足、移步及马射、马使蕃枪、马上野战格斗、步用标排,皆有法象。凡千余言,使军士诵习焉。"(脱脱,2000)[4859]这里的"皆有法象"和"凡千余言"的话语值得注意,它表明宋代军队练兵时已总结出一套较为完备、系统的训练方法,且已用精炼与形象化的语言加以表达,以便于士兵诵习与操练,体现出明显的技法规范化的特征。宋代还颁行了考较武艺技术的方法与标准,促使当时的军事训练进一步向规范化方向发展。宋代兵器种类众多,兵器武艺向多样化发展;南宋时期出现了"十八般武艺"的说法。值得注意的是,宋代宫廷及军队中出现了一批专门从事表演性武术活动的军人,管理这部分技艺之人的机构称为"左右军"。他们主要从事相扑表演和兵械表演。宋代宫内设有职业性的相扑手,每逢圣节御宴大朝会,他们往往被安排为"压轴戏"出场表演。宋军中的兵械表演活动也十分兴盛,不仅有集体演练、对练等多种形式,而且表演内容丰富,体现出专门的设计、编排与规范化特征,增强了表演的观赏性与艺术性。宋代《东京梦华录》作者孟元老在"架登宝津楼诸军呈百戏"中描写了宋军所进行的多种兵械表演活动:

> 有花妆轻健军士百余,前列旗帜,各执雉尾、蛮牌、木刀,初成行列拜舞,互变开门夺桥等阵,然后列成偃月阵。乐部复动【蛮牌令】,数内两人出阵对舞,如击刺之状,一人作奋击之势,一人作僵仆。出场凡五七对,或以枪对牌、剑对牌之类,忽作一声如霹雳,谓之"爆仗",则蛮牌者引退。……烟中有七人,皆披发文身,着青纱短后之衣……内一人金花

小帽,执白旗,余皆头巾,执真刀,互相格斗击刺,作破面剖心之势,谓之"七圣刀"。(孟元老,2007)[687]

各执木棹刀一口,成行列。击锣者指呼,各拜舞起居毕,喝喊变阵子数次,成一字阵,两两出阵格斗,作夺刀击刺之态百端讫,一人弃刀在地,就地掷身,背着地有声,谓之"扳落"。如是数十对讫……(孟元老,2007)[288]

从以上几段文字的描写可看出,军中兵械表演时,饰演者皆根据表演内容进行化妆、着不同服饰,且根据音乐的变化上演不同的内容,如既有注重队形阵法变化的集体表演,也有两两相当的手执不同器械的假设性对抗格斗场景,可谓异彩纷呈,令人目不暇接、拍手称奇。

宋军中还有剑舞表演。据《续资治通鉴》卷十太平兴国四年记载,宋太宗时曾"选诸军勇士数百人,教以剑舞,皆能掷剑于空中,跃其身左右承之,见者无不恐惧。会契丹遣使修贡,赐宴便殿,因出剑士示之,数百人袒裼鼓噪,挥刃而入,跳掷承接,曲尽其妙,使者不敢正视。及是巡城,必令舞剑士前导,各呈其技,城上人望之破胆"(毕沅,1957)[127-128]。此则材料虽有一些夸张笔触,但也说明当时宋军队中的剑舞技艺之高超,表演颇为逼真,富有猛厉与雄健气势,令观者为之动容。如果说唐代时裴旻将军之剑舞表演注重个体技艺的呈现,其技艺具有一定的实用性,且其剑舞表演中还融入了裴旻将军个人的生命体验,故能让观者获得不停留在技艺层面的审美联想的话,那么,宋军中的这种表演则体现出了更多的专业化、职业化、程式化、规范化与杂技化的表演特征,令其表演多停留在技巧层面的展示,表演痕迹较为明显。这种偏重技巧与形式的发展趋势体现了武术表演已较少受到军旅武术技击实战和舞蹈艺术的束缚,而自有其独立发展的价值。这一点鲜明地体现在当时民间"套子"武艺的表演上。

宋以降,民间武术进一步挣脱以追求攻防技击效果为唯一目的的军旅武术观的束缚,随着社会环境的变迁与时代需求的变化而不断调整自身向多功能方向发展。宋代手工业、商业经济繁荣,全国兴起了规模较大的城市(如开封、洛阳、扬州、苏州、荆州等),其中宋都开封的人口达到一百多万,店铺林立、车水马龙。伴随着商业经济的繁荣,市民阶层日渐壮大,市民的娱乐消闲需求也日益增长，城市出现了群众性的游艺场所"瓦舍""勾栏"。吴自牧《梦粱录·瓦舍》说："瓦舍者，谓其'来时瓦合，去时瓦解'之义，易聚易散也。"（孟元老，1984）[179]在当时的瓦舍之中，采用装饰有花纹图案的栏木或绳网所围成的一个个圈子，就叫"勾栏"或者"游棚"，它们是当时专门用于上演各种技艺活动的特定游乐场所。在这种新兴的游乐场所中，上演的戏艺节目可达百种，其中使拳弄棒、表演相扑的人也比比皆是。《梦粱录·角觚》载："瓦市相扑者，乃路歧人聚集一等伴侣，以图摽手之姿。先以'女飐'数对打套子，令人观睹，然后以膂力者争交。"（孟元老，1984）[195]"套子"与"膂力争交"的同台上演，已表明其独立的观赏价值得到时人广泛认同。当时的拳术，称为"使拳"，"别有使拳，自为一家，与相扑曲折相反，而与军头司大士相近也"（耐得翁，1998）[10]。除使拳外，还有"使棒""舞剑""舞刀枪""舞斫刀、舞蛮牌、舞剑"、舞"棹刀"等。除了在瓦舍勾栏这些较为固定的场所表演武艺之外，还有一些不入勾栏卖艺的"路歧人"。路歧，望文生义，有歧路彷徨、流浪不定之意。所谓"路歧人"，即指那种冲州过府、浪迹江湖的艺人，是指"只在耍闹宽阔之处做场者，谓之'打野呵'"（四水潜夫，1984）[93]。这些人以卖艺为生的武术表演，促进了武术技艺进一步向专业化、职业化、商业化方向发展。值得注意的是，在城市的瓦舍勾栏之中上演的"套子"武艺和那些走江湖卖艺之人的表演，显然是一种满足大众审美需求的俗文化。总的来讲，在宋代，这种"练为看"的套子武艺取得了独立发展的契机；但在中国传统文化重道轻技、重文轻武观念的影响下，这部分具有职业化倾向的民间武术艺人的社会地位却并不高，他们所从事的行当也并不被人尊重。

总之，宋以前的武舞未能从军事、舞蹈中分化出来，"附于兵"的色彩较为浓厚，武、舞不分的状况也较为明显。宋以后的武术套路则与舞蹈分途发展，且"练为看"的"套子武艺"与"练为战"的"军旅武艺"的分野也日趋明显。在宋代，无论是军中，还是民间，那种"练为看"的"套子武艺"都获得了相对独立的发展空间。康戈武认为："武术套路，有可能是借鉴宋元间使武术艺术化的卖艺人拳套，和使艺术武术化的元杂剧武戏的某些编排格律和形体艺术，加速了自身的发展。"（康戈武，1990）[7]这一观点无疑具有正确性。为了迎合与满足人们求新求异的审美需求，它广泛吸收舞蹈、杂技、气功等的营养，进行移植，而不必考虑移植的内容是否实用。因此，这一时期"武术的设计不再单纯地从实战出发，这就为武术的发展一下子打开了广阔的视野。于是，五花八门、丰富多彩的套路武术迅速发展起来；形形色色的早已从战场上消失的武器，在武术家的手中，依然青春不老、熠熠生辉"（任海，1996）[51]。

第四节　明清拳种的多样风格与形上追求

武术套路是在漫长的历史过程中不断生成与完善的，它所呈现出来的技艺发展情况和多样审美风貌与不同历史时期的社会文化背景和审美风尚密切相关。我们知道，明清时期是中国文化与艺术的成熟与总结时期，中国武术作为一种源远流长的技艺自然也不例外。当中华武术发展到明清时期，它的技术与理论体系都已基本完善，太极、阴阳、五行、八卦等中国古典哲学的话语与范畴体系也已渗透其中，儒、道、释等主流价值观念也成为武术由术向道追求的价值导向。更有甚者，宋明以降，随着中国哲学的"向内转"以及宋明心性哲学的影响，中国武术也愈来愈"向己求""向内求"，关怀个体生命价值，倡导"拳法为诸艺之源"，注重内外兼修。它们在一定程度上体现出传统武术自身的体育化发展动向，为中国武术赢得了更为广阔的发展空间，也从审美上体现出一定的时代新风貌。接下来，笔者便依托明清时期的时代背景与整个社会的审美风尚，结合武术套路自身的发展状貌，来详细探讨与总结武术套路在这一时期所体现出来的审美发展特征。

一、武术套路的正式形成与拳种流派的大量涌现

1. 武术套路正式形成

套路是中华武术的重要组成部分，其渊源可追溯到远古时期的武舞。武、舞同源异流但又长期胶着不分、相互影响的状况，深刻地影响着武术套路的形

成与发展。先秦、汉唐时期武舞（如《大武》、万舞、项庄舞剑、裴旻将军舞剑等）作为祭祀雅乐、习戎备、佐酒助兴、抒发个人意绪等的手段而出现在多种场合，足见其功能与价值的多元化。宋代商品经济发达，城市的勾栏、瓦舍中出现各种娱人耳目的"套子"武艺，只不过尚未见有其名称；且"从其审美阶层上来看，它是一种城市平民喜闻乐见的艺术形式"（李海富，2015）[4]。发展到明代时，各种冠以名称的拳械套路开始大量涌现，其价值体现出较为鲜明的"能舞善击""练打结合"的色彩。

在明代，尽管民间拳种流派众多，但戚继光所选编的三十二势拳法和程宗猷所选编的刀术套路，是我们今天所见到的最早的既有明确记载，又附有图谱加以说明的、图文并茂的武术套路，其完整性十分有助于我们了解明代武术套路的状貌。戚继光在《纪效新书》卷第十四《拳经捷要篇》中记其"拳之善者三十二势，势势相承。遇敌制胜，变化无穷。微妙莫测，窈焉冥焉，人不得而窥者，谓之神。"（戚继光，1988）[307] 程宗猷在《耕余剩技·单刀法选》中说："以前刀法，着着皆是临敌实用，苟不以成路刀势，习演精熟，则持刀运用，进退跳跃，环转之法不尽。虽云着着实用，犹恐临敌掣肘，故总列成路刀法一图；而前图诸势，备载其中。"（程宗猷，2006a）[97]

戚继光与程宗猷分别为晚明时期杰出的军事武术家和民间武术家，二人都对当时民间拳法进行了评论和重新选编、创编。他们的言论虽然不是对武术套路的严格定义，但从二人的话语中我们可看出当时创编武术套路的目的、套路的基本构成单元、编排策略及其功能等。在他们看来，"势"是组成武术套路的基本单元，势与势"相承"便形成了一个完整的武术套路（如"成路刀势"），通过对拳势与套路的习演精熟，来达到灵活运用的技击功效。可见，"势"的确立、相承、习演精熟与灵活运用，对于武术拳械套路的最终形成起着极其重要的作用。恰如唐豪所指出的，"中国武艺，无论徒手、器械，首重立势，验诸古人著述，十九皆是如此。斯为我国武术的特性，苟不明此，则不足以研究"（唐豪，2008）[22]。周伟良也认为："明清时期的拳技，在结构内容上，一般可分为'拳势'和'拳路'两大部分。关于拳路，郑若曾的《江南经略》中有其记载，当是指预设性编排的套路而言；所谓拳势，在明清两代的武术理论中，不仅是指拳技的成型定式，更是指一种生生变易的招术'法势'。"

(周伟良，2003)[83]

为了便于武术拳械套路的传习、交流与研究，再加上晚明以降出版业的发达，明清时期还出现了对相关拳械套路进行具体介绍与描绘的图谱书籍和一些拳势歌诀。如戚继光的《拳经捷要篇》中对"三十二势拳法"就采用一势一图、拳势注有具体名称，且配有与之一致的四句"诀语"（内容涉及对拳势名称、动形特点、攻防用法等的介绍）的模式来编撰。同样，程宗猷的《少林棍法阐宗》中对明代少林棍的记载也既有势、路、谱，还有对棍势的攻防变化加以说明的歌诀。这些图文并茂的拳械套路书籍的刊刻、传抄与广泛流布，一扫长期以来武术传播文字与图谱资料的不足，极大地扩大了武术的传习面与影响力。

从审美上来讲，晚明以降武术书籍中配有插图和口语歌诀的新貌，是与这一时期各种出版物（如小说、戏曲、医书、农书、科技书、养生书等）的图像数量激增、泛滥的整个社会风习一致的，学者们在解释各种知识所出现的"视觉化"新趋势时，多认为是出于"通俗化"（普及化）及增添视觉上的愉悦感受、提高市场竞争力的目的（陈秀芬，2009）[185]。

这一时期武术书籍"视觉化"的发展趋势自然也不例外。晚明以降不少武术书籍都是由商业书坊出版，如文武兼修的徽州武术家程宗猷刊刻于明代中后期的一系列武学著作，如《少林棍法阐宗》（三卷）、《耕余剩技》（六卷）等，就充分体现了徽州刻书的三大特点——"大量编刊丛书""大量配以精湛的插图，使之旨趣盎然""出书内容广泛，牢牢地把握住读者群的脉搏"（徐学林，2005）[212]。此种武术知识的"视觉化""商品化"，必然会带来习武活动与武术审美趣尚的"世俗化""通俗化"效果。而且，当时以服务于"四民"（士、农、工、商）日常生活为目的，相当于实用百科全书的民间日用类书中（《三才图会》《万宝全书》等）也收录了不少武术拳械内容。如：刊刻于明万历年间的《三才图会》中就收录了戚继光的《拳经》《拳法图》（即三十二势图诀）等内容；明清时期刊行的《万宝全书》中也收录了一些骑马射箭、舞弄刀枪棍棒、空手对搏、擒拿招势等武术内容。在台湾著名历史学家王尔敏看来，这些以普及庶民者为目的的武术刀剑活动完全可视为一种民间游艺活动，"惟不与武科之习武，兵勇之技击相混。……民间英少青年，自农夫以至脚力稗贩，往往于业余闲暇兼习拳棒，可乘节庆赛会亮拳观摩，为游艺助兴"（王尔敏，2002）[124-125]。

2. 多样风格与形上追求

明清时期，不同风格的拳种流派大量涌现，一方面也表明当时民间武术拥有了较为广泛的社会发展空间。如：唐顺之的《武编》首开对民间武术拳派进行记载的先河，该书还记述了温家拳谱的拳势名称以及拳招使用的原则和具体用法。戚继光在《纪效新书·拳经捷要篇》中指出："古今拳家，宋太祖有三十二势长拳，又有六步拳、猴拳、囮拳，名势各有所称，而实大同小异。至今之温家七十二行拳、三十六合锁、二十四弃探马、八闪翻、十二短，此亦善之善者也。吕红八下虽刚，未及绵张短打、山东李半天之腿、鹰爪王之拿、千跌张之跌、张伯敬之打、少林寺之棍（与青田棍法相兼）、杨氏枪法与巴子拳棍，皆今之有名者。"（戚继光，1988）[308] 何良成的《阵纪》中也记载了十七家拳法和诸家器械。郑若曾的《江南经略》中则列举了当时民间流行的十一家拳法和多家棍法、枪法、刀法、剑法等。从明代这批军事武术家对民间拳法的收录、记载与评述中，可看出当时民间习武活动的盛况已足以引起时人对它们的关注与学习。尽管军旅武艺与民间武艺存在一定的分野，但民间拳法的发展显然并不拘泥于以走向军事战阵为唯一目标，而是已经拥有更为广泛的社会需求、发展空间与社会认同。

明清时期，商品经济的繁荣与社会分工的进一步分化，再加上民族矛盾和各种社会矛盾的存在，致使这一时期逐渐形成了以武术为主要活动内容的行业、组织等，如镖局、演武、结社等。王振忠对少林武术与徽商及明清以还的徽州社会关系进行考察发现：在明代，徽州至少出现过具有全国性影响的两位武术大师——程宗猷和程真如；他们分别前往少林和峨眉学习武术，这与徽州当地的尚武之风及明代中叶以还经商风气的日益炽盛密切相关。比如程宗猷学习武艺的目的就主要出于为其家族的经商保驾护航，"其主要用途具体表现为：在乡里的抵御欺侮；异地行商时则以之强身自卫，为贸易保驾护航"（王振忠，2004）[119]。以程宗猷为代表的民间武术家"数十余季极力苦心"钻研武术，终其一生都在从事学武、习武、授艺、撰著等与武术相关的活动，武术已在一定程度上成为伴随他们一生的志趣爱好与建构人生意义的手段。而对于明清时期那些以保家护院、授艺课徒、行走江湖从事保镖事业的专业习武者而言，习武用武俨然已成为他们谋求个人生存与发展的一种职业。明清方志对此多有记载，如清《靖江县志》卷十四载"山西拳勇石某，为乡宦家教习。一日试技后，园方起足上纵，其言随以掌托石，某股掷之于墙外，乡宦尤奇之因。请以武艺教其子，若弟及归赠以数百金"（叶滋森，1879）。

此外，众多拳种流派的出现促使武术技法走向专精与完善，标志着当时民间拳法进入了各成体系、独擅其长、并立争雄、竞相发展的崭新阶段。具体来讲，这一时期的拳种套路在技法上体现出围绕着踢、打、跌、拿四个支流进行深度开掘的专业化、精细化发展趋势，以及将它们融会贯通、兼收并蓄、推陈出新的综合化、创新化发展趋势。例如，从当时的记载来看，民间武术重视对某一项身体技能进行深度开掘，上述所谓"……山东李半天之腿、鹰爪王之拿、千跌张之跌、张伯敬之打……"（戚继光，1988）[308]就体现了这种专业化的发展趋势；虽仅得其"一隅"，但却充分地发挥了身体这一方面的技击潜能（如踢、拿、跌、打等）。针对民间武艺专擅一技的现象，当时一些武术名家已提出了"兼而习之"的观点，倡导武术技法向综合与全面发展。这在明代那些文武兼备的军事家，如唐顺之、俞大猷、何良臣、戚继光等人的理论与实践中得到鲜明体现。唐顺之说："拳家不可执泥里外圈、长短打之说，要须完备透晓，乃为作手技。"（唐顺之，2006）[3] 戚继光也说："若以各家拳法兼而习之，正如常山蛇阵法：击首则尾应，击尾则首应，击其身而首尾相应；此谓上下周全，无有不胜。"（戚继光，1988）[308]可见，这种希图广泛涉猎、兼而习之、融合创新的武学观点在当时具有一定的代表性，戚继光所编选的"三十二势拳法"就是"择其拳之善者"的综合创新之作；而明清时期的众多武术家更是穷其一生都在具体实践与探索着这种兼收并蓄、推陈出新的种种"可能"。如"……张鸣鹗者，生平极好武艺。于是挟重资，游海内，遍访名家。或慕其下盘之善，而效其下焉；羡其上架之美，而学其上焉。兼而习之，久而化焉，遂独成其一家，真所谓善之善者也"（张孔昭，1988）[5-6]。

从审美上来讲，正是因为明清时期民间习武活动兴盛，习武人数众多，好手、名家辈出，致使这一时期武术拳家对武术拳械套路的招势动作、运行规律、技法用法的规范与总结，已经是相当自觉了；他们共同推进了民间武艺技法体系走向独立、丰富与完善。而形形色色武术拳种套路的出现、规范与有序传承，也进一步提升了武术套路的技巧性与审美性。正如朱志荣所说："技巧的高度呈现，本身就具有独立的审美价值。"（朱志荣，2012）[73]当人们观看那些"精研极深"的武术拳械套路的演练时，演练者那种"合度的表演形式"，很容易引发观者产生审美愉悦。联系当时的时代背景可以发现，武术拳种流派大量涌现的现象与明中叶以来整个社会思潮逐渐摆脱儒家观念的束缚，各种技术和艺术追求独立发展与审美自律的走向是基本一致的。如有论者指出，至明清时期，门派形成不是孤立的现象，绘画亦有类似的情况。"中国绘画很早就有门派存在，但直到明代万历年间分宗立派学说才正式提出"，其代表人物为莫是龙、董其昌、陈继儒等。（贾涛，2005）[167-168]李泽厚则认为，对文艺——审美自身规律法则的空前重视和刻意追求可视为走向近代的一种表现；因为"它意味着'艺'、'文'不只是'载道'而已，它们自身的技巧、规则还有其独立的意义在。……对技巧的讲求，古已有之，下层工匠讲求技艺，代代口耳相传……但这次之所以具有近代特征，在于它与前面所讲的那些特征有各种不同程度、不同方面的联想和结合，或多或少地表现出一种走向职业化、专业化的近代意识和倾向"（李泽厚，2008）[211-212]。

二、重视个体生命，完善内外兼修

在古代武术领域中，如果以临阵实战之效来讲，拳是"无预于大战之技"的"初学入艺之门也"；（戚继光，1988）[307]所以，以军旅武艺的标准来衡量，拳的地位远远不及实用的兵器。但由于随着火器时代的来临，冷兵器从战场上渐渐退出，以及民间武艺与军旅武艺之间的分野越来越大等原因，拳的地位渐渐上升，逐渐形成了以拳法为根基的武术训练体系。军事家戚继光尽管认为"拳法似无预于大战之技"，但仍认为各种器械的学习"莫不先有拳法活动身手。其拳也，为武艺之源"（戚继光，1988）[308]。何良臣在《阵纪选》中也说："学艺先学拳，次学棍。拳棍法明，则刀枪诸技特易易耳。"（何良臣，2006）[16]尤其是明清之际以太极拳为代表的拳术的出现，则进一步表明拳术的地位在整个中国武术体系中得到进一步提升。马明达指出："以太极拳出现为象征，中国武术的技术体系从以器械为主流变而成为以拳为主流。在我看来，这是中国武术史上一个非常重要的变化，它标志着中国古典武术自身体育化进程的基本完成，标志着中国武术的一个新的时代的开始。"（马明达，2004）[2]这一来自中国武术自身发展逻辑的体育化转型之路代表了一种新的武术价值导向，这一导向使武术不再被紧紧地束缚在儒家外在事功和军旅阵战武艺的价值导向之下，使武术作为一种身体技艺从关注外在事功转向更加关注身体、个体生命本身的价值。对手、眼、身、步等身体部位的规训方法的提出与完善就体现了这一点。即使是军旅武术，在重视持器械进行练习的同时，也注重结合"步法稳固，腰法灵活"之类的身体素质进行练习。

武术对个体生命的重视，进一步体现在武术对气功练习方法与理念的吸收上。武术对气功的吸收与借鉴，宋代时已开始显现，到明代时已出现较为具体与明确的实践记载。清代武术家广泛吸取气功功理和锻炼手段，促进了武术与气功的交融，以至几乎所有的武术拳种与流派，都较为重视运用内功的修炼方法来提高养气、运气、用气的能力。拳术家练拳时讲究练气、练意、练力，并通过以"意"导"气"，以"气"催"力"，意到气到，气到力到，注重"意、气、力"三结合的训练方法。在练习方法上，主张通过练气来培本筑基的锻炼程序以及内外兼修的锻炼原则。将练气的方法引入武术之中，使武术的练习方法、锻炼效果与锻炼价值等都得到较大程度的提高。尤其是以太极拳、八卦掌、形意拳等为代表的所谓"内家拳"的出现，以及"内三合、外三合"理论的提出，促使武术"内外兼修""形气合练"等方法与理论最终形成。如汉学家夏维明通过研究清代三本少林武术手册（即《拳经拳法备要》《玄机秘授穴道拳诀》《内功图说》）的插图，有力地证明了清代少林武术将战斗、治病和宗教的自我修炼融为一体的事实（王淑民 等，2007）[164-167]。

明清时期人们对武术价值中健身、娱情与养性功能的认识更深刻，也更普遍化，这在当时一些素习武术的有识之士的言论中便可清楚看到。如清初以儒家正宗面目出现的颜（习斋）李（恕谷）学派，积极倡导文武并重、实学实知。该学派主动不主静，以习武为健身、修身养性之道为特征。颜习斋曾说："常动则筋骨竦，气脉舒。"（钟錂，1985）[55]乾嘉时的曹竹斋云："拳棒，古先舞蹈之遗也，君子习之，所以调血脉，养寿命。"（赵尔巽 等，1977）[13922]王宗岳甚至在《十三势歌诀》中明确提出"详推用意终何在，益寿延年不老春"（王宗岳 等，1995）[35]

的创拳旨归，旗帜鲜明地道出了太极拳的养生与健身追求。在我们看来，明清以来中国武术对"手、眼、身、步"等的充分关注，对练气、养生、健身、养性等的重视，其实都是回归日常生活本体、关怀个体生命价值、肯定感性血肉之躯的体现，这股发生在中国武术内部价值系统的体育化转型新风，其实与明清时期所萌生的整个时代的近代走向潮流是一致的。

三、武术套路的哲理旨趣与雅化追求

如前所述，明清时期武术的专门化、职业化倾向较为明显，但在中国古代知识谱系与传统文化观念中，一种完全的"技"或"术"的地位是比较低下的，"技艺之徒"的社会地位也是较为卑贱的，这从所谓的"末技"一词中就可看出，只有由"技"上升到"道"的层面才能被主流文化所认同。

早在先秦时期，《庄子·说剑篇》就开始用"阴阳"思想来谈论"以巧斗力"的斗剑活动，《吴越春秋》中越女结合"道""阴阳"等观念对"手搏之道"进行阐释；汉代司马迁的《史记》中提出了"非信廉仁勇，不能传兵论剑"（司马迁，1982）[3313]的"武德"思想。虽然这些指引武术习练的价值观念与理论并不系统，但它们显然已经为后世武术的发展奠定了一个较高的理论起点，从而深刻地影响了武术理论的发展。但随着春秋战国之际文武分途发展，再加上中国古代社会重文轻武观念的长期影响，致使武术的发展主要停留在技术层面的总结与传承，很少出现上升到哲理层面的理论著述。宋明以来，武术开始从军事训练中独立出来，社会上慢慢地有了一些较为专门的武术著述（唐顺之的《武编》、茅元仪的《武备志》、何良臣的《阵纪选》、戚继光的《纪效新书》、程宗猷的《耕余剩技》、俞大猷的《剑经》、吴殳的《手臂录》、程真如的《峨眉枪法》、黄百家的《内家拳法》、张孔昭的《拳经拳法备要》、苌乃周的《苌氏武技书》、王宗岳的《太极拳论》等），这些武术论述的出现，既有助于武术技能的总结与传承，又极大地提升了武术的理论水平。尤其是明清至民国时期的一批武术理论著作（如孙禄堂、陈鑫、王芗斋等人的著作）的出现，最终促使传统武术的理论体系得以完善。其中，以太极拳、形意拳、八卦掌等为代表的拳术及其理论的出现，体现出一种主动运用中国哲学理论（太极、五行、八卦、阴阳等）来阐释拳理的趋势，提高了武术的哲理旨趣，是武术雅化的体现。

武术套路由俗而雅的过程，离不开明清时期一大批军事家对拳种套路的重新梳理与正名，也离不开部分文武兼备之文人的积极参与和倡扬。以戚继光为代表的军事武术家批判了宋代以来那种过于强调表演的"花法武艺"，将武术重新拉回"实用技击"的正统价值观念的管束之下，对武术套路的技术进行整理、综合、提炼与完善。他们所选编与创编的套路，在承认拳法、套路具有"惯勤手足"的基础价值的同时，仍十分注重武术的技击实用功能。戚继光所言的"既得艺，必试敌"观点便十分具有代表性。此外，明清时期的一批武术著述，尤其是明代军事将领的撰著中，可看出明显的以兵法论武技，运用兵家思想来诠释与提升武术技理的特点。如唐顺之《武编选·拳》中对"拳势"与"虚实"之理的探讨，（唐顺之，2006）[1-11] 俞大猷《剑经》所提出的"后人发，先人至"，"顺人之势，借人之力"等技击理念，无不可以看到其背后所借用的兵学原理与思想。（俞大猷，2006）[18-38] 只不过这些思想与原理并非仅是一种外部挪用，而是较好地与武术拳械的技理本身融合在一起，极大地提升了武术技理的内涵与深度，成为高屋建瓴地指导武术实践活动的精当之论。

以颜元、吴殳、苌乃周、王宗岳等为代表的文武兼备的民间武术家，不仅从研习武术的技能层面，更从"道"的层面对其进行提升与拔高，逐渐使以儒、道为代表的主流价值观念完全渗透其中，使"文武兼修""体用不二""术道互通"和价值理性与工具理性统一的观念在武术中真正建构起来。这些武术家在精研武术技术的同时，并不将其束缚在军旅战阵武艺狭隘的"技击"圈子里，而是将其发展为带有人格修养、自我实现的一种完美载体。他们的身份也在一定程度上代表了武术艺人的儒士化、名士化，从而提升了习武之人的社会地位。

明清时期武术的形上追求，主要体现在"尊师重道"和"技进乎道"两大方面。前者更多地体现了儒家文化对武术人的影响，后者则体现了道家文化对武术人的影响。这两种带有终极价值色彩的技艺与伦理价值追求，都体现了中国传统的主流文化对处于下位文化的范导作用，或曰雅文化对俗文化的塑造作用。"在中国，代表士人文化、雅文化的思想，既有代表封建正统的儒家，也包括非正统的老庄、佛禅。它们构成了与'一般知识与思想'相对的'精英与经典思想'。"（何云波，2006）[185]

儒家思想及其在经典拳论中形成的儒学话语，既是武术的生成方式，也为习武之人及其武术活动提供了一套价值评判尺度。就"尊师重道"层面来讲，明代峨眉枪传人程真如在其《峨眉枪法·戒谨篇》中提出了"谈元授道，贵乎择人"（程真如，2006）[167]的主张。清初黄百家的《内家拳法》中有五不可传：心险者、好斗者、狂酒者、轻露者、骨柔质钝者。（黄百家，2006）[234]清初梅花拳早辈传人杨炳的《习武序》中对习武之师提出了要求，"凡传教之师，断不可重利轻艺。苟授匪人，败名伤德"（杨炳，2018）[302]。《苌氏武技书》中的《初学条目》认为，"一、学拳宜向静处用功，不宜在人前卖弄精巧、夸张技艺，方能鞭策着里。二、学拳宜郑重其事，不可视为儿戏，则无苟且粗躁之弊。"（刘义明，2009）[61-62]……"二十一、学拳宜人品端方、简点寡言，以豪杰为法，以圣贤自命，方明哲保身"（刘义明，2009）[66]。从这些引文可看出，明清时期的所谓"武德"已不再停留在抽象层面，而是在师徒之间、师道尊严与贵乎择人之间建立起了较为具体的评价标准与行为准则，且各门各派的门规都无一不体现严苛的特点。与此同时，这种对德性的培养与心性品质的陶冶，已经有机地融入武术套路的形式本身之中，如太极拳处处守中、求中。俞大猷《剑经》中指出"中直"是一切棍法的核心（李良根，2006）[21]，戚继光重点强调"长兵短用"之法的"直"字（戚继光，1988）[193]等，这些都表明在武术技法中十分实用的技法原则，其实与中国传统儒学所尊崇的人格修养要求也是完美交融在一起，从而使其无时无刻不在发挥着陶冶人格的审美化育作用。

当然，正如宋明理学已经是儒、释、道三教合一的产物，明清时期的武术拳论话语，也常常是儒、释、道的杂糅。如果说儒家主要为武术与武术人提供了价值评判标准，老庄、佛禅话语则更多地从技艺本身与人生境界的开显上提供了相应的价值意义。这鲜明地体现在武术人对"名士风流"与"技进乎道"的追求上。举例来讲，明清两代武术家对枪法苦练精研，使我国古代枪法进入了一个前所未有的阶段，形成了军旅之中的"战阵之枪"与民间的"游场之枪"两个不同的技术体系。明末清初的武术家吴殳在《枪法微言》中说："枪本为战阵而设，自为高人极深研几，遂使战阵之枪，同于嚼蜡。"（吴殳，2006a）[259]戚继光则认为，"战阵之枪"以军事战场上阵战时的克敌制胜为旨归，习练时"法欲简，立欲疏"（戚继光，2001）[159]，其训练中单人只练圈串、进退，随之即须

"二枪对试，真正交锋"，程宗猷指出其技术特点是"无过于大封大劈为最上"（程宗猷，2006b）[108]。吴殳则在《游场扎法说》中认为，"游场之枪"则在"战阵之枪"的基础上，由"高人极深研几"后所形成，在技法上推崇"意思安详，如不欲战，俄焉枪注入喉，不敢动而罢"的高妙境界，"游场以困死人枪，而无所伤为至善"（吴殳，2006b）[12]。这是一种并不停留在单一的克敌制胜层面，而以"技进乎道"、自我实现为旨归的更高的价值追求，折射出来的是中国传统士人所崇尚的"名士风流"①。

清代著名武术家吴殳曾批评以枪法扬名的程冲斗的门徒们"气力愤发，殆同牛斗，绝无名士风流"（吴殳，2007）[101]。可见，吴殳对那种"殆同牛斗"的枪法较技是颇为轻视的；但他却对较技时的"名士风流"心向往之。这样一种价值观念促使习武之人不汲汲于功名利禄，不胶着于胜负成败，而将精力放在精进技艺本身与整个人生境界的提升上；促使习武之人对所习拳技永不满足，甚至穷毕生精力于其上，使中国武术技术不断精细化、艺术化、审美化，令其具有了明显的形上追求色彩。在这样一种价值观念的导向之下所"生产"出来的"游场之枪"便必然会衬托出只注重实用的军旅枪术的淡乎寡味。

以上从武术套路的正式形成与拳种流派的多样风格、重视个体生命和完善内外兼修、武术的哲理旨趣与雅化追求几个方面，论述了明清时期武术套路所

---

① "名士"一词早在先秦时期就已出现，大约成书于战国晚期的《礼记·月令》中载："勉诸侯，聘名士，礼贤者。"郑康成注云："名士，不仕者。"孔颖达疏云："谓王者勉励此诸侯，令聘问有名之士。名士者，谓其德行贞纯，道术通明，王者不得臣，而隐居不在位者。"（参见：李修建，2008.名士风流：魏晋士人形象研究［D］.中国人民大学：18.）可见，当时的"名士"，即"有名之士"，他们的德行与才能俱佳；与此同时，"名士"并非出仕为官者，他们多隐居不仕。"名士"在魏晋时期得到极大发展，并赋予了更加丰富的内涵，形成了所谓的"名士风流"。如《世说新语·伤逝》记："卫洗马以永嘉六年丧，谢鲲哭之，感动路人。咸和中，丞相王公教曰：'卫洗马当改葬。此君风流名士，海内所瞻，可修薄祭，以敦旧好。'"（参见：刘义庆，1984.世说新语校笺［M］.徐震堮，校笺.北京：中华书局：349.）李修建认为："魏晋名士之形象可以'风流'二字概括。风流，意指立身行事浪漫洒脱，不拘礼法，不滞于物。它具有超越性的义涵，其性质是美学的。""魏晋名士之风流，以玄学为哲学基础。玄学以无为本，虽糅合儒道，而实以道为旨归。在价值观念上，它重意轻言，重自然轻名教，重情感而轻礼法，重个体而轻群体，重出世而轻入世。""名士之风流，表现为潇洒的容貌风姿，精妙的清谈本领，任达的行为举止，高雅的兴趣爱好，超逸的文艺才能。"（参见：李修建，2008.名士风流：魏晋士人形象研究［D］.中国人民大学：263.）魏晋所形成的"名士人格"深刻地影响了后代士人的价值观念与形象建构，在一定程度上，名士人格可以视为是对儒家人格的有效补充。

出现的新风貌及其审美特征，于其中可看出明清之际是武术套路技法体系的完善时期，也是传统武术理论话语的总结与升华时期，在一定程度上使中国武术实现了术与道、雅与俗、感性形式与内在价值的统一。

第五节　近现代以来武术套路审美转型、反思与未来展望

一、武术套路的体育化转型

当中华武术发展到明清时期，它的技术与理论体系都已基本完善，太极、阴阳、五行、八卦等中国古典哲学的话语与范畴体系也已渗透其中，儒、道、释等主流价值观念也成为武术由术向道追求的价值导向。可以说，中国文化的精髓在这一时期已完全渗入其中，且这一时期的武术套路也体现出一定的体育化发展动向。文化本身具有两面性，在看到传统文化给武术所带来的积极影响的一面同时，我们也不能忽视它可能给武术带来的一些负面影响。如一些习练者生搬硬套各种哲学话语，在武术的习练、运用与解释过程中，他们将本来注重动态与变化的五行与八卦解释系统予以机械、固化的理解，这当然不符合武术的实践情况，也不利于它的发展。而且，宋明以降，随着中国哲学的"向内转"以及宋明心性哲学的影响，中国武术也愈来愈"向内求"。但当习武者过度"向内求"时，往往会忽视与消解武术外显的一面，造成只关注或空谈、玄谈武术"修己""成己"的一面，却较少关注武术事功、外在比拼的一面；尤其是某些习练者故意夸大武术内功修炼中的神秘因素时，就会给武术发展带来一些不利影响。

自近代以来，随着中国武术与西方体育、他国武技文化相遇时，对它的文化反思、价值重估与形象重塑便一直没有中断。随着鸦片战争的失败，中国人开眼看世界，才发现自己"天朝上国"的梦想碎了，醒了。当与外国的物质文明与精神文明相比时，即使是身体也大有自惭形秽、低人一等之感。"东亚病夫"的称号最初并不是外国人送给我们的，而是当时的知识分子自己给自

已扣上的①。这体现了当时有识之士的痛楚、埋怨、恨铁不成钢,以及渴望以此刺痛每一个中国人的神经,振臂一呼,让人们从睡梦中清醒过来,从肉体与精神上重新拯救自己的强烈愿望。从严复到毛泽东,我们看到这股"尚力"思潮的强盛。从鲁迅那里我们看到了一个有血性的民族知识分子,渴望国民从传统文化的糟粕中跳出来的热切期望;他认为只有精神上得到释放,感性身体才会真正强壮,才会显现出它的力量。中国人开始对自己的传统文化进行"尖锐批判"与"价值重估",其时的"土洋体育之争"就是这种社会思潮的反映。

上世纪二三十年代,由于西方体育项目大量涌入中国,以武术为代表的民族传统体育文化与西方体育文化之间呈现出较大的差异,由此引发了当时学人围绕中西两种不同体育文化孰优孰劣、孰轻孰重的激烈争论,这就是所谓的"土洋体育之争"。就武术而言,争论的内容主要集中在武术是否具有锻炼价值,提倡武术是否符合中国社会的发展需要两大方面。在这场声势浩大的争论中,一些来华的西方体育家,如麦克乐(Charles Harold McCloy)曾讥讽中国武术只是与空气打架的东西,甚至称中国"打拳的,或是赛艺的,大概都和无赖差不多",都是"没有体育智识的人"(麦克乐,1992)[56]。这种看法得到国内有些人的附和。有人甚至认为提倡武术是"开倒车","在他们看来,国术是封建社会的遗物,早应扫除一光的"(范振兴,1935)[252-260]。与这种对传统武术实行"全盘否定"的观点针锋相对,不少学人极力为中国武术的多维价值进行辩护。如张之江说:"国术之用,不仅健身强种,且可拒寇御侮。既合生理卫生,又极经济便利。不拘性别老幼,不限于时间空间,富美感、饶兴趣,锻炼甚便,普及亦易。"(张之江,1932)可见,在这部分极力为中国武术进行辩护的论者看来,武术具有强身健体,符合生理卫生,防身御敌,不受场地、年龄、性别限制,简便易行、经济实惠等多维度的好处与价值,故应该在学校体育与社会大众中广泛推广与传习。沈维周在《世界体育标准之太极拳》一文中,从身体

---

① 1895年严复发表在天津《直报》上题为《原强》的文章中写道:"盖一国之事,同于人身。今夫人身逸则弱,劳则强者,固常理也。然使病夫焉,日从事于超距赢越之间,以是求强,则有速其死而已矣。今之中国非犹是病夫也耶?"在这里严复最早称中国为"病夫"。(参见:严复,2004.严复选集[M].周振甫,选注.北京:人民文学出版社:28.)学者周英杰也认为,最早提出"东亚病夫"一词的并不是外国人,而是中国人。(参见:周英杰,2011.大历史的小切面:中国近现代史的另类观察[M].桂林:广西师范大学出版社:325.)

方面、技术与能力方面、发达人格方面、增加权威等方面来证明太极拳的好处，认为"太极拳系以强健体格为主，以智育作技击变化之方法，以德育作明哲保身之姿势，以群育作与人推手之定理，是为智识阶级，一种形而上之运动法也"（沈维周，1935）。这场"土洋体育之争"促使国人以西方体育文化的"他者之镜"来对传统体育（主要是武术）进行全面的反思，并开始从西方现代科学（如生理卫生、人体解剖学等）的角度对其进行研究，也开始以西方体育为参照来对其进行价值与形象重构。

就武术套路来讲，自近代以来，它主要是作为一种相异于世界他国武技的独特运动形式与文化现象而存在与发展着，它也随着武术"体育化"的整体转型而被纳入体育门下。只不过，在现代体育思想的影响下，传统武术功法、套路、格斗三位一体的技术与训练体系已基本剥离开来，体育化的武术套路与散打开始分途发展。武术套路在近代被改编为兵操形式加以习练（如"中华新武术"[①]），被纳入学校体育之中以口令化、班级化的方式进行教学，并在各种大小运动会上进行表演或比赛。在近代中国饱受外国欺凌的特殊时代背景与政治环境之下，军国主义的体育思潮占据主导地位，作为一项体育运动的武术套路，在这一时期人们更看重其"外壮"、外在展示的一面，而不是其"内炼"的一面，希望通过武术"强国强种"、野蛮人的体魄，让人的身体感性力量得到最大限度的释放，以此重塑人们的灵魂与精神，重新铸就强悍的民风与民族国家精神。新中国建立以后，竞技武术套路比赛的正式出现，也仍然延续了这种注重武术外显价值与体育竞技精神的发展思路，竞技武术套路所提出的"高难美新"的指导思想，仍是以挑战运动员身体的极限，更加符合奥运会"更高、更快、更强"的精神与理念为发展目标的。在一定程度上可以说，武术套路自近代以来所发生的一系列变化，都可视为中国传统文化寻求"现代"转型在"武术"身上的一种体现。

从审美上来讲，武术套路自近代以来的体育化转型主要深受西方体操的影响。无论是兵操化的"中华新武术"，还是深受艺术体操影响的竞技武术套路，

[①] 1911年驻扎山东潍县陆军第九协协统马良任，邀集一些武术名家，发起编辑武术教材，并将此教材定名为《中华新武术》，参见：国家体委武术研究院，1996.中国武术史［M］.北京：人民体育出版社：329.

它们都进一步增强了武术套路技法的规范化、标准化，使其可比性与可传递性大为提升，打上了鲜明的现代体育精神的印痕。但这种体操化的发展路径则在一定程度上削弱了传统武术套路的审美特征，有论者指出："兵操化的武术套路是以整齐划一的兵式操典为模式；因此无论其技法还是习练，不免生硬呆板，有违传统武术套路快慢相间、动静结合的韵律节奏。"（周伟良，2013）[17]在当下，随着我们的经济、政治与文化都开始在世界上重新崛起，我们的竞技体育成绩也越来越好时，我们也听到另一种声音，这种声音反映了人们（包括那些竞技运动员）对现代竞技体育中出现的异化现象的反思。在人们看来，那种单一的感性力量的极大彰显，有时换来的并不是一个健康的体魄，更不是一个健全的人格。许多运动员都伤病累累，文化程度严重不足地从竞技舞台上退役下来。当面对当今纷繁复杂与日新月异的社会时，他们更多的是无所适从；所以，单纯的感性力量的释放并不符合人的全面发展，我们也需要借助理性力量、社会文化观念对身心加以节制与平衡。这也就是为什么当现代物质文明程度与人们生活水准越来越高时，人们开始对现代性进行反思，对武术套路申请入奥本身以及对其即使入奥后的生存空间究竟会有多大进行反思，对武术套路这种注重在进退、快慢、刚柔等阴阳关系之中寻求平衡的运动形式及其价值重新进行审视。在越来越多的学者看来，那种以西方体育为模板，对武术套路削足适履式的发展路径，以及固守传统不求新变的发展道路，都不符合当代人们对套路的审美期待。唯有能够将现代体育的竞技精神与传统武术套路的精华和谐地融为一体的武术套路表演，才有可能俘获更多观众的心灵。当然，不管是传统武术套路，还是竞技武术套路，身处现代文明之中的人们，都仍然需要它们来塑造我们的身心，重铸我们的审美心理结构。

二、从"神韵"走向"震惊"：武术套路审美的视觉化追求

周宪说："视觉文化就是图像逐渐成为文化主因（the dominant）的形态。但是需要说明的是，视觉文化的转向并不意味着语言在我们的社会文化中消失了，而是说，较之于传统的语言文化形态，视觉文化彰显了图像的生产、传播和接受的他们重要性和普遍性，使得视觉因素在文化中更具优势地位。"（周宪，2008）[4]

中国武术素有"起于《易》、成于医、附于兵、扬于艺"(刘骏骧，2008)[32]之说。尽管武术自古以来最忌讳被人说成"无用"，也对那些徒支虚架、满片花草的表演武术评价不高，但让人颇觉尴尬也颇感意外的偏偏是这种"艺术化"的武术最受欢迎，古代如此，近现代、当代亦然。尤其是在以电影为代表的"读图时代"的来临与消费社会的商业文明推动之下，武术更是在借助各种高科技手段(如电影中的吊威亚、特技制作等)，舞美、灯光、音效等包装手段，整合地域、文化资源，全方位地吸收其他门类艺术(如舞蹈、杂技、魔术、体操等)的营养成分等方面下足了功夫，将其审美性、艺术性的一面发挥到极致。

与前现代社会武术审美相比较而言，如果说传统武术套路以内外兼修、术道互通为典型特征，以生成情景交融的意象、意境之美为最高审美理想的话，那么，自近现代以来，武术套路则愈来愈往追求可见的、外在的、给人带来惊险刺激的审美方向发展。无论是武术体育化转型过程中出现的、以"高难新美"为目标指向的竞技武术套路，还是借助电影、电视等新新传媒手段而风靡全球的影视武术，抑或与某个特色景点相辅相成的武术套路表演活动等，都呈现出鲜明的视觉化特征。大肆包装的现代武术，希望在每一部功夫电影、每一场舞台表演、每一个地域景观中出新出彩，让人们耳目一新，甚或达到"震惊"的效果。可以说，人们愈来愈将武术套路视为一种"奇观"式的"艺术"来欣赏，这也是人们在消费社会①追求可视的"时尚"符号的催逼之下，不断地为武术争取生存空间的体现。

(一) 景观武术

中国武术素有与地域文化交融一体的特色，如少林寺与少林功夫、广东佛

---

① 依据一些西方社会学家的看法，进入现代社会，特别是20世纪60年代以来，富裕的经济和丰富的物质导致资本主义社会从生产型社会向消费型社会转变，其重要的特性体现在社会越来越围绕着消费活动和行为来组织，这种新的社会特征已开始越来越大地影响着人们的消费观念与生活方式。在中国，随着逐渐步入小康社会以及全球化的影响，消费社会的基本形态已在发达地区呈现出来，消费社会的意识形态也开始影响我们生活的各个层面，其中就包括集健身、娱乐、休闲、教育等于一身的体育活动。消费社会是以消费为原则的社会，鼓励消费、刺激消费成为新的社会风尚，拥抱生活、享受生活盛行，消费者更加看重商品的某种象征性符号意义(如时尚、品位、豪华和地位等)。

山与咏春拳、陕西三原县与红拳、河南温县陈家沟与陈氏太极拳、武当山与太极拳等。正是地域与武术之间的血肉联系为武术在消费社会中的发展提供了一种新思路,那就是将具有地方特色的自然资源、文化资源与当地独具特色的武术拳种整合起来予以开发和发展。如少林功夫的发展就与少林寺禅宗祖庭的身份胶着在一起。1982 年,一部名叫《少林寺》的功夫电影提高了少林寺在海内外的声誉与地位,掀起了习练少林武术的热潮。随着改革开放的深入,少林寺已经成为中国功夫的世界朝圣地,而当地政府和少林寺管理层还借机培育了一个个丰富的商业业态——旅游、餐饮、文化交流、武术教育产业、旅游衍生品、景区经营……其中少林功夫更是作为少林寺最重要的一块品牌与特色资源而得到高度重视,到少林寺看(或学)真正的少林功夫成为人们的一种自然联想。这从 2006 年俄罗斯总统普京的专程到访就可见一斑。

"问道武当山,养生太极湖"的广告话语,将武当山得天独厚的自然景观、道教徒修道与养生的生活方式、小说与电影中关于太极拳与道士张三丰的神话式联想巧妙地结合在一起,使人们不自觉地升起一股想要到武当山问道养生、打太极的生活向往与追求。而河南温县陈家沟也凭借陈氏太极拳的独特身份与地位(即作为各门太极拳的母体①),将世界各地习练太极拳的拳友凝聚到一起,定期到这里参加隆重而神圣的祭祖仪式活动;而这种活动也进一步加深了人们对陈家沟作为太极拳发源地的认识,陈家沟太极拳从而被赋予正宗太极拳的意义象征,吸引人们去温县感受与体验真正的太极文化。

(二) 舞台表演武术和影视武术

武术的舞台表演,是在实用武术基础上的一种艺术加工与创作,无论是为了实现一定的政治、宗教等目的,抑或是满足观众的欣赏需求,它都需要在原有武术的基础上,融入其他文化与艺术元素,进行二次加工与创作。因此,这

---

① 2007 年 6 月 11 日,《人民日报(海外版)》第 2 版《太极拳发源地定为河南温县》载:"今年 3 月底,由中国民间文艺家协会组织国内无数考古、民俗等方面的知名专家,组成中国民间文化之乡评审考察验收组,专程对温县申报的中国太极拳发源地进行了为期两天的实地考察,最后一致认定:温县是中国太极拳的发源地。"2007 年 8 月 22 日,《人民日报》第 12 版《焦作国际太极拳交流大赛举行》中报道:"21 日上午,在温县陈家沟,国家体育总局副局长冯建中等为'中国武术太极拳发源地'揭牌,焦作市温县被中国武术协会命名为'中国武术太极拳发源地'。"

类武术表演一定不能直接等同于真实的打斗动作，而是以程式化、艺术化的武术动作为主，或者说只是融入了一些武术元素、武术文化内涵等的综合艺术表演形态。

早在原始社会及商周时期，武术就以武舞形式呈现过，这是一种诗、乐、舞合一的表现形式，西周时期的《大武》表演就是其中的代表。在汉代，武术与音乐、杂技、舞蹈、戏剧、幻术等相结合成为一种综合艺术——"角抵戏"，这种异彩纷呈的综合表演艺术深受当时人们的喜爱，《东海黄公》就是其中的杰出代表。唐代裴旻将军的舞剑表演被誉为开元"三绝"，其中的抛剑入鞘也表明其融入了杂技类动作。宋代的"七圣刀"表演活动更是融入了较多的幻术元素，其剖面刺心的场面往往令观者看得胆战心惊。而从元代直至清末，武术融入戏曲之中，使武术的技术与文化内涵得以全方位展现，强烈地感染着人们的心灵。近代以来，借助电影、电视等新型媒介，武术不仅最大限度地翻新与呈现了其极具美感的程式化动作形式，也借助各种高科技的拍摄手段与电脑特效制作技术，拓宽了人们对武术的"功夫想象"。影视电影中的武术表演往往有机地融入一个情节性较强的故事背景之中，将许多武术的文化理念（如武德修养、保家卫国心理、太极、八卦等理趣追求等）多维度表现出来，可以说，影视武术这种形式尽管在很大程度上偏离了武术的真实图景，但它却以一种综合性的视听艺术形式极大地彰显与拓宽了人们对武术的文化想象。20世纪六七十年代李小龙的功夫电影风靡海外，80年代《少林寺》电影取得巨大成功，以及后来的《英雄》《霍元甲》《叶问》等一系列电影，都获得了较大成功。

影视武术是武术表演体系中唯一培养了较为稳定的观众群，并拥有持续性消费动力的一种商业武术运作模式。武术多种多样的拳种风格、不断创新的惊险打斗场面和别出心裁的决斗方式等，总能成为影片的一大卖点。如：成龙喜剧色彩极其浓厚的醉拳演绎、《叶问》中扣人心弦的打斗场面等，皆给人留下了深刻印象；尤其是武术在动画影视、游戏领域的成功开发，都使它借助新型的影视、网络媒体手段获得了相当的商业价值。

中华武术套路素来重视对内在精气神的表现，重视对神韵、意象与意境的表现；但这些审美效果无不是武术套路高级阶段的表现。在传统社会，习武人只有经过艰苦训练而至技艺纯熟，通过"真实的想象"进入"行拳意境"才有可能达致。也就是说需要高超的武术套路表演技巧才有可能将"不在场"的对手"烘托"出来,以实带虚。但现代高科技手段的综合运用,却往往能带给人极强的视觉冲击力,引发丰富的审美联想,使那些"不在场"的东西"显现"与"在场",获得"以假乱真""假作真时真亦假"的恍惚迷离之审美感受。以影视武术为例,早期的影视武术往往启用有武术功底的演员,如李小龙、成龙、李连杰等;但徐克的《新龙门客栈》却开启了一个不懂武术却成功导演武术题材电影的时代,大胆启用非武打明星,运用影视特技、特效手段将传统武术意境、韵味的一面表现出来,令人耳目一新。李安的《卧虎藏龙》如此,张艺谋的《英雄》延续,周星驰的《功夫》更是拍得令人拍案叫绝。而完全不用真人演绎的好莱坞武术动画巨制《功夫熊猫》席卷全球,中国功夫的理念与动作元素用一种全新的形式来诠释与展现,显得相当国际化,符合全球化时代人们的审美欣赏需求。这些电影获取了巨额票房收入。曾经的国仇家恨题材已不再被放大,取而代之的是让人意想不到的画面与形式,即"奇观"效应;而这种给人新奇感的效果是借助于现代各种时尚元素、电影特技与特效来完成的,也就是说它需要借助现代化的技术和吸收西方现代元素来重构,来重新赋予它生命,也就是所谓的"国际化"效果。

(三)竞技武术套路比赛

竞技武术套路在现代竞技体育大家庭中被划归到技能类难美性项目群之下(全国体育院校教材委员会《运动训练学》教材小组,2000)[36],但时至今日武术的申奥之梦似乎仍然很遥远,尽管如此,我们却清晰地看到几代武术人对此所做的努力。为了提高武术的观赏性,现代竞技武术可以说做出了最大的改革,以符合现代人的审美欣赏需求。这主要体现在难度动作的融入,整套动作的编排,配乐,选手的容貌、衣着,场地等方面都做了精心安排,以期最大限度地增强视觉效果,冲击人们的感官,带给其愉悦感。从这些变化可看出,消费社会的视觉文化奇观对武术影响之深刻,其中裁判与观众对武术套路中增添新的难度动作的心理期待就鲜明地体现了这一点。但令人遗憾的是,到目前为止,竞技武术套路尽管做出了如此巨大的努力,也未能融入奥运会的大家庭之中,武术套路比赛场上的观众席也是冷冷清清,甚至被某些人讥讽为只有运动员、教练员、裁判员参加的"三员"运动。这的确难免令人沮丧；但细究原因，似乎也不难理解。对国内观众而言，竞技武术套路比赛所体现出来的所谓"难美"，并未达到人们从小说、戏曲、影视中所获得的那种极富想象与夸张的境界，也就是说，国内观众对武术套路的审美心理期待，早已超过了武术套路比赛中所体现出来的那种"难"与"美"。而且，中国武术素有的那种民族审美趣尚依然在人们心中起着重要作用。形质与神韵、形式与意蕴的统一，依然被许多人所认同；然而，对于较少体现技击含义的难度动作能否很好地融入整套动作中，许多人依然抱有很大的怀疑。有人甚至将竞技武术套路视为武术的一种异化表现，认为这种为比赛而比赛的武术活动既戕害身体，又无多少观赏性；这种观点显然有些过激。

总之，从古至今，作为"功夫奇观"式的武术套路表演一直存在。古代舞台上的各种个人与集体的武舞表演、戏曲武术表演等，就是其中的代表；而近代以来，随着电影、电视媒介的兴起，武术的体育化发展，武术套路作为一种"视觉文化"的"功夫奇观"现象愈演愈烈，这不仅体现在与各种电影高科技技术结合的影视武术中，也大量存在于现代竞技武术套路的比赛与表演之中。20世纪80年代，《少林寺》电影的巨大成功，更是掀起了一股国内外对中国武术的狂热潮流；但不容否认的是，人们（尤其是青少年）这一时期大量习练的主要是具有"高、难、新、美"特征的竞技武术。这类武术是以指定动作、难度动作、创新动作为基础的，以质量高、难度大、动作新等为指向的，即如何成功演练一套外形优美、新颖、难度又大的套路，已成为评判的重要标准；如同奥运会其他难美类项目一样，如何不断满足观众与裁判的"视觉期待"，已成为武术决胜的关键所在。随着武术功夫片在世界的风靡，人们对它的审美期待也越来越大，这对影视武术提出了更高的要求。创作者不再满足于千篇一律的动作编排，而是越来越借助各种高科技的电影拍摄手段来帮助演员完成各种高难动作，或者通过变换形式，重构武术元素（如《功夫熊猫》等）来吸引观众的眼球。周宪评论道："当代文化高度视觉化把可视性和视觉快感凸现出来，这就从根本上摧毁了许多传统文化的法则。'被把握为图像'的东西才是充斥着权力和影响的东西，看不见的东西不可避免地遭遇排斥；因为'眼球经济'时代就是对看得见的东西的生产与消费。最典型的例子莫过于音乐了。在传统的艺术分类中，音乐原本只属于听觉的艺术；然而，今天的音乐却悄悄地改变自己的属性，越来越依赖于听觉之外的视觉元素，MTV就是一例。"（周宪，2008）[7]

三、"功夫奇观"背后的生存隐忧

（一）表演武术的反思

早在1989年，嵩山少林寺武僧院就成立了专门的武僧表演团，在国内、国外进行商业与非商业的演出与推介活动。所到之处，往往备受追捧，火爆异常。少林功夫在国内外的演出为什么总是被一定的人群关注，有时甚至十分火爆呢？笔者以为，人们看到的首先是一种与众不同的艺术化的套路表演形式，不仅在外国观众眼里觉得新鲜，其实在被西风日益熏染的中国人的眼睛里同样觉得新鲜。这种独特的运动形式一出场便抓住了人们的眼球，再加之所具有的中国文化符号，也颇能引人遐想。人们在观赏这种令人眼前一亮的武术套路表演时，似乎就在追寻与重构一个失落的武林梦一样；但问题也同时出现，人们对表演武术的这种消费，更多的是来自视觉文化的角度，只是一种"眼球经济"的符号意象罢了。在丰盛的武术表演消费下，依然难掩它的落寞与囊中羞涩；因为这种消费大多只是一次性的，并未培养起观众对它的忠诚度，这明显不同于各种充满悬念的球类比赛，而更多的具有文艺演出的性质。球类比赛因为每场赛事所具有的悬念性，往往能够培养部分忠实观众；而武术套路表演活动则很难打造成一档具有稳定观众群的电视节目，它们并不具备单独被持续消费的特性，依附于当今社会被大家所追捧的地方特色文化、自然景观、影视作品等时尚符号而存在，只是人们生活中偶然的一个调味品罢了。

少林武术的申遗、武当山的武术表演人员声泪俱下地诉说着渴望上春晚表演的愿望与得到世人理解与认同的心声、上了数十年春晚但每年依然为如何编排出新颖的武术节目而绞尽脑汁的塔沟武校表演团……武术表演消费繁盛的景观依然难掩武术表演从业人员并不乐观的生活境遇：他们既没有可观的经济收入，也没有得到世人的广泛认同；他们数十年如一日地勤苦练功，依然难以跟上舞台瞬息万变的时尚步伐。

(二) 对影视武术的反思

与表演武术通过争奇斗艳来吸引观众，但依然无法摆脱生存困境一样，人们对各种各样影视武术的消费也存在隐忧。在观看一部又一部的武术类影视作品时，观众跟随着那些武术"英雄"们一起，重新燃起强国强种之梦；抑或追随那些武林大侠一道重构着一个个虚拟的惩恶扬善的江湖世界；甚至在《功夫熊猫》之类的影片里，体验一把美国人采用现代动画形式诠释中国武术文化元素时所体现出来的那种游戏感与幽默感。尽管各种武术类影视作品、舞台功夫剧、武术套路表演在当下还有一定的市场，但在这种消费中，我们看到人们更多的是把武术当作一种罕见的、新鲜的中国文化的符号来欣赏。这也就是中国电影在进军海外市场时唯有武术题材的影片还能够吸引一部分人的目光、扛起中国电影大旗的重要原因。

但在功夫电影曾经一度繁荣的景象背后，其危机早已逐渐显露，那就是观众"审美疲劳"的问题。曾经主要依靠保家卫国主题、创编新奇的武打打斗场面等征服观众的功夫电影时代已开始隐退，人们提出了更高的欣赏需求。因为，"今天，我们正处于一个图像生产、流通和消费急剧膨胀的'非常时期'，处于一个人类历史上从未有过的图像资源富裕乃至'过剩'的时期。生活在现代都市里的居民，眼睛终日受到各种影像的诱惑和刺激，不断地遭遇种种视觉图像的围困和'逼促'……或许可以用三句话来描述这一现状：如今看得越来越多，看得越多则越是要看，越是要看就看得越来越快。难怪经济学家发明了诸如'眼球经济'或'注意力经济'这一类说法。"(周宪，2008)[5] 于是，我们看到了好莱坞制作的《功夫熊猫》在全球公演并收获可观的票房，美国创编人员以其动画形式和西方文化理念来重构中国武术元素，让人们顿觉耳目一新。而中国的导演们也不再满足于老套的故事框架和简单的主题表现，而开始从形式与内容层面展开深度开掘。近几年，我们看到了陈可辛的《武侠》、王家卫的《一代宗师》上演，在这两部电影里，我们看到了中国传统武术更为隐秘的深层技击与文化内涵得到一定程度的展现，如建立在中医穴位、藏象、奇经八脉等基础之上的玄妙与奇绝功夫，熔铸了更多中国传统文化哲学内涵的内家拳，如太极、形意、八卦、咏春等所代表的中国传统武术之上乘功夫，也让人们颇觉新颖。但不得不承认,随着时代审美的变迁,近些年上映的武侠片、功夫片,都已很难超越昔日的辉煌,很多已沦为小众的影迷电影。

(三) 两种不同的身体文化

周宪认为:"当代文化高度视觉化把可视性和视觉快感凸现出来,这就从根本上摧毁了许多传统文化的法则。'被把握为图像'的东西才是充斥着权力和影响的东西,看不见的东西不可避免地遭遇排斥,因为'眼球经济'时代就是对看得见的东西的生产与消费。"(周宪,2008)[7]在这种权力管控的"视觉文化"影响之下,传统武术那部分曾经被视为最根本的审美特征,如精气神、内劲、神韵、意象、意境等不可见的一面遭到了批判、消解甚至抛弃。

受视觉文化影响,身体作为一种可见的时尚符号,在当代社会受到特别的关注与关怀。除了美容美体、化妆术之类的身体技术外,参与各种对身体具有建构作用的体育运动也逐渐成为一种时尚的生活方式。从身体意象的角度来看,中国武术传统套路所建构出来的身体意象与现代竞技武术套路所建构出来的身体意象和当代社会的主流身体意象之间是有所不同,甚至相差甚远的。武术套路作为一种身体技术,它所依托的身体观是以儒、道、医为代表的中国传统身体观。有论者指出:"中国术数化身体观看到的不是肌肉而是'色',望色是藉人之气色以见微知著,思索色泽中深沉的意蕴,由探究神态和表情的不经意表现,以察识人内在自然的生命力。"(周与沉,2005)[436]这是一种由内而外,由隐至显,表里如一的身体观。中国武术的内外兼修、形神兼备等观念即受此影响。传统武术在描写武术人身体时多用"双目炯炯有神""五体匀称""筋骨遒劲""内宜鼓荡,外示安逸"等话语。相关画像、图像等也多从整体上来勾勒动作身形,很少刻意表现习武者的身材比例或外在的身体健美等。中国传统武术的健康观也主张"内壮"与"外壮"的统一,所谓"外练筋骨皮,内练精气神"的武术谚语就体现了这种观念。那种徒有其表的外在肌肉展示以及那些追求速成、有可能对身体造成伤害的训练方法,从未在中国武术中占据主导地位。以中国传统武术的身心观来看,只注重外壮不注重内养的身体,有时恰恰与人体真正的健康相去甚远。传统武术所建构出来的身体意象,在某些技艺精湛的武术传人身上,我们还可以窥见其风貌,这是一种通过长期习练已然气质变化、内外一如、身心合一的武术人形象。五体匀称、筋骨遒劲有力、双目炯炯、拥有强大的气场但又含而不露等，往往是其外在表征。这种传统习武人的身体形象与当代竞技武术套路出现后，武术运动员的身体形象有一定差异。由于难度动作的融入等原因，在运动员的选材上往往与竞技体操颇为接近，男运动员普遍个子不能太高，且要偏瘦。

无论是传统武术所建构出来的身体意象，还是现代竞技武术所建构出来的身体形象，都与当代社会追求可见的身体健康、性感诱人的身体有一定差距。武术与其他西方体育项目相比，崇尚身心合一、"一动无有不动"的整体运动是其鲜明特征。它不以凸显身体局部特征，塑造外在完美体形与线条为目标，与现代社会主流的身体意象（女性的苗条身材和男性的健美肌肉等）并不一致。周宪在《视觉文化的转向》一书中指出："当代视觉文化的身体标准不但是一个像三维比例那样的总体性标准，而且更加精确地呈现为具体的细节标准。有些学者发现，当代大众媒体以一种分割身体的策略强调身体各个部分的魅力及其崇拜，进而构成了身体的局部标准和审美观念。"（周宪，2008）[337-338] 为了使身体看上去更美、更健康、更富有魅力，当代社会针对身体局部的运动干预方式，使身体像零件一样被精心打磨与塑造着，这些观念与方法都与中国武术的整体运动和中国养生文化所强调的整体调理观相异。

在视觉文化影响下，身体不仅归个人所有，它更是具有一定象征作用的社会交往符号。在传统社会，身体往往被层层衣物所遮掩，这是一种含蓄内在的美；在当代社会，它却需要尽可能地向外展示，这是一种外露张扬的美。可以说，对肉身感性外观的重视与视觉快感的追求，已成为当代文化的一种突出现象。西方健身运动追求健美，注重塑形，身体的视觉效应突出；而中国武术套路更倾向于健身，而且是身心合一的健身，练习与表演时容貌要庄敬，且要身着宽松轻柔的服装，体现出一种整体的、含蓄的美感。河南卫视的《武林风》这档武术节目，在初创阶段曾以武术套路表演开场、串场，但没过多久便改由穿着暴露、身材火辣的"武林宝贝"举牌串场，这一做法颇为国际化，也很能吸引人们的眼球。但这一变化也在一定程度上揭示了中国武术身体观与当前国际社会以西方文化为主导的身体观之间所存在的巨大差异，这是两种不同身体文化的存在。当然，中国武术在现代化转型过程中，已开始主动地吸收与涵容一些有关身体的时尚元素，如有创作者曾创编过"时尚太极"①。而现代武术表演者的服装也愈来愈精美，设计上也融入了一些现代时尚元素，这些做法都在一定程度上提高了武术套路表演的观赏性，进一步满足了现代人的审美趣尚。但不容否认的是，只要武术套路的主要技术得到最大限度的保存与传承，它背后所蕴含的中国传统身体观念就不可能被完全消解，它所建构出来的身体意象就主要还是具有中国文化符号象征作用的身体文化符号。谈到这里，也便不难理解，在当前国际社会西方文化、西方体育的影响下，中华武术套路很难像瑜伽、健身操等一样被人们当成一种建构"时髦的身体"的有效手段来对待；此外，中国传统武术中大量拳种套路都处于衰落状态，这和它们与现代身体观迥然有异不无关系。

四、武术套路的审美走向

（一）武术套路表演继续向求新、求异方向发展

当我们将武术套路之美归功于所谓的造型美、节奏美、意象美等等之类时，似乎就表明武术套路之美是一种不以人的意志为转移的客观之美。这种观点似乎表明任何武术套路的演练，不管你关不关注，它都存在着不以人的意志为转移的各种各样的对象化的客观之美。但我们不禁要问的是，武术套路如此之美，可在当下的社会中为什么它的忠实粉丝有限，纵使是在代表了最高水平的全运会、武术锦标赛的武术套路比赛场上，也难免冷冷清清，甚至沦为颇为尴尬的"三员运动"（即运动员、裁判员、教练员）；所以武术套路之美，不能仅仅局限于高水平的套路演练。武术套路表演要想一直征服观众，就得不断地在形式上花样翻新；且这种形式上的变异，又不能仅仅在武术套路的形式库中抽取，而应该吸取他国、他种体育、艺术等的营养成分，时刻能够让人感受到耳目一新的一面，而决不能一味地重复。所以，如果单从视觉效果的角度来看，武术套路的"程式化"表演已很难征服现代社会的观众，它必须求新、求

---

① "时尚太极"是21世纪一个新的概念、新的名词，就是为了让太极拳更加适应社会的发展而演变出的一个概念。其中太极拳冠军马畅是"时尚太极"的代表人物。

异,甚至有时候人们在观看演出时已然忘了其中的武术元素,或者武术只是作为一种烘托气氛的背景条件、塑造人物的手段出现。如春晚舞台上的表演就有这种倾向,多次选送武术节目的塔沟武校校长刘海科曾表示,春晚舞台上的表演为了满足导演组与观众的欣赏需求,就决不能只是单纯的武术秀,而必须融汇其他的表演与艺术成分。塔沟武校为了保证能够每年为春晚选送武术节目,专门成立了表演团队,不仅从灯光、舞美和音效的包装上下功夫,更将武术表演与舞蹈、魔术、杂技、戏剧等相结合,全方位地提升武术表演的观赏性。刘海科曾在接受媒体采访时说:"春晚要的节目是不断创新,不能重复……你纯武术的东西又不行,所以说你必须得博采众长,把很多的东西融合起来,所以说我们现在就形成一个叫表演武术,就像《功夫世家》,那个是2009年的春晚节目……纯武术的东西,我的感觉是越来越少。《功夫世家》虽然以功夫出现,但是你光拿武术的东西不行,前面已经演了几年了,不好体现,那么就提出来诙谐幽默,从而体现中国武术传承的一种脉络,就是这一类的思考。但是如何体现,这对咱们的演员来讲,对咱们的学生来讲,是个大难题。如果说就像刚才这两个学生——小伙子——一样,让他们去练一段武术,没问题。但是如果说叫他要表演脸上很有戏,身体上很有戏,那么这就难了;所以那个时候,最大的挑战就在这里。"[①] 武术套路表演时融入其他各种艺术成分的做法其实早在中国古代的戏曲武术表演、近代以来的影视武术中就体现得很清楚,只有让武术表演或武术元素有机地融入一场综合性的艺术表演活动或影视作品之中时,人们才会多多少少地想起其中的武术场景与武术元素。现代体育竞技场的武术套路比赛是很难吸引普通观众去观看的,因为人们对武术的审美欣赏期待早已高出了任何竞技上的武术比赛。如果要继续保留武术套路程式化的动作形式的话,就应该更加关注如何给这些"似乎已经僵化"的动作注入不同个体演绎的生命体验与韵味,而不能仅仅是客观量化地机械评判。因为这种评判,更多的只是关注难度动作,以致固有的武术套路动作只是起过渡与衔接的作用;而且这些动作也是按照规则规定的"动作质量分"来评判的。这就不免带有一定的机械成分,让本来已经"程式化"的动作变得更加僵化、没有生气。反之,如

[①] 河北卫视电视台《中国力量·我相信》栏目《功夫十年闹春晚》的录音,2012-03-01。

果没有挑战运动员身体极限的难度动作的出现，就会让整套动作变得沉闷，这样的表演又如何能够征服需要靠越来越强的视觉刺激来满足自己日渐旺盛的欣赏需求的观众呢？所以在笔者看来，武术的舞台表演要想拥有观众，就得解放思想，尽量放宽对武术创编的各种束缚，广泛汲取中西方各种文化与艺术资源的养分来滋养自身，哪怕有时只含武术的元素、甚或只是武术的"影子"。《功夫熊猫》的成功就在于其运用动画的形式、美国人的幽默方式等来重新诠释中国的武术元素，从而让人在熟悉的同时又有"陌生化"的一面，令人耳目一新，带给观众一种奇特新颖的审美感受。

武术套路作为一种准艺术的审美文化形态，呈现为理想的有意味的形式，其形式美作为相对独立的审美存在，呈现为纯粹的审美形态，是一种把实用功利因素都净化了的自由的形式，或者说，其实用功利因素完全消融在纯粹形式之中。一直以来，武术的形式与内涵都呈现为一种稳定的对应关系，特定的形式与其所要表现的攻防技击内涵往往糅合在一起，精彩的武术表演是那种能够用完美的形式将内蕴的技击内涵（如太极拳之掤、捋、挤、按等劲别）"烘托"出来。但随着中国武术的现代化、体育化发展，以及后现代思潮、反本质主义与社会建构论思潮等的影响，武术套路的形式已较大程度地从武术固有的技击内涵中挣脱出来，整套动作中不仅融入了体操、杂技等非技击内涵的动作形式，而且也打破了原有那些拥有稳定风格的拳种套路之束缚，开始自由地组合新的套路形式，甚至某些重新创编的武术套路被用来表现全新的主题内容。如2014年《陕西卫视》举办的一期武术对练比赛节目《中国真功夫》中，有一个太极拳的对练表演节目。一男一女两名运动员身着绣有青花瓷图案的白色太极表演服，时而演练着轻柔缓慢、缠绵曲折的太极动作，时而融入一些现代竞技武术的难度动作轻轻跃起、比翼双飞，再配上成龙与金喜善主演的《神话》影片的主题音乐与视屏画面。整个表演带给人一种既有东方太极神韵，又有西方唯美爱情主题；既古典又现代；既传统，又不失现代国际元素的复合审美感受。在这里，太极拳的攻防技击内涵已基本被消解，太极拳的动作形式已被用来表达新的主题与内涵，带给人一种全新的审美感受。温力先生在为竞技武术套路的未来发展献计献策时，也主张武术套路的动作不要过于受固有的技击内涵的束缚，不要过于受民族性的束缚（温力，2000），这些观点从审美欣赏的角度来讲无疑是正确的。

（二）武术套路审美向生活的回归

近代以来，在西方奥林匹克体育文化的刺激之下，武术也开始主动吸收奥林匹克的体育竞技精神，其鲜明特征就是产生了现代体育意义上的竞技武术套路运动和散打运动。当竞技武术套路确立"高、难、美、新"的发展方向，在更加公正透明的竞赛规则的引导之下，它的确更加具有了可比性，更加符合竞技体育以创造优异成绩为目的、"最大限度地发挥竞赛者自身体能、运动技能等方面的潜力"的主要特征。可以说，竞技武术套路的出现表明，一个自立于生活世界之外的武术文化形态已经形成，这只是少部分武术运动精英经过专门化的训练之后的角逐与较量。从审美的角度来看，由于竞技武术套路属于"评分类表现难美性"项目，追求难与美的统一。这里的美更多的是一种脱离了生活世界的美，脱离了表演者广阔人生经历、鲜活生命体验的美，只是具有某种审美"自律"性质的套路美。当然，武术套路的这种审美转型与近代以来整个中国社会的"现代转型"和各门艺术都追求审美"自律"的转向是相一致的。只不过，随着现代社会深入发展，"这一审美脱离生活世界以寻求'自律'的状况，晚近以来又有了转变。'后现代'浪潮的兴起，不单向既有的'现代性'提出质疑，亦向与'现代性'紧相关联的'审美自律性'发起挑战。审美不再被视为单纯艺术活动领域的事，甚至艺术与非艺术之间的界限也日趋模糊，这就为审美回归生活世界创造了前提，但同时亦潜伏着审美自身走向'异化'的危险。"（陈伯海，2012a）[158-159]这种变化在武术套路的审美趋向上也开始体现。在当下，人们已不再满足于仅仅将武术套路视为一种脱离生活、甚至是一种"装饰性"的或者"奇观式的"审美对象来欣赏，而是渴望武术向人们日常生活世界的回归，渴望武术重新成为融入人们日常生活的一部分，带给人们更为切身的身心体验与美感。这种审美趋向鲜明地体现在日渐走进与融入现代人日常生活之中的太极拳这项运动上。

在中华传统武术拳种套路大量萎缩的现实面前，让我们感到较为欣慰的就是太极拳。在形形色色的国外体育项目面前，它以自己独特的健身方式与健身功效逐渐得到国内外人们的肯定与认同。它不仅拥有广泛习练的人群，而且形成了一定规模的太极运动与文化产业,更重要的是许多人都从太极运动中不仅收获了健康与身心愉悦的感受,也领悟了不少为人处世的方式与做人的道理;并且随着技艺水平的不断精进,人们也获得了一层深一层的审美感受,给他们的生活增添了乐趣,提升了个人的幸福指数。太极拳的成功带给我们很大的启示,它表明中华武术要想很好地存活与发展下去,一定不要失去它的生活性,让它融入现代人的日常生活之中,成为一种对他们来说真正具有实用价值的运动;尤其是对有着强烈实用理性倾向的中国人来说,脱离了实用的纯粹游戏与娱乐是很难真正发展起来的。所以,太极拳的美不是虚无缥缈的,它是人们在走进与融入太极拳的世界时不断体验与领悟到的。太极拳在当下的发展模式,已最大限度地继承了中国传统武术的传习模式,一些有名望的太极拳大师还在国际与国内活跃着,正是因为有他们作为好的范例与模本,人们看到了最高水平的太极拳个人演练,而这种演练又是极具个人风格的,使人们看到了"程式化"的动作重新获得了丰富的个人生命色彩与情调,从而很能打动人心。与此同时,在这些范例的引导之下,普通大众只要亲身参与和体验过太极拳运动,甚至逐渐将太极拳作为生活中不可或缺的一部分,他们就有可能体验到太极拳带给他们或深或浅的审美感受。

中国传统武术与生活、人生的紧密联系,使其在一定程度上成为一种自得、自我实现的运动方式。当我们看到河南温县陈家沟的男女老少在工作、学习、耕种等生活劳动之余,在庭院里、田间地头、大路上等任意场合演习太极拳时,不禁会有一种强烈的感觉,那就是武术套路之美不仅在于所谓的节奏韵律,姿势造型,跳得有多高,落地有多稳……它的美还在于其与人们的生活息息相关,成为了他们日常生活中不可或缺的一部分,是一种朴实无华而又耐人寻味的平淡之美;而这种美恰恰向人们揭示了生活的存在意义,可以说是一种"悟道"之美。阮纪正在《拳以合道——太极拳的道家文化探究》中阐述道:"太极拳遵循的发展战略,是一种'人是本体'的内源多向有机应变的战略,着眼于每个社会成员(而不只是某一部分社会成员)的共同参与和平等对话,绝不以'社会主宰'的心态去把另一部分人工具化或边缘化。它提倡一种公正平和的眼光,使有情众生的万有万物在不同的存在领域中各就其位、各得其所和自得其乐,都可以按自己的方式在社会群体中和衷共济地得到共同的发展,反对各种社会压迫的'异化'状态。笔者以为，这个目标走向明显跟马克思所说的'自由人联合体'息息相通。"（阮纪正，2009）[185-186]

当代社会一种"体育生活化"以及"终身体育理念"的提出，使我们从中看到了人类对体育所体现出来的一种更加深厚的人文关怀。而中国传统武术在当代社会最活跃的价值层面也就体现在它对个体身心性命的真正关怀上，如通过长时间的习练，它对许多"文明病"都具有良好的疗效，并能够不断提升人们的生活质量与生活幸福感。尽管在当下它还没有如同西方体育一样占据体育文化的主流位置，但不容否认的是它身上所蕴含的独特价值将会使它在当代和未来都发挥出许多西方体育项目无法替代的价值与意义。尤其是它对现代奥林匹克运动逐渐出现的"以身为殉"的"异化"现象，以及参与一些体育运动项目（如打高尔夫）被当成一种标榜身份地位的象征符号方面具有一定的纠偏作用。

（三）激活人们对套路的身心体验

在当代社会，我们更关注的是武术套路的体育与艺术价值，但在此过程中，我们更多继承的只是武术套路的形式，在各种影视武术与舞台表演、现代竞技武术套路的比赛中，我们看到了对各种各样武术拳种与形式花样翻新的嫁接与改造，以此来提高视觉效果。但在这种看似繁盛的"功夫奇观"式的表演中，我们更多获得的仍只是一种猎奇式的感官刺激与相对浅表的审美心理满足。其中一个重要原因就在于许多武术运动员缺乏对武术套路的深度体验，未能真正体验与领悟到武术的攻防技击内涵及其丰富的哲理与文化内涵，从而也就不能很好地传达出武术的生命情感与韵味，无法激起人们余味悠长的审美感受。反之，那些对武术有深度体验的名家的套路演练，却往往在看似朴实无华的动作中，让人感觉意味深长，这就是因为他们为武术套路注入了丰富的个人生命体验与领悟，将其活泼与灵动的一面表现出来了；所以，要欣赏到武术套路的高级作品，必须激活演练者对套路的深度生命体验，让其为作品重新赋予鲜活的个人感性生命色彩。

正如当代倡导"身体美学"的美国学者理查德·舒斯特曼（Richard Shusterman）对于身体进行审美的潜能加以内外考察时所说的："作为被我们外

在感觉把握的对象,身体(别人的甚或自己的)可以提供美的感官感受或(用康德著名的术语来说)'表象(representation)'。"(舒斯特曼,2002)[262]武术套路审美,主要集中在将其视为一个外在的审美对象来进行观赏与研究,也就是说更多的只是将演练者演练的武术套路作品视为舒斯特曼所说的"提供美的感官感受或'表象(representation)'"来加以对待,这是一种常见的"主客分离模式"的认识论美学研究。这种研究有一种要将武术套路视为"纯粹的艺术"来对待的倾向,尤其是在现代商业文明与视觉文化的影响之下,各种竞技表演武术、舞台表演武术更是在舞美、服装、道具、舞台炫技上下足功夫。如前所述,这一类武术套路的审美自古以来就存在,且自有其独立发展的意义。但在承认与积极倡导这类作为观赏对象的武术套路所具有的审美价值的同时,我们也不能忽视武术套路美学的另一个研究视角,那就是从人们直接参与武术套路运动而不断生发的"一层深一层"的审美体验所展开的研究。这种研究的一个重要特点,就是它不以审美主体和审美对象为对立的两极,而是统一于一体。在这种情况之下,审美者就不再只是从外面打量与静观审美对象,而是在亲身参与的前提下,从身心两方面来悉心体认与享受武术运动所带来的各种身体快感与精神愉悦。与前一种的"分离模式"相反,这应该是有如"环境美学"一样的"分享模式"和"介入模式"。这也就是舒斯特曼所积极阐扬的后一种"身体美学"的研究,他将身体美学概括为"对一个人的身体——作为感觉审美欣赏(aisthesis)及创造性的自我塑造场所——经验和作用的批判的、改善的研究。因此,它也致力于构成身体关怀或对身体的改善的知识、谈论、实践以及身体上的训练。"(舒斯特曼,2002)[354]从这一定义来看,我们在这里所倡导的主要是将武术套路作为一种有效的锻炼方式来激活习练者的身心体验,实现创造性的自我塑造的目的,实现对身体与生命的深度关怀与完善的目的。对武术套路所展开的这种审美研究很难成为艺术欣赏那样的纯粹审美,它往往显现为审美与实用相结合,这种武术套路美学也就经常带有一个实用功利的维度(尽管其理论根据可以上升到"形而上"的层次),但这种与实用功利不分的审美,其实更切合传统武术套路审美的本真面貌。

  中国传统武术修炼的一个至关重要的问题就是一种永无止境的"体认"工夫。可以说,在形形色色的传统武术拳种拳论中,"体认""体察""体会"等字眼是频繁出现的,尤其是在所谓的"内家拳"论中体现得更为明显。如意拳创造者王芗斋说:"拳学一道,万头千绪……既知学拳之利弊,应在用功时,动静之间加意体察,非仅使身体外形上为多种情形之运动也。应用神意,观察全身内外,一举一动是否符合卫生自卫之条件……如此体认操存,庶乎近矣!"(王芗斋,2010)[158]陈鑫在论太极拳的"意"时指出,"学者所当留心体会,以审其意之所发。"(陈鑫,2006)[81]那么习练武术到底"体认"什么?它为何如此重要?李亦畲《走架打手行工要言》曰:"平日走架,是知己功夫,一动势,先问自己周身合上数项不合,少有不合,即速改换,走架所以要慢不要快。打手是知人功夫,动静固是知人,仍是问己。自己安排得好,人一挨我,我不动彼丝毫,趁势而入,接定彼劲,彼自跌出。"(李亦畲,1995)[70]在这里,李亦畲是从武术的攻防实战角度来谈"知己"与"知人"的意义的。"知己"其实就是一个"反求诸己"或者说"反求诸身"的"体认"功夫,这一过程最重要的就是看能否做到上下相随、周身一家,即中国传统武术修炼所追求的"劲整"与"神聚"的境界;而"知人"指的就是"打手"或者说"试手""听劲",这实际上是通过与他人交流的手段来反观自己功夫的深浅,看自己是否能够"趁势"运用自己的"整劲"将对方发放出去。不同阶段的"试手"活动,都能让自己在原有层次的基础上,开启新一轮更加深入的"知己体认"功夫。如孙禄堂在谈太极拳交手实战时说:"上卷诸式,以无极、太极、阴阳、五行操练,将神气收敛于内,混融而为一,是太极之体也。此卷以八势含五行诸法,动作流行,使神气宣布于外,化而为八,是太极之用也。有体无用,弊在无变化;有用无体,弊在无根本。所以体用兼该,乃得万全。"(孙禄堂,2000)[245]可见,"根本"是"体","变化"是"用"。而所谓"根本"者就是通过习练基本的八势拳架体会无极、太极、阴阳、五行之理,打好根基;"变化"者就是领会与体现八势拳的灵活运用之妙。这实际上处理的是"知己"与"知人"的关系,故孙禄堂说:"以练体言,是知己工夫;以二人打手言,是知人工夫。"(孙禄堂,2000)[245]而"工夫"一语揭示了知己、知人需要长期的体认操存做保证,所谓"练体日久纯熟,能以遍体虚灵,圆活无碍,神气混融而为一体。到此时,后天之精自化,先天之气自然生矣。即使年力就衰,如能去其人欲,时时练习,不独可以延年益寿,直可与太虚同体。"(孙禄堂,2000)[245]实际上,武术的"体认"工夫所实现的价值意义并非局限于单向度的实战搏击层面,而是走向了更为广阔的多向度的社会、人生与宇宙层面。一般来讲,"知己"是一个层次不断提升的"身心合一"的问题,"知人"则可以置换成含义更广的"知彼"一词,这样就使个体走向了一个与他物、他人、社会、宇宙等进行"沟通与交流"的更加广阔也更加深入的层面与境界。这里我们要指出的是,后者建立在前者的基础之上,也就是说,这种具有"主体间性"的广泛而深入的"沟通与交流"活动,其实是个体"身心合一"问题进一步的拓展与延伸,具有不断生成的存在论意义。可以说,正是通过永无止境的"体认"工夫,武术修炼者在人生的不同阶段实现了"一层深一层,层层意无穷"的"内在超越"。

在杜维明看来,"所谓体之于身,以及体味、体会、体察、体证、体验、体恤、体悟等等,都是个受用不受用的问题"(杜维明,1997)[64]。周与沉也认为:"古哲喜谈'受用'二字,实在不是虚说。就根本言,中国哲学乃生命体验、人生实践之学,远非名言讲论、教条规范所能框限、穷尽。支撑其后的正是切己的实修,归根到底是要在身心中真得受用。"(周与沉,2005)[19]在中国传统思想看来,所谓回归生命本原、回归存在的真实往往就是一种"为己之学"、复性之学,一种通过艰苦实修之后的自我实现、自家受用之学。这种观念体现在中国武术上,就是武术有套路、功法等形式,这些修炼方式主要目的在于"知己""成己"。太极拳所谓"详推用意终何在?益寿延年不老春"即体现了这种价值观念。

在当下,武术套路在中小学体育教学中往往因为缺乏明确的、可以实体化、对象化的目标指向而遭受诟病,人们往往认为花拳绣腿的学习、体操式的学习很难激起学生兴趣,认为它不如散打、跆拳道等有着显性的目标效果,而符合武术的技击本质……这类说法固然有一定道理,但也存在偏颇。作为立乎其大的武术套路,我们知道,早在先秦时期作为武术套路前身的"武舞"就被用来陶冶与教育"国子";而套路在漫长的历史过程中,不但没有消亡,反而广泛吸收各种养分以至成为一种集养身、防身、修身等于一体的完美运动形式。在一定程度上来讲,套路已不仅是一种手段,其本身就具有目的意义。当习练者长期参与其中时,就能使其在不知不觉、潜移默化、功到自然成中慢慢呵护着自己的身心健康、变化着他的心性品质与形貌气质。这实际上是一种"美育"① 价值的体现。武术套路作为一种独特的、极具审美价值的身体运动形式，增强体质、培养民族精神等只是其所具有的一部分功能，作为一项极佳的终身体育项目，我们更应该看到它在塑造健全人格方面的价值。只要让其真正融入学生与普通大众的生活，甚至成为他们日常生活的习惯，就能在一种看似无目的、实则合目的的练习之中，发挥它的多维价值与意义。所以，武术套路可以说是一种过程美学，它既是手段也是目的，它与生活、与人生紧密联系；在这种苟日新、日日新的践行功夫中，在一层深一层、层层意无穷的功夫精进中，习练者的身心体验日渐丰富，人生意义也得到彰显与实现。

综上所述，武术套路自近代以来开启了体育化的转型之路，并在消费社会与读图时代的影响之下，愈来愈追求令人震惊的视觉奇观效应。这都是武术套路在新的历史背景与社会时空之中所必然出现的文化现象，也是武术套路不断适应现代化深入发展、拓展其生存空间的自然选择。但在这一现代转型过程中，也存在一定的生存隐忧，如人们对武术套路的欣赏更多停留在浅表的视觉感官体验之上，缺乏在积极参与武术套路运动过程中所出现的不断深入的审美体验。所以，面向未来，从审美的角度来讲，一方面要进一步促使武术套路的表演向求新求异方向发展，积极主动地熔铸各种文化与艺术元素，创造出更多富有新意的武术套路作品，不断满足人们日渐提高的审美欣赏需求；另一方面则要积极倡导武术套路的审美向生活回归，激发人们参与到武术套路运动中来，激活人们对各种拳械套路的身心体验，促使人们获得健身、娱情、自我实现等多维度的复合审美体验。

小　结

本章节主要从历史角度对武术套路的发展演进过程，及其在不同历史时期

---

① 张之沧认为："所谓美育就是直接与人的身心健康和审美能力相关的艺术教育。它包括音乐、戏剧、神话故事、诗歌、绘画、舞蹈、雕塑、建筑等艺术形式。这些艺术形式不仅能够培养和展示人的形体美、语言美、声音美、情感美、形象美，还能够塑造各种美好的德行和人格。"参见：张之沧，2005.论身体教育的迫切性［J］.体育与科学，26(4)：7-10.

的审美风貌进行简笔勾勒,并从美学的角度对武术套路在当前的发展瓶颈进行了反思与研究。认为:第一,先秦武舞所具有的"以舞通神、以舞习武、教化功能、中和适度"的特点深刻地影响了成熟形态的武术套路的形式、功能与审美特征,它们在一定程度上可视为中华武术套路的审美文化基因。第二,汉代大量画像石、印章图案中,既有生动形象的角抵、斗剑活动,也有潇洒英武的剑舞表演活动,这些表演呈现出古朴生动、气势昂扬、雄健有力的审美风尚特征;唐代武舞除进一步延续汉代武舞的雄健气势之外,当时的武舞表演活动所具有的艺术感染力量也大为增强。第三,宋代朝廷颁行统一的军事操练的图像和要求,并用精炼与形象化的语言加以表达,以便于士兵诵习与操练,体现出明显的技法规范化的特征。宋代城市里的勾栏、瓦舍之中所上演的"套子武艺",也体现出明显的程式化特征。第四,明清时期,武术套路正式形成,拳种流派也大量涌现;拳的地位上升,气功、导引的修习方法也被武术所吸收等,都使这一时期的拳种套路体现出重视个体生命、完善内外兼修的特征;大量拳谱与武术理论著作在这一时期出现,太极、阴阳、五行、八卦等哲学思想也渗入武术理论话语之中,儒、道、释主流价值观念对武术技法与武术人的价值追求也产生明显影响,致使当时的拳种套路体现出一定的哲理旨趣与雅化追求的特征。可以说,明清时期是许多武术拳种套路技法体系的成熟时期,也是传统武术理论话语的总结与升华时期,在一定程度上使中国武术实现了术与道、雅与俗的统一。第五,近现代以来武术套路开始了体育化转型,并体现出视觉化的审美倾向,但其中存在生存隐忧。面向未来,我们认为:一方面武术套路表演会继续向求新求异方向发展;另一方面武术套路审美应向生活回归,激活人们对套路的身心体验,发挥它的多维价值与意义。

第二章 武术套路的身份考察

武术套路是什么？这一问题其实并不容易回答。从教材给出的定义来看，"武术套路是以技击动作为素材，以攻守进退、动静疾徐、刚柔虚实等矛盾运动的变化规律编成的整套练习形式"（《中国武术教程》编写委员会，2004）[16]。这一定义突显的是其独特形式，至于这种形式究竟用来做什么，似乎也并未给其下一简单判断。当然，研究者往往会根据武术套路的历史发展脉络和自己研究视域的不同，将套路某一方面的身份予以放大并加以详细论证，其中就有将其视为实用技击术、体育、艺术等多种身份的说法。如有的学者仍固守将武术套路视为"武术完整技术体系中的一个环节或重要组成部分，其技击功用不能抹煞，其身份应是一种'技艺'而非'演艺'"（马勇 等，2009）[76]的观点，这种观点旨在突出武术套路是镶嵌在整个武术技能体系中的重要一环，与其他两种运动形式（即功法运动与格斗运动）相互关联与相互作用的传统理念，指出其艺术性、审美性的一面是与其实用"技击"功能密不可分的，并不能将其视为一种无所依傍的纯艺术性质的"演艺"。有的学者则将武术套路称为"一种能够用表演的形式进行攻击和防御的体育运动"（马庆，2012）[78]；或"表现攻防技击的艺术体育"（邱丕相，2007）[239]。这两种说法无疑都是为了尊重与兼顾武术套路在近代以来表现突出的体育与艺术的功能与身份而做出的界定；但其中"攻防技击"的限定词则无疑是为了凸显武术与其他艺术性较强的体育项目（如艺术体操等）的鲜明差异，同时也意味着"攻防技击"内涵的不可或缺。还有的学者则干脆将其称作"中国舞蹈"（程大力，2013），甚至追寻武术套路的"艺术化之路"（王国志，2012）或试图构建武术套路的艺术理论（吴松，2011），这几位学者的观点无疑是为了凸显武术套路鲜明的艺术性与审美性，在他们的笔下，武术套路已被纳入"纯艺术"或"准艺术"的门下。不过在形形色色的观点面前，武术套路究竟是什么的疑问依然未能消除。因为我们发现，在一定程度上，武术套路既可视为技击术，也可视为体育、艺术；但它作为一种综合文化现象又高于其中任何一种定论。在我们看来，无论是在古代社会，还是在当下，人们对套路与技击实战、套路与舞蹈、套路与体育之间的关系难以清晰分辨，它们之间呈现一种"剪不断，理还乱"的相互交融关系。这表明武术套路在发展过程中涵融了多种文化营养成分；所以，与其想方设法地为其某一方面的身份正名，不如承认它的这种历史积淀的综合文化样态，以及各种身份之间的相互牵制与相互成就的关系。本课题要做的就是回归武术套路的技术本身及其形成的文化背景之中，对其与技击实战、舞蹈、体育等之间的关系进行深入的重新考察，在此基础上才能形成更加合理的武术套路身份构建。

第一节　武术套路与技击实战

在武术套路多维度的目标指向中，"附于兵"的技击实用价值是其在中国古代社会安身立命的重要维度，故有学者认为这是武术套路"本色美"的体现。具体来讲，武术套路与技击实战之间的关系可以从以下几个方面来探讨。

一、武术套路动作具有攻防技击含义

综观其整个发展历程，从武术技法本身来看，它的动作内容与创编素材主要取材于各个历史时期军事武艺和民间武艺中所用器械的使用方法，以及角抵、相扑、推手等活动中的攻防技击实践经验等。蔡龙云先生曾说："像'武松脱铐'，是以肘、肩、腿、胯的冲、撞、挤、靠、踢、弹、扫、挂等徒手拳'击'中的法则为中心内容构成的。如果不通晓'击'的特点和法则，就不能进行这种'舞'的艺术创作。"（蔡龙云，2007g）[54] 可见，武术套路的"舞"离

不开"击",具有攻防技击含义的套路动作,体现了人体自身及器械本身的攻防效用。清代小说家吴敬梓在《儒林外史》第四十一回中记载了武书对沈琼枝表演的评论:"……只一双手指却像讲究勾、搬、冲的。"① 在这里作者重点提到武术套路演练中的"击",体现了武术套路的攻防意向性,点出了武术套路区别于舞蹈的关键所在。

二、武术套路动作的攻防内涵对校标动作具有积极作用

套路动作的规范性可从内外两个尺度交互作用来对其质量进行评价与校正。中国武术动作质量的把握不仅可从习练者身体外形上矫正,而且需要习练者结合自身的身体觉知与体会,从内在加以调适。这主要体现在对内气流动的感受、内劲的觉知等;但只有习练到一定程度时,才会激活这些身体的本体感觉。以太极剑为例,剑法的阐述往往与力点的意图密切相关,通过体会几种基本剑法,能够帮助习练者找准着力点之所在;所以对动作攻防技击含义的理解其实有助于校标动作,也有助于寻找内劲的感受。

再次,武术套路与技击实战之间的关系是知己知彼、体用不二的关系,这鲜明地体现在"能舞善击""技进乎道"之类的武术话语中。明朝著名将领戚继光的言论,就在一定程度上反映了他在"击"与"舞"这一千古难题上的矛盾看法。一方面他从军事实战角度出发,认为"花法武艺"不足学;另一方面又认为"能舞善击"是理想的习武境界。他在《练兵实纪》中说,"能舞而不知对(击),能对而不知舞,虽精,只作下中"(戚继光,2001b)[90]。以太极拳为例,孙禄堂在其《孙禄堂武学录·太极拳学》中明确指出:"一气流行,一动一静,分合上下,内外如一,谓之练体,为知己功夫。……二人打手,起落进退,左顾右盼,纵横联络,变化无穷,谓之习用,为知人功夫。古人云:'知己知彼,百战百胜。'此之谓也。"(孙禄堂,2001)[181] 在其著作中,《太极拳学》上编的内容主要是太极拳的功法与套路的练习,属于"练体""知己功夫";下

---

① 勾、搬、冲(这三个字,应是当时练习拳技中的流行术语。所以下文曾用车中女子和红线来悬拟;而差人在她手里被打倒过。沈琼枝是会一些武艺的)。参见:吴敬梓,2020.儒林外史[M].苏州:古吴轩出版社:375.

编是"打手",也即太极推手,属于"习用""知人功夫"。二者之间是知己知彼、由体达用的关系。沈家桢、顾留馨进一步解释道:"太极拳套路的练习,原来就和'推手'相辅而行,拳套练得纯熟细腻,中正圆满,内外合一和虚实刚柔具备之后,就可以充分发挥推手的技巧。在练拳的同时,若再练推手,则既可将走架子得来的劲别认真地运用到对抗练习的推手之中,同时又可以检验练习太极拳套路的正确程度,便于改正、充实其姿势和动作。"(沈家桢 等,1994)[244] 可见,太极拳的套路与推手之间的关系,的确是一种典型的知己知彼、推己及人、体用不二的关系。只有深刻地了解、支配、调动自己,才有可能对别人的身体如同对自己的身体一样了解与运用,才能做到随曲就伸、"因势成体"。周伟良根据能舞善击、体用不二这一套拳论话语和中国传统武术在历史发展过程中的实际情况,进一步提出了"练为战"这种武术套路文化形态的存在。他觉得"由于作为内在机制的两种不同价值追求,导致了中华武术套路发展中'练为战'和'练为看'的两种不同技术走向。练为战,以具有强烈攻防含义的套路为入门之法,以对接散打为中介,最终追求一种'因敌成体'而发人于无形之间的脱化神明之境"(周伟良,2005)[251]。

中国传统武术这种"体用不二""知己知彼"之类说法以及大量历史文献的存在,确能论证套路与格斗之间的紧密联系;且这种"体用不二""能舞善击"之类高级境界,在某些武学大师言行中也实有体现。在中国传统修养论、工夫论、境界论等价值观念的影响之下,某些穷毕生精力潜心修炼的武学大师,在一定程度上实现了这种带有理想色彩的习武境界,从而起到垂范后世的作用,给广大习练者构筑了一种"心向往之"的信念。但必须承认与认清的问题是,达此境界的习武者毕竟是少数,所以这更多的只是一种习武的应然境界。应然层面的能舞善击、体用不二,主要体现的是工具理性与价值理性、成己与成物的统一,揭示的是一种理想的习武境界。由于这种带有理想色彩的习武境界,在少数武学大师身上得到了一定程度的确证,它们并不能被视为子虚乌有的事情,反而在更深的层面上揭示了武术套路的本质。日本学者汤浅泰雄曾说:"关于人类的经验,却毋宁说是以'例外是在阐明本质'为原则的。当我们在考虑艺术、武术这一类事物的本质时,却必定是以少数天才的作品或是高手的技能来研究的。而在大多数凡人的作品及技能当中,任凭你怎么研究,

也是无法阐明艺术、武术的本质的。"(汤浅泰雄，1993)[93-94]

在中国传统"重道轻技"观念的影响下，这种"体用不二""能舞善击"的应然层面的武术话语占据了民间武艺的主导地位，这与中国漫长的封建社会的政治环境和以儒、道为主导的文化环境是相一致的。在中国传统武术习练中，单纯的技艺知识并不一定占据主导地位，只有合于大道的武术才被人认同。"道"成了武术修炼的最高追求，而"道"又具有了道德的、真理的、审美的多个维度，具有一种追求人性全面发展、人格完善的指向，从而对武术的技术与价值观念都产生了较大影响。武术不能仅看成一种实用的技能，不能只看到其工具理性的一面，它实际上具有了武术人安身立命的价值理性的意义。对于那些真诚习武、注重功夫积养且学有所成的武学大师来讲，武术技艺本身也具有了永恒的追求空间。但这种重视高层习武境界的武术理论话语本身即潜伏着危机，那就是余英时先生所说的，"传统的修养论过于重视人性中'高层'的一面，忽视'低层'与'深层'的一面。而且往往把外在社会规范和内在的价值之源混而不分（即弗洛伊德所谓'超自我'与'纯罪感'混而不分……）"(余英时，1987)[83]。所以，在实然层面，也即在现实生活中，舞与武、击与舞很难真正统一，二者更多地呈现一种既有互动，但又可分途发展的面貌。当代武术家蔡龙云先生就认为，"中国武术从创始到现在，始终是循着'击'和'舞'两个方面发展的"(蔡龙云，2007g)[51]，并结合文献材料予以了论证。自近代以来，随着传统政治秩序与价值观念的崩解，工具理性的高扬，则进一步促成了击与舞的分途发展，那种试图调解击与舞之间的矛盾，实现二者统一的更加注重价值理性的发展路径与话语观念日渐式微。

第二节 武术套路与舞蹈

"舞蹈艺术的最突出的标志就是，在所有的艺术门类之中，只有它无须借助于任何外在手段，直接地把艺术家、艺术媒介和艺术作品完全融为一体。"(郭勇健，2006)[9]与舞蹈同源异流的武术套路也是以表演者自身为媒介进行表演的。武舞作为一种文化现象在中国古代长期存在；武术套路的发展离不开舞蹈的影响，直到现在，它身上仍然浸染着乐舞精神。以至有学者径直将其称为"中国舞蹈"（程大力，2013）。刘峻骧认为：武术与中国舞蹈存在着极近的血缘关系，武术讲的"子午阴阳、求圆占中"，集中体现了包括舞蹈在内的中国人体文化负载《周易》哲理、感悟宇宙的本体特性和美学情趣，"以阴阳之体，应子午之时，正是东方人体文化以有限人身体认无限太虚的根本追求。"（刘峻骧，2017）[97] 著名舞蹈理论家吴晓邦指出："搞舞蹈不学中国武术、不研究中国武术是不行的，武术在舞蹈中占极重要的位置。武舞同源共生。舞蹈的一半属于武术，武术与舞蹈是密不可分的。"（吴波，1992）[93] 这些学者的观点都充分证明了武术套路与舞蹈之间的密切关系。

首先，武术套路的动作虽然离不开大量技击实战经验，但这些动作并不能等同于实战搏击中的各种随机应变的灵活动作，套路的动作显然早已超越了这些日常搏击时的零散与随机动作，而是更具普遍性与美感的动作，其中就体现了乐舞精神对套路所产生的深远影响。清代小说家吴敬梓的《儒林外史》第十二回中，权勿用这样称赞张铁臂的舞剑技艺，"张兄方才所说武艺，他舞剑的身段，尤其可观"（吴敬梓，2020）[115]。在这里，作者提到了舞剑过程中"舞"的一面，强调张铁臂舞剑的观赏性主要来源于他的"身段"。这是舞蹈与武术套路表演时技法共通一面的体现，同为中国人体文化的套路与舞蹈所共同遵循的技法要求还有很多，如套路演练时的节奏与韵律、表情达意等都与舞蹈有一定的相同之处。周伟良先生所提到的那种"练为看"的武术套路所表现的"攻防意义"，① 主要就是一种情感的表达。

其次，成熟形态的武术套路毕竟与武舞、舞蹈分途发展，各种拳械套路与舞蹈的区别又是明显的。比如，与主要作为抒情艺术的舞蹈相比，武术套路表现的感情相对单一，它主要是一种融入战争氛围中的发扬蹈厉式的情感流露。当然，武术套路情感的表露也并不是固定的、永恒不变的，习武者完全可以随

---

① 周伟良认为："练为看，则与'击'分途，始终停留在一种架式的表达上，在演练者虚拟、写意的举手投足间，表现出一种境由自造的'攻防意义'来，从而产生出美学理论中所谓的'移情作用'，给观赏者以浩然自快的审美愉悦。"参见：周伟良，2005.简论武术技术特征的历史演化［J］.北京体育大学学报，28（2）：251.

着自己人生体验的深入，为自己的演练注入各种丰富多彩的生命体验与个人感受。正如陈鑫所说："心无妙趣，打拳亦打不出好景致。"（陈鑫，2006）[85]有了妙趣，则心中全是景，而手中则满是情，身体的运动自然可以生化出多姿多彩的审美意象。如陈鑫说："在我打得天花乱坠，在人自然拍案惊奇。里感有情，外感有景，真如天朗气清，惠风和畅，阳春烟景，大块文章。处处则柳弹花骄，着着则山明水秀。游人触目兴怀，诗家心怡神畅，真好景致。拳景至此，可以观矣。"（陈鑫，2006）[85]

再次，武术套路与舞蹈在终极价值指向层面上不同。武术套路练习在古代社会主要是武术人练"体"的手段，通过功法、套路的训练而达到身体的"内壮"之效，最终指向"击"的层面来通达实用之目的。而对于舞蹈来说，所有的动作演练（形式）是为了表现情感内容，是一种"虚幻力"（朗格观点），而不是最终指向实用；因此，舞蹈可被称为"艺术"，而武术套路却是一种"实用技艺"，最多也是一门"准艺术"。然而，在现代社会大环境下，各行各业都走向了分化，中国武术也不例外。武术套路本属于武术的组成部分，但是在现实社会中，它却可独立发展，如竞技武术套路，以至学者们（如程大力）认为武术套路就是中国舞蹈。总的来讲，武术套路始终是中国武术的组成部分，虽然在不同的时代，它的功能侧重点不同，但是最终还是指向了"击"的实用价值层面。

第三节　武术套路与体育

近代以来，中华武术被纳入体育门下，这主要是看到了它的健身、娱情与竞技价值。在中国传统社会，武术又被称为"耍拳""耍手"，这些名称都鲜明地体现了练拳在有些人看来首先是追求乐趣与快乐的，这是一种最基本的身心快感体验。但在中国传统社会，"耍拳""玩拳"之类的说法有时并不仅停留在一般的感性快乐层面，而是在一定程度上上升到了"自适其志"的高度。游乐意识凸现了人的生命意识和自由意识的觉醒，尤其是某些文人练拳，更是将其视为一种陶冶性情、体悟理趣的"雅玩"与"自得"之物。文人们在练拳时并不以较技、争胜负为最高目的，甚至追求对胜负之心的超脱，仿佛只有在超脱中才能领悟拳道之真谛。这种武术游戏化、艺术化、雅化的追求，以及对竞技性武术的轻视，在一定程度上提升了武术的文化品位与地位；但这种"重道轻艺"的观念，也削弱了武术的实用技击价值和竞技精神。当然，并非所有的人都能有这种"耍"与"玩"的心态与资本，这种无目的、超功利的心态，也是建立在长期的刻苦修炼与实践的基础之上的，在这种看似超然的"玩"中，依然体现了合规律的一面，是一种"游于艺"的体现。

在文明程度越来越高、压力越来越大的现代社会，人们对武术健身娱情的功能需要表现更为突出，能够在一项运动中完全释放，疏解心灵压力，体会到身心愉悦，是每一位参与体育运动的现代人所着力追求的。作为体育的武术套路，它的主要目标就是增进健康或竞技比赛。在这样的目标指引下，武术套路进一步分化为竞技武术、传统武术、实用武术、健身武术等。为了便于推广，大众武术则不断简化套路形式。为了便于比赛，竞技武术确立了以"高难新美"为导向的评分规则系统。竞技武术套路与艺术体操等被划归在技能类难美性（全国体育院校教材委员会《运动训练学》教材小组，2000）[36]项目之下，而武术操也与基本体操、广场舞之类的项目较为接近。不过，与艺术体操相比，竞技武术套路虽然与其有大致相似的评分模式，但表象背后却仍潜存着中西两种不同的审美文化标准；无论是动作技术的繁难，还是演练水平中的劲力充足、用力顺达、力点准确之类的评价话语，都鲜明地体现了中国文化的特色。如果一定要漠视这种差异，一味强调向艺术体操之类的评价标准看齐，并进行更加"逼真"的模仿，武术套路势必会愈加丧失自己的特点，离中国传统文化的特色愈来愈远。竞技武术套路开展多年以来，一直面临演练者风格越来越趋同、"武术味"不够醇厚的问题。有论者认为这可能与规定套路的推行有一定关系；但温力先生对这种观点并不完全认同，他认为："对武术有深刻理解的高水平运动员，十个人打同一套规定拳，就像是十套拳；对武术理解不深的运动员，十个人打十套自选拳，就像一套拳，这是运动员演练水平的问题。"（温力，2005）[478]在笔者看来，竞技武术套路演练风格日趋一致的问题，主要是现代竞技武术运动的比赛规则，相较于以前要严格得多，是一种不容有什么个性创造的严格规则。这不同于传统武术大多都是模糊的规则，人们在习武的实践活动中，在遵循师傅所教规矩的基础上，又逐渐根据自身的学养与理解，为武术注入新的营养成分。这就使他们即使在演练同一套拳时，依然能表现出极具个性特征的风格来。在传统武术的评判中，具有个性风格又能得到广为认同的武术演练，无疑就是上乘"作品"。除此以外，具有个性风格的高级武术套路作品，离不开演练者个人的文化修养与人生阅历等整体人格修为的支撑；它已不再是一个单纯技能与技艺的问题，而是要将个人情愫与人生领悟等注入技艺表演之中，让其充满生命色彩。而要达到这样的高级层面显然不是靠一天两天或一年两年的训练就能实现的，也不是靠关起门来的封闭训练就能实现的。没有全人格的整体教育做支撑，没有超越技能层面的灵魂拔升，想要体现出独具特色的个性风格来，显然不太现实。可以看出，虽然武术套路具有健身、娱情、竞技等体育的功能与价值，但其近现代以来的体育化转型之路并不平坦，还一直处于积极探索与主动适应的过程之中；而中西两种体育文化的深层隔膜，也在制约着它走向体育化深度转型之路。

第四节　作为身体技艺的武术套路

套路是中国武术的重要组成部分。宋代时就出现"套子"武艺，但尚未见有其名称；发展到明代时，各种冠以拳名的拳种套路大量出现。今天我们所见到的早期的武术套路是明代程宗猷创编的刀术套路和戚继光创编的拳术套路，它们记载较为完善，既有文字说明，也有图谱演示。程宗猷在《耕余剩技》中写道："以前刀法，着着皆是临敌实用，苟不以成路刀势。演习精熟，则持刀运用，进退跳跃，环转之法不尽。虽云着着实用，犹恐临敌掣肘，故列成路总刀法一图。"（程宗猷，2006a）[97]戚继光在《纪效新书》中也说："故择其拳之善者三十二势，势势相承，遇敌制胜，变化无穷，微妙莫测，窈焉冥焉，人不得而窥者，谓之神。"（戚继光，1988）[307]程宗猷与戚继光两人的言论虽然不是对武术套路的严格定义，但从两人的话语中，我们可看出当时创编武术套路的目的，套路的基本构成元素、编排策略及其功能等。在他们看来，"势"是组成武术套路的基本单元,势与势"相承"便形成了一个完整的武术套路(如"成路刀势"),通过对拳势与套路的习演精熟,来达到灵活运用的技击功效。周伟良认为:"明清时期的拳技,在结构内容上,一般可分为'拳势'和'拳路'两大部分。关于拳路,郑若曾的《江南经略》中有其记载,当是指预设性编排的套路而言;所谓拳势,在明清两代的武术理论中,不仅是指拳技的成型定式,更是指一种生生变易的招术'法势'。"(周伟良,2003)[83]这一见解无疑是正确的。

近现代以来,在武术被纳入体育门下之后,学者们对其进行了辨析与界定。温力认为:"武术套路就是将一些武术动作按一定的顺序编排起来进行演练的运动形式。"(温力,2005)[137]邱丕相认为:"武术套路是由十几个式和几十个带有踢、打、摔、拿特点的动作组成的。再进一步说,有起势、收势,往返几段,可谓之套路。"(邱丕相,2007)[258]康戈武认为:"武术套路是将单个攻防动作或具有攻防含义的动作,按照一定的格式和运动规律编组成的成套练习,是一种相对稳定的程式化锻炼形式和表现形式。"(康戈武,1990)[26-27] 2004 年版的《中国武术教程》给武术套路下的定义是:"武术套路是以技击动作为素材,以攻守进退、动静疾徐、刚柔虚实等矛盾运动的变化规律编成的整套练习形式。"(《中国武术教程》编写委员会,2004)[16]张选惠认为,武术套路"并非几个自发动作的随意组合,而是按照攻守进退、动静疾徐、刚柔虚实等矛盾的变化规律编组而成的具有攻防内涵的成套动作。它不是纯粹的战场格斗的模拟,而是从攻防格斗技术中提炼出来的,在结构上、动作衔接上具有连贯性和稳定性的一种操练形式,是为增强体质、熟练地掌握使用各种器械或格斗技巧服务的一种手段"(张选惠,1983)[42]。张茂于认为,武术套路就是"以各种具有实用性能的踢、打、摔、拿、击、刺、劈、挂等技击动作为素材,按照攻守进退,动静疾徐,刚柔虚实等矛盾相互变化的规律,并有起势与收势而串编成的各种徒手、器械以及假设性攻防对练的练习形式。"(张茂于,1988)[39]总的来看,以上定义既谈到了武术套路几个区别于其他运动形式的种差元素:攻防含义的动作、一定的格式和运动规律(如攻守进退等矛盾运动的变化规律)、程式化、成套等,并最终将其归属于"形式"或"动作",也揭示了套路的功能与价值:健体、修身、御敌与防身等。同时还存在不足:其一,现有武术套路直接把演练者、身体媒介、套路作品完全融为一体,没有突出身体的媒介作用,继而突出人的能动作用。其二，一个完整的武术套路作品是由武术"动作语汇""势式""路""意境"组成的。现有武术套路的定义没有突出武术之"势"的重要性，"势"不同于"式"，"势"也不能还原为局部的"动作"，它一"出场"，就是整体性的，体现了鲜明的中国文化特色；因而不可忽视。其三，武术套路应是实用性与艺术性、意蕴与形式的统一，现有定义没有突显出武术套路的"技艺"本质。

　　从以上武术套路与技击术、舞蹈、体育等文化样态的比较及武术学者对其所做的各种界定来看，武术套路的确涵融了多样的文化形态，尤其令人惊叹的是它似乎实现了这些多元目标指向的和谐统一，使我们不论对其哪一方面的身份进行知识梳理与体系重构似乎都颇有道理。与此同时，我们又发现如果仅以这一方面的单纯知识结构与体系来衡量与解释时，它似乎并未把单维的价值目标或单维的知识与技能发展到极致。武术套路既有技击实用的一面，又有艺术表演的一面。它与舞蹈有共同的特点，又有不同的特征；与体育有很多相同之处，但又有它的独特性。它确乎就是这样一种"复合文化形态"、一种"有意味的形式"。武术套路的"套"具有"一环套一环""势势相承""流转变通"等意思；"路"具有路线、路径、方法、手段、过程、工夫等意思。"武术套路"给人们提供了特定的习武与修养等的路径与方式；但它不是僵死的，它的功能也不是单一的。它暗含了习练者复活"套路"，重新体认与证会前人的"路数"，并结合各个时代特点与个人文化背景因素，以期融会创新的意图。从这种意义上理解，"套路"就只是经典范例。它只起引导作用，暗含变通；它重视每一个习武之人个体的生命体验与超越追求；它是开放的。这样一来，武术套路当然就不是"纯逻辑上'预设的终极存在'，而是实际经验中'应对的过程生成'。其要并不在规定好了主宰控制，而是在于阴阳往来的虚实变换；它并不是别无选择的'上帝意志'或'客观规律'，而是可以随缘应对的灵活操作"（阮纪正，2009）[4]。所以，在我们看来，武术套路并不是某种单一的身份确证，它在长期的历史发展过程中，涵容与积淀了多种文化营养成分，也需要习练者在自己身上不断开显其所具有的多元化的功能与价值意蕴。可以说，武术套路是以中国传统文化为理论基础，具有多维价值功能的势势相承的"身体技艺"。

　　在漫长的中国古代，武术主要的名称就是"武艺"，但这里的"艺"显然不能等同于现代学术体系中的艺术，而是一种实用性很强的才能与技艺。但武术套路在发展过程中又并没有被其技击、健身、修身等实用功能所束缚,在戏曲武术、影视武术、表演武术等活动中,武术套路的艺术性得到极大彰显,以至上升到"准艺术"与"纯艺术"的高度。所以,作为一种"技艺"的武术套路,包含"技"与"艺"的双重属性,"技"与"艺"不是一种非此即彼的关系;我们应该更多地关注二者之间的连续性、互动性、综合性、整体性。美国学者杜威就试图建立一种美的艺术与实用的或技术的艺术之间的连续性,他认为,实用与否,不是区分是否艺术的标志。他指出:"黑人雕塑家所作的偶像对他们的部落群体来说具有最高的实用价值,甚至比他们的长矛和衣服更加有用。但是,它们现在是美的艺术,在 20 世纪起着对已经变得陈腐的艺术进行革新的作用。它们是美的艺术的原因,正是在于这些匿名的艺术家们在生产过程中完美的生活与体验。"(杜威,2011)[27]在这里,我们以"身体技艺"来确立武术套路的身份,就旨在重新确证实用性与艺术性都是武术套路固有的属性,让武术套路的技术美、功能美与形式美、意境美等实现统一;所以,对作为一种身体技艺的武术套路进行美学研究,我们一方面要着重探讨生成各种武术套路美的实践与文化根源。在此基础上,我们又要对武术的形式美、意境美等予以足够重视,对这部分具有独立审美价值的武术套路审美现象进行深入研究,并注重前者与后者之间的联系与互动。

小 结

本章节通过对武术套路与技击实战、武术套路与舞蹈、武术套路与体育、武术学者对武术(武术套路)身份的看法四个方面的分析,可以看出武术套路与技击、舞蹈、体育等之间体现出同中有异的关系。在此基础上,我觉得武术套路并不是某种单一的身份确证,而是以中国传统文化理论为基础,具有多维价值功能的势势相承的"身体技艺"。这样一种身份界定既符合武术套路的本来面目,也能够使我们在对其展开美学研究时,兼顾其所具有的实用性与艺术性两方面的属性,并处理好二者之间的互动关系。

第三章　套路美的本体论思考

在美学学科中,有关美本体的哲学思考主要体现在两个方面:一方面是对美的本原,即美的原始根源究竟是什么的探索与追问;另一方面是对美的本质,即柏拉图所言的具有普遍性的"美本身"进行思考,也就是对所有审美现象背后所潜藏的本质或根本性质的研究。前者主要讨论的是美"表征着人与对象的关系";后者讨论的是美又"涉及对象性的规定"(杨国荣,2011b)[178-179]①。就前者而言,我们可以说武术套路美的根源是"人的本质力量的对象化";就后者而言,我们可以说武术套路美的本质在于它是一种心手相应的"自由的身体技艺"②,是一种按照真善美合一的价值尺度进行塑造的"完美的存在"。

从存在论的角度来看,人的存在可视为是由生存、实践、超越相互联系、相互渗透所组成的不可间断的整体性生命活动链条,而审美作为人的一种存在方式,必然离不开这条"生命活动之链",脱离了深厚的生存与实践基础,谈具有超越性的审美活动与审美存在,便会成为无源之水、无本之木。《管子·牧民》曰:"仓廪实则知礼节,衣食足则知荣辱。"(管仲,2005)[1]审美需求是

---

① 这一说法源于杨国荣《美的本体论意义》一文。杨国荣认为,美既涉及对象性的规定,又表征着人与对象的关系;存在的审美之维,也相应地既折射了存在的形态,又同时表现为对存在的把握方式。在审美的层面,存在的秩序以不同于逻辑结构的形式得到了展示,而美的内在意蕴则指向存在自身的完美;就美与人的关系而言,审美过程以不同方式确证了人自身之"在"的自由本质;作为价值形态,美与真、善相互关联,后者同时从审美之维展示了存在的具体性。参见:杨国荣,2011b.道论[M].北京:北京大学出版社:178-179.
② 在本论文中,笔者认为武术套路美的本质就在于它是一种"自由的身体技艺","自由的"一语主要指的就是演练者在演练武术套路的过程中,在客观行动上驾驭了普遍客观规律,达到了那种身心合一、身械合一、身宇合一的理想演练状态,这是一种审美境界。

人类在满足基本的生存与实践需求后自然生发的带有超越意义的一种价值追求。人的审美需求植根于生存与实践活动之中，但又并不停留于此，而是既内在又超越，体现出一定的自律特征。国内美学研究者对美的本质的研究有主观论、客观论和主客统一论、客观社会论几大流派。李泽厚将美的本质的思考还原为美的根源的追问，据此提出美的本质在于"人的本质力量的对象化"（或"自由的形式"）的观点，且强调他所说的"人的本质力量"主要指人的物质生产实践活动，不同于心理与精神的对象化。这一观点充分注意到了各种创作与审美实践活动是非常艰辛的，美作为一种"自由的形式"来源于长期不自由的实践活动。在强调美的根源是"人的本质力量的对象化"的同时，李泽厚仍然赞同朱光潜所提出的具体审美活动中主客交融、情景合一的审美经验现象；并进一步认为悦耳悦目、悦心悦意、悦志悦神是美感的三个逐层深入的审美层次。朱光潜、叶朗等前辈所谓"美在意象"的关于美的本质的思考，主要是从审美的自律、审美的理想形态或曰价值指向的角度所做出的规定。陈伯海从人的生命活动之链及生命体验论美学的角度来探讨美的本质，他认为"或可将'美'的存在界定为'天人合一的生命本真境界在人的审美活动中的开显'，而开显的直接效应便是生命的感发与提升"（陈伯海，2012a)[98]；且认为这一审美价值是理想状态的、逐渐生成的。根据以上诸家的观点来审视武术套路之美，我们认为，从武术套路的审美创作活动与审美欣赏活动来看，既注重对武术套路审美活动的实践根源的追溯，即美的根源的探讨，又承认武术套路审美的高级境界是"行拳意境"、人生境界的开显，这样一种观点显然较为切合武术套路审美活动的实际情况。进一步来讲，武术套路何以有美？首先，武术套路是一种相对稳定的程式化的练习形式与表现形式，其形式本身就具有独立的审美价值，具体体现在其形式的规范性、技法的精细化、时空统一体、身体文化符号等方面；其次，武术套路的美不是一种本然存在，它是"人的本质力量的对象化"，是"自由的形式"；再次，武术套路的美还与人的价值观念和"心意的作用"等密切相关，是人的创造性的体现。

第一节 "有意味"的程式之美

武术本是一种世界性的文化现象,体现了人类生存与发展的自然需要。但纵观世界武技,很少有武术套路这种形式存在;或者即使有,也不如中华武术套路之完备与丰富。武术套路是中国武术的一种练习形式,它既带有世界武技的某些共性特征,也体现出鲜明的民族文化特性。康戈武认为:"武术套路是将单个攻防动作或具有攻防含义的动作,按照一定的格式和运动规律编组成的成套练习,是一种相对稳定的程式化锻炼形式和表现形式。"(康戈武,1990)[26-27]在这里,"格式""运动规律""程式化"等具有"种差"意义的词汇需要引起我们足够的重视,它们表明武术套路不是随意、散漫的攻防动作,而是遵循一定的标准、格式,体现出一定运动规律的相对稳定的运动形式。巫绍平指出:"所谓程式,是指一定的格式、规程和法式。"(巫绍平,2010)[98]刘长林亦认为:"程式,是艺术在表现现实生活时必须遵循的标准化、规范化的模式。"(刘长林,2008)[333]从武术套路的动作与形式来看,它不是对现实生活中充满血腥与暴力的技击场景的复制与还原;相反,武术套路的动作摒弃了大量散乱与毫无美感的技击动作,它是一种注重锤炼形式与追求"精细技术"的完美形式。这种高度规范化、程式化的套路形式本身就具有较高的审美价值。从美学角度审视其程式规范与形式,它的产生与存在在一定程度上反映了其既是一种"理想化的技击形态",也是一种超越现实技击活动的"缺陷"与不完美,自觉追求技击的完美性与进入理想技击境界的体现。黑格尔(Hegel, G. W. F.)曾说:"艺术的必要性是由于直接现实有缺陷,艺术美的职责就在于它须把生命的现象,特别是把心灵的生气灌注现象,按照它们的自由性,表现于外在的事物,同时使这外在的事物符合它的概念。"(黑格尔,2009)[187]杨国荣认为,黑格尔所言体现了"现实的缺陷,意味着现实的不完美,事物的概念在黑格尔那里则含有事物应有的规定之义,对黑格尔来说,超越有缺陷的现实而达到合乎概念的完美之境,是艺术的题中应有之义。这里无疑已注意到审美活动蕴含着对存在完美性的追求"（杨国荣，2011b）[187]。在我国，早在先秦时期，荀子在《劝学篇》中就提出过"不全不粹之不足以为美"（王先谦，1988）[18]的观点。对于武术套路来讲，它的完美性主要体现在以下几个方面：一是技艺本身的规范化、精细化；二是武术套路成为一种塑造完美人格、有助于武术人实现德艺双馨之理想境界的有效程式。

一、动作的规范之美

首先，武术套路的动作是一种程式化的动作，整套动作也是合乎一定规律的锻炼与表演形式，这种形式经过无数先人从实践之中提炼、重新加工与组合、能够以极简练的形式包含极丰富的意蕴。正因为如此，老一辈武术家才特别重视套路自身的各种程式规范，即规矩。武术套路在很多拳种里俗称拳架子，在他们看来，拳架子不可轻易改变；因为"拳架子是代表这套拳的独特风格风貌的一个外在表现。它的拳式、动作，都是前辈几百年来从哲理、兵法以及实践中用心血提炼出来的"（马虹，2010）[24]；而且，武术套路的程式规范还是武术基本功的体现，是武术技法本体的体现，对规矩的掌握不是一蹴而就，而是在反复演习之中不断缩小误差，唯有如此才有可能开出无穷妙用的境界与韵味悠长的审美境界。

其次，一个经典的拳种、器械套路往往有其基本的技击方法（技击动作的攻防内涵，见表3-1所列）。

表3-1　武术拳种与器械技法

序号	名称	技法
1	长拳	主要有冲、劈、崩、贯、砸等拳法，推、挑、撩、劈、砍等掌法，顶、盘、格等肘法，弹、蹬、踹、点、铲、踢、里合、外摆、拍、扫等腿法
2	太极拳	主要为掤、捋、挤、按、采、挒、肘、靠、分、云、推、搂等手法，栽、搬、拦、撇、打等拳法，蹬、分、拍、摆莲等腿法
3	南拳	含冲、劈、抛、盖、鞭、撞等拳法，劈、标、切、插等掌法，撞、压、担等肘法，截、圈、劈、穿、架、滚、盘等桥法，蹬、踹、钉、挂、铲、踩、虎尾等腿法，以及各种跳跃动作

续表

序号	名称	技法
4	形意拳	以五行拳(劈、崩、钻、炮、横)、十二形(龙、虎、猴、马、鼍、鸡、鹞、燕、蛇、鲐、鹰、熊)为主
5	八卦掌	主要手法有搬、拦、截、扣、推、托、带、领、捉、拿、勾、打、封、闭、闪、展等；腿法以"暗腿"为主，还有点、踹、踢等"明腿"
6	通背拳	手法有摔、拍、穿、劈、攒；步法有行步、散步、连环步；腿法重七寸低腿，以暗发为主
7	螳螂拳	主要手法有勾、搂、采、挂、刁、缠、劈、滑等
8	翻子拳	主要拳法有冲、掤、豁、挑、托、滚、劈、叉、刁、裹、扣、搂、封、锁、盖、压等
9	劈挂拳	其拳有滚、勒、劈、挂、斩、卸、剪、采、掠、摈、伸、收、摸、探、弹、砸、擂、猛十八字诀
10	戳脚	主要腿法有丁、挑、端、剪、拐、点、蹶、碾、蹬、圈、错、转等，步法有玉环步、转趾步、倒插步、旋转步等
11	地趟拳	以跌、扑、滚、翻等摔跤技术为主要内容的拳术
12	剑术	主要有刺、点、崩、劈、撩、截、挑、挂、抹、云、斩、绞等剑法，配合步型、步法等构成套路
13	刀术	主要有劈、扎、斩、撩、缠头、裹脑、云、砍、扫、崩、挑、点、抹等方法
14	棍术	主要有抡、劈、扫、挂、戳、击、崩、点、云、拨、格、绞、挑等
15	枪术	主要有拦、拿、扎、劈、崩、点、穿、缠、拨等
16	双器械	主要技术方法有劈、刺、扎、抹等
17	软器械	主要技术方法有扫、挂、劈、穿、腕花、背花等

资料来源：(1)全国体育学院教材委员会《武术》教材小组，1991.武术：上册[M].北京：人民体育出版社.(2)中国武术教程编写委员会，2004.中国武术教程：上册[M].北京：人民体育出版社.(3)陶仁祥，1988a.武术著名拳种的技法特点与套路：上[J].体育科研(11)：11-14.(4)陶仁祥，1988b.武术著名拳种的技法特点与套路：下[J].体育科研(12)：11-14.(5)杨武，鲁生，晓剑，等，1986.简明武术辞典[M].哈尔滨：黑龙江人民出版社.

这些基本的技击方法成为区别于其他拳种、器械的独特的"动作语汇"。由于所模仿动物的不同(如象形拳)，所运使器械形制的不同(如刀枪剑棍等)，所模拟的观念图式的不同(如太极拳、八卦掌、形意拳)，便形成了拳种技法、劲别、招势的不同，以及拳种风格的不同(见表3-2所列)；而这些现象的不同所折射出来的其实是物性的不同，进而言之，是技法规律的不同。这便是康戈武所说的"技缘形生，法依攻防"这一武术套路最基本的技法规律，即"武术技法离不开运用一定形态的身体部位和兵械部位去发挥攻防作用"，"要求动作符合发挥其一定形态的攻防性能，具有攻防含义，符合攻防变化的规律"。（康戈武，1990)[72]例如，以器械为例，"武术兵械中的戈、矛、枪等，因有锐尖之形，故形成了它们的刺扎技法。刀、剑等，因有利刃，故形成了它们的劈、削、斩、抹技法"。而"徒手拳术技法同样受一定形态的制约。以手型为例：'拳'主于冲击劈扣。冲击只靠拳面完成，劈扣只能用拳轮、拳背、拳心等部完成。'掌'主于插、砍、拍、按。插只以掌指尖完成；砍只以掌沿完成；拍只以掌心、掌背完成；按只用掌心完成。'勾'主于搂捋啄击。搂捋只靠勾身完成；啄击只靠勾尖完成等等"。（康戈武，1990)[72]这些具有攻防技击含义的动作的完成，需要进一步落实到具体的身体形态与动作行为之中，也就是说一个具有攻防技击含义的动作，还离不开身体的支援，通过将技击方法落实到一定的身体动作姿势与运行轨迹之中时，就形成了基本的招势。如春秋大刀基本刀法组成的招势有"一马三刀""横扫千军""回马藏锋""败事拖刀""挑袍观机""传纂压梁"等等。套路所包含的基本"动作语汇"与这些主要招势动作的相配，进一步形成了不同拳种的风格特征，如"剑舞若游龙，随风萦且回"等。在武术套路的演练过程中，只有做好这些具有区别性、辨识度的武术动作，才能体现出武术专业人员与外行的区别。

表3-2 武术拳种运动风格特点

序号	名称	运动风格特点
1	长拳	撑拔舒展、势正招圆、快速有力、灵活多变、穿蹦跳跃、闪展腾挪、起伏转折、腿法较多、节奏鲜明、气势磅礴
2	查拳	"动有法、法有势、势多姿、静如画"，再配以穿蹦跳跃，闪展腾挪，起伏转折等动作，气势磅礴，雄伟豪放，既似猛虎下山，又似秋风扫落叶
3	华拳	"动如奔獭，静如潜鱼"，"进如风雨，退如山岳"，"势似雄鹰，骠悍矫捷"，气势连贯，形健遒劲
4	戳脚	一步一腿，一拳一脚，连环发击，上下合击，左右互换，无虚无实，手足并用，一气呵成

续表

序号	名称	运动风格特点
5	炮拳	捶出如电闪，击打如雷鸣；腰动似游龙，脚落如生根；拳出如骤雨，步行似疾风。动中寓静，防中寓攻
6	太极拳	外似软绵，内实刚健，行如流水，连绵不断
7	形意拳	"迈步如行犁，落脚如生根"；"出手如钢锉，落手如钩竿"，刚而不僵，柔而不软；行势疾如卷风，定势静如山岳，雄威刚健，气势逼人
8	八卦掌	沿圈走转，随走换势，身捷步灵，行步平稳，摆扣清晰，纵横交错，协调圆活
9	通背拳	出手为掌，击手成拳；腰背发力，放长击远；甩膀抖腕，立抢成圆；大开密合，击拍响亮，发力冷弹脆快
10	螳螂拳	象形取意、重在取意、强刚极柔、长短兼备、刚而不僵、柔而不软、上下交替、内外相接、身稳步活、活中求快、快而不乱、靠身短打、组合连发
11	翻子拳	步疾手密，闪摆取势，上下翻转，迅猛遒劲，双拳交替快捷，全套一气呵成。有"双拳密如雨，脆快一挂鞭"之称
12	劈挂拳	迅猛骠悍，飘然潇洒；起落钻伏，舒展大方；双臂劈击密如雨，刚脆迅急疾如鞭。"快套"，起落钻伏，似青燕点水，以"敏"见长；"慢套"，辘辘翻扯，似蛇行蜿蜒，以"密"见长。青龙拳，舒展飘洒，如青龙出水，以"长"见长；挂拳，疾行高跳，惊心动魄，以"高"见长；炮捶，朴实深厚，刚劲饱满，以"健"见长
13	少林拳	短小精悍，拳打一条线；步法随便，拳打卧牛之地。滚出滚入，神形一体；曲而不曲，直而不直。起望高，缩身而起；落望低，展身而落。神拳合一，以防为主，攻防合一，朴实无华，刚健有力，刚柔相济，内外合一
14	翻子拳	双拳出击如雨，节奏脆快硬弹，故有"翻子挂鞭"的说法
15	燕青拳	飘洒大方，轻快圆活，手足敏捷，刚柔并济
16	六合拳	动如游龙，定如卧虎，迅如狡兔，灵如猿猴，轻如云鹤，闪展腾挪，机智灵活，其矫莫测
17	八极拳	简洁朴实、势险节短、猛起猛落、硬开硬打，发力刚烈，并发哼、哈二声，以气催力
18	象形拳	模拟龙腾、虎跃、猴跳、鹰旋、鹤展、蛇游、鸭摇、狗颠、鸡巧，以及螳螂"斧"和醉汉跌翻等，造型优美，象形逼真，妙趣横生
19	地趟拳	把高、轻、飘、美寓于跌、扑、滚、翻等攻防技法之中，险象丛生，给人以惊、奇、美的感受

资料来源：同表3-1。

蔡龙云先生认为："中国的武术运动，对技击的运动规律，要求得非常严格。……如果一个运动员在练剑的时候，做了一个不是剑的运动规律所允许的'缠头裹脑'的动作，那一定会受到内行的批评，批评练剑的人'不懂道理'（即不懂运动规律），批评他是'外行'，或者批评'这套东西'（套路）不合'规矩'。"（蔡龙云，2007f）[59] 与此同时，真正领会了不同拳种套路的独特"动作语汇"与风格特征，也才能把这些拳种套路独特的美感表现出来。蔡龙云先生曾举例说："太极拳中的踢法有分脚、踢脚、蹬脚、摆莲四种不同的内容。如果不理解它们，不熟悉它们不同的运动规律，在运动中便不能正确掌握它们的运动方法。就会做成分脚是那么一抬腿，踢脚也是那么一抬腿，蹬脚还是那么一抬腿，分、踢、蹬三种分不清楚。这就表达不出它们不同的真实意义，也显示不出'动作语汇'的丰富和美丽。"（蔡龙云，2007f）[60]

二、技法的精细化之美

中国古代的各门艺术都十分注重锤炼形式，这些程式化的精炼的方式实则积淀了丰富的实践经验与文化内涵，已成为抒发情感意绪，彰显各门艺术神韵风采的"纯粹形式"。白先勇在《惊变——记上海昆剧团〈长生殿〉的演出》中总结道："昆曲无他，得一美字：唱腔美、身段美、词藻美，集音乐、舞蹈及文学之美于一身，经过四百多年，千锤百炼，炉火纯青，早已达到化境，成为中国表演艺术中最精致最完美的一种形式。"（白先勇，2004）[5] 在我们看来，与中国戏曲，如京剧、昆曲这类"雅乐"相比，武术套路作为一种身体技艺与体育运动，似乎不如前者"高雅"，而显得更加"亲民"一点；但如若从武术套路拳种流派之丰富、技艺本身的精妙与极高的审美价值来看，武术套路技艺层面的"规矩"之多丝毫不亚于前者，它的"精细""精致"与"精美"也丝毫不逊于前者。在形形色色的拳种套路之中，几乎所有拳种套路都讲究"手眼身法步、精神气力功"之类的技法要求，都注重对细节之处的整合，如太极拳演练时要分清力点与力源、注重劲力传导与流转，尤其对所谓的"内中之消息"与"来脉转关处"的重点关注与体认等，都鲜明地体现了对各种"精细技术"的重视。

中国传统武术技法极为精细，其主要体现在三个方面。

一是对身体某一部位的形态会开掘出各种不同的技法要求。手、眼、身、步之类的形态与方法都是在漫长的历史中逐渐总结与提炼出来的。以步法为例，有弓、马、仆、虚、歇等的分类。以胯为例，所谓的抽胯、缩胯、坐胯、落胯等虽然都是拳势中胯部姿势的基本要求，都以松开髋关节、放松附着其上的肌群为基础；但它们之间又有细微的差别。如：将胯根（股骨头）向内抽缩，称为"抽胯""缩胯"；胯向下沉落，称为"落胯"；呈现臀部坐下样形态者，称"坐胯"。（康戈武，1990）[46]正是在"抽""缩""坐""落"这些同中有异的细微动作之处见出中国武术技术的精微与细致，见出中国武术追求完美的艺术精神。

二是技击方法的极为繁细。以腿法为例，中国武术开发出了极为细腻、复杂的腿法，诸如暗藏于步法之内，有出腿不见腿特点的各种八卦暗腿；通背以手盖于腿上作掩护，藏而发腿或腿手并发的"叶底藏花"；对柔韧性要求极高，脚掌向后倒踢，超过头部打人的"倒打紫金冠"；近距离攻击对手上盘的"朝天蹬"。以及包括连环蹬腿、连环飞脚、左右坡腿、连续撩踢、连续点腿在内的各种连环腿法，包括二起脚、戳脚剪子腿、通背飞箭弹等在内的各种腾空性腿法。（程大力，1995）[6]武术套路运动中的"身法"一般主要由胸、背、腰、腹、臀五个主要部位的动作要领与技法要求所组成。蔡龙云说："在一般的武术运动里，是非常讲究挺胸、含胸、直背、拔背、塌腰、沉腰、收腹、鼓腹、敛臀、缩臀等运动方式和方法的。挺胸、直背、塌腰、收腹、敛臀的方式方法，一般多使用在由活动性动作转入到静止性动作的时候。在活动的时候，要求'身法'灵活多变；而在静止时，则要求胸、背、腰、腹、臀的'身法'正确、完整。"（蔡龙云，2007f）[63]从这些例子可看出，武术套路在练习时对身体各部位的要求是十分全面与精细的，这是一种旨在将身体任何部位都加以对象化与批判式规训的做法。

除此以外，中国武术的"花法"技术更是这种"精细节目"的极致体现。几乎任何武术套路中都有"花法动作"。如春秋大刀的花法动作有"缠腰""绕脖""云胸""舞刀"等。"花法"一词是戚继光最早提出来的，他从军旅武艺的立场对花法武艺提出了批评。戚继光在《纪效新书》卷六《比较武艺赏罚篇》中指出:"凡比较武艺,务要俱照示学习实敌本事,真可对搏打者,不许仍学习花枪等法,徒支虚架以图人前美观。"(戚继光,1988)[90]《纪效新书·或问篇》中记他对武艺的选择与判断标准,"或问曰:平时官府面前所用花枪、花刀、花棍、花叉之法,可用于敌否?子所教亦有是欤?光曰:开大阵,对大敌,比场中较艺、擒捕小贼不同。堂堂之阵,千百人列队而前,勇者不得先,怯者不得后。丛枪戳来,丛枪戳去,乱刀砍来,乱杀还他,只是一齐拥进,转手皆难,焉能容得左右动跳!一人回头,大众同疑;一人转移寸步,大众亦要夺心,焉能容得或进或退。……俞公棍所以单人打不得,对不知音人打不得者,正是无虚花法也。长枪,单人用之,如圈串,是学手法;进退,是学步法、身法。除此,复有所谓单舞者,皆是花法,不可学也。……藤牌,单人跳舞免不得,乃是必要从此学来。内有闪滚之类,亦是花法。……钩镰、叉钯如转身跳打之类,皆是花法……只是照俞公棍法以使叉钯、钩镰,庶无花法而堪实用也"(戚继光,1988)[12-13]。从这段文字可看出,戚继光所言的"花法"首先指"单舞",尤其是单舞中的"闪滚之类""转身跳打之类"的武术动作。不过,花法动作也并非完全没有实用价值,它实际上较为适用于那种"场中较艺"或者"擒捕小贼"之类的个人格斗形式;而不适用于以列阵杀敌为主的战场决斗。因为军事武艺讲究协同作战,再强的个人能力在集体作用之下也是极为有限的;所以,戚继光对花法的批评主要体现在"场中较技"与"战阵杀敌"的不同,民间武艺与军中武艺的不同。其次,花法动作在一定程度上是由套路创编的形式规律所决定的。虽然戚继光从军旅武艺的立场对左右周旋的花法武艺提出了批评,但他所创编的"三十二式势势相承"的套路,以及最早以套路形式绘之以图的《耕余剩技》所记载的棍、枪、刀等套路形式,都既有用法,也有花法。明末清初的武术家吴殳就明确指出,套路创编"须有虚势以济之,不可兼贵实用"(吴殳,2006b)[23]。有了"虚势"的相承、相济,便使整个套路富有了"文采",使人练习时容易生发审美情趣。习云太说:"因为有技击,方才不失武术特点;有花法,才便于连接动作,使之练习兴味浓。事实上,戚继光极力反对花拳绣腿,但他收入的动作也有花法。这是套路内结构规律与形式所决定的。"(习云太,1985)[148-149]

再次,从个人习练的角度来讲,左右纵跳、转身跳打之类的"花法"虽不适合列队而前、一齐拥进的阵战，但这些注重腰脊部位的拧转、旋转，以带动与增强整体气势与力量的技法，对于"单舞"来说却颇为重要。人体有九个主要的运动关节，即颈、脊、腰、胯、膝、踝、肩、肘和腕，中国武术练习时颇为重视外部九个主要关节先后贯串地运动起来，认为这样才能起到引动内气、对内脏产生"按摩"的作用。在九大主要关节中，中国武术尤其重视腰脊部位的运动。（沈家桢 等，1994）[38-39] 如太极拳有"命意源头在腰隙""活似车轮"之类的说法。舞蹈专家袁禾说："身体的运动形态受人体结构和人体运动规律的必然制约。……腰关节可以前、后、左、右运动，而膝关节却不能向前屈，肘关节又不能向后屈；因此，相比之下，腰能最大限度地发挥其内在的运动能力和美的力量。"（袁禾，2007）[29] 太极拳名家顾留馨谈演练体会时说："腰与脊这两个器官居于人身的中部，它们天然具有中轴的功能。……因有这个中轴，双手才能运用离心力和向心力的统一性，做到'动之则分，静之则合'。"（沈家桢 等，1994）[39] 可见，武术套路的动律主要以腰为轴心进行运动，它出于腰部回旋往复的一种自然形态。最后，武术中的某些"花式动作"实际上是细节动作，是最能看出功夫深浅的地方，它体现了技艺的完满性、精致性。吴殳《手臂录》指出："枪本为战阵而设，自为高人极深研几，遂使战阵之枪同于嚼蜡。"（吴殳，2006a）[259] 可见，在吴殳看来，正因为有高人深入研究枪术，将其技术精细化，才使其具有了较高的审美价值，这样一来便衬托出只注重实用的军旅枪术的淡乎寡味。有论者指出："经过一千五百多年来少林寺历代僧人的研练，使少林功夫结构紧凑严密，几乎每个动作中都有小手花。小手花所起作用相当大，截、沾、刁、扣、封、搅、扳、收等招法，这些小手花可称为少林功夫的精髓，使少林功夫达到滴水不漏、无懈可击的程度，让对方无空可钻。"（吕宏军 等，2012）[127]

三、时空统一的运动形式

武术套路作为一种身体运动形式所表现出来的美，既不同于音乐主要用旋律和节奏表现出来的时间美，也不同于绘画主要用色彩和线条表现出来的空间美，时空一体、时空结合、化空间为时间、化时间为空间等说法显然更符合它。演练武术套路"就是人的肢体在时间和空间上所表现的形体美，是人体在武术运动中的'点、线、面'的对比、均衡、和谐、比例、对称、节奏、宾主、参差、整体性等多样化统一而形成的套路运动形式"（安天荣，1990）[154]。人体运动的时空特征不外乎"动"与"静"两种状态。武术套路中的"静势"动作主要是指演练过程中动作停顿的瞬间（俗成"亮相"）所构成的身体姿态与动作造型，是身体各部位的动作在空间相对稳定时所体现出来的整体构图。从空间上考察武术套路的运动特征，可以从身体姿势和身体运动轨迹两个方面入手。身体运动轨迹的形式包括直线和曲线两种。"直线运动是指某一点运动方向在运动过程中不发生改变，始终沿一个方向移动。……曲线运动是指身体某一点的运动方向始终是变化的。曲线运动包括转动和抛物线运动。转动是指身体或身体某部分沿某一中心点或转轴旋转……凡身体有腾空动作的运动都属于抛物线运动。"（杨文轩 等，2013）[111]形形色色的武术套路的运动轨迹就在直线与曲线之间变化组合，形成不同的拳种风格，如旋转多变的八卦掌、圆活柔美的太极拳、刚健有力的南拳和快速整齐的形意拳等。有研究者认为："在武术套路演练的动态中，'线'的变化往往也能产生出各种不同美妙的画面，武术动作的一招一式及纵、跃、翻、飞，身法的吞吐、闪展、扭拧、折叠、回环等，在空间构成了各种弯弯曲曲的轨迹，这些轨迹形成了优美的线条变化，如短直线的顿挫有力，垂直线的上腾挺拔，水平线的广阔宁静，斜线的变化危急，长直线的快速流动，曲线的柔和愉悦，波妆线的轻快流畅，辐射线的热情奔放，交错线的透达激荡……"（安天荣，1990）[156]与西方体操运动相比，中国传统武术套路尤重曲线，且这种曲线多是围绕身体某一中心点或转轴的旋转运动轨迹，如腰如蛇形、枪如游龙之类的说法，陈式太极拳所谓的旋踝转膝、旋腰转脊、旋腕转肩的说法，少林拳有"滚出滚入"的说法。这种注重圆行圈走、行圆走转的运动方法，往往形成含蓄蕴藉、连绵不断、动若滔滔的审美效果。而且，中国武术十分注重直线与曲线之间的相互作用与转化，所谓"形曲力直""式正招圆"之类都是其体现，动作与动作之间的衔接与贯通有效地实现了"化空间为时间"的流动效果，体现了中华武术套路注重时间性、过程性的特点。以"式正招圆"为例，它是所有拳种套路都遵循的总原则。"式正"主要指"静定的拳式要'正'"，它要求"做到头正、身正、手正、步正，拳式端庄沉稳，无左歪右斜、前俯后仰之态"。"招圆"指"招法（攻防组合）的变换要'圆'，做到拳式圆转自如，动作

间的衔接顺遂连贯，无涩滞僵直之态"。（康戈武，1990）[720]

四、典型的身体文化符号

上文述及的贵圆、走弧线是中华武术套路运行轨迹的一大显著特征，这与中国传统文化是一脉相承的。有学者指出，太极图和十字架是中西两种人体文化的典型图式。① 郭兆霞等人认为，中西身体文化的差异表现为内聚和外拓，外拓的人体动力形成的运动形态是"开、绷、立、直"，如艺术体操；内聚的人体动力形成的运动形态是"拧、倾、曲、圆"，如武术。（郭兆霞 等，2001）除此以外，与西方文化、西方体育对身体比例、身体形态、身体结构等外显的身体颇为重视不同，以武术套路为代表的中国传统体育则较为重视形神兼备、身心合一的整体化的身体，崇尚"牵一发而动全身"，富有神采和精神韵致的身体。周与沉分析道："就身体而言，古中国强调人的内在和谐，古希腊主要表现为对肌体强健、形体美观和技能完善的持久追求。这是重神、气与重形、肉的区别。"（周与沉，2005）[436] 从中西体育比较来看，古希腊体育对裸体的表现直接，从古希腊雕像（如掷铁饼者）对运动瞬间的塑形与表现中可看到，其对身体结构、比例，运动美感、技巧技能等的重视。以中国武术为代表的中国传统体育，却很少有对人体的直接展示，至多只有某些刚猛性的拳种，有时会裸露人体上肢（如南拳中某些拳路）进行表演。从着装上来看，习武之人往往都着较为素净的、宽大的服饰，如少林武僧都着古朴素净的僧衣，太极拳的习练者则多着单色宽大、轻柔的衣服进行表演，这些服饰与所演练的拳种风格是统一的，总的来讲都进一步增添了中国武术含蓄蕴藉的审美韵味。"比形体更宽大的服装，一展开便显现为一种线的流动（更加之革带、大带等明显的线的因素）。静，是线的分明；动，是线的变化。线的突出是中国服饰的基本审美原则之一。……长袖善舞，宽衣善变，服饰潜在的多样性不靠形体，而靠服饰本身就可以发挥得淋漓尽致。"（彭

---

① 袁禾谓中国舞蹈为"划圆的艺术"，其身法体现为圆、曲、拧、倾、收、放、腆、含；西方芭蕾追求开、绷、直、长，尤以"外开"为基本原理。两者分别指向太极图与十字架，一"圆"一"开"，成为各自文化最切实的身体表征。（袁禾，2007.中国舞蹈意象论［M］.北京：文化艺术出版社：36-51.）

吉象，2007)[7] 从表演的环境来看，传统武术的表演者多选择置身于清幽雅洁的山水自然之中进行表演，这十分有助于演练者融入自然环境之中，营造相应的表演氛围与行拳意境，引发联想与想象，打破有限时空的限制，从有限走向无限。如太极拳轻柔缓慢，如同行云流水，绵绵不绝，在起承转合、屈伸往来、左右盘旋之中所体现的是通于天地万物的气之流行与变化，是阴阳二气相磨相荡的氤氲过程，是通于宇宙万物生命本体的象征。程志理等人认为："体操和武术是两支不同源流、不同结构的脉络。体操折射着希腊文明精神的光泽，武术则交织着阴阳二气组合的生命律动。体操崇尚人体形象的真与美，武术则外取神态、内表心灵，在姿态的意趣里显示人格和风尚。体操追求音、色、形体统一的形式美，武术则创造超象虚灵的诗情画意。体操以个体的形态为典范，武术则以深远的全幅天地为境界。体操在一个有限的立体空间里，以动作的开阔奔放、和谐平衡为美的准则；武术则在天人合一、物我浑融的环境中，以动作的点线飞动、别致有韵为美的标准。体操表现出一种进取的创造精神，武术则充满着含蓄的象征气息。另外从服装和器械等方面都具体地规定了两者的区别。"（程志理 等，1990)[23] 可见，中华武术的拳械套路已俨然成为一种身体文化符号，只要其一出场，便能让人感受到浓郁的中国传统文化的韵味。

以上分别从武术套路技法的规范性与精细化特征，以及武术套路作为一种时空统一体的技艺形式、一种鲜明的中国身体文化符号几个方面具体论证了武术套路技法程式的完美性，于其中可看出武术套路的确是一种按照一定规律与格式进行塑造的"有意味"的形式，这种"程式之美"已在一定程度上使其具有了较为独立的审美价值。

第二节　武术套路"程式之美"的实践与文化根源

一、武术套路"程式之美"的实践根源

正因为武术套路的程式规范已使其在一定程度上具有了独立的审美价值，

故前期研究者在对武术套路进行美学研究时往往将武术套路视为一种外在于己的客观对象来进行认识与探讨，将套路之美还原为形式美、姿势美、结构美、节奏美等之类的客观属性。但武术套路是否呈现美的意义、呈现何种美的意义，其实在其现实性上，并不仅仅取决于套路的各种物理规定或外在形态特征，还与主体人的审美能力、审美理想、审美趣味、审美准则等等密切相关。这就是说，武术套路的美并不是一种本然的存在，它只有对那部分具有审美能力和审美意识的主体来说才呈现美的意义。恰如马克思所说，"对于没有音乐感的耳朵说来，最美的音乐也毫无意义"（马克思，2002）[305]。"没有音乐感的耳朵"所隐喻的，是审美能力缺失者，在这类人眼里，音乐的审美意义便很难生成。换言之，审美的对象，应当是人化的自然。李泽厚认为："自然的人化说是马克思主义实践哲学在美学上（实际也不只是在美学上）的一种具体的表达或落实。就是说，美的本质、根源来源于实践，因此才使得一些客观事物的性能、形式具有审美性质，而最终成为审美对象。"（李泽厚，2008）[277] 他进一步指出，"自然的人化"是"人类制造和使用工具的劳动生产，即实实在在的改造客观世界的物质活动；我认为这才是美的真正根源。"（李泽厚，2008）[284] 杨国荣根据中国传统文化所提出的所谓"化天之天为人之天"① 的说法就相当于马克思所说的"自然人化"（蒋孔阳，2007）[163]，只有那部分与人发生过关系、打上人的印记、体现了"人的本质力量"② 的"人化物"，才会成为有意义的审美对象。

　　武术套路作为一种身体技术，它也是一种"自然的人化"的体现，这表明

---

① 杨国荣认为，所谓"化天之天为人之天"是指化本然之物为为我之物，这一过程意味着在对象世界之上打上人的印记，而它的深沉涵义，则是赋予本然存在以价值的意义。（杨国荣，2011a.成己与成物：意义世界的生成 [M].北京：北京大学出版社：207.）

② "人的本质力量"是一个颇为含混的提法，由于人的未完成性与非确定性给其预留了广阔的发展空间，这表明人的本质力量不是单一的，而是一个多元的、多层次的复合结构。美学家蒋孔阳曾从人的自然性、社会性与精神性的维度来考察人的本质力量。他说："人之所以为人，主要在于他能不断超越自然、动物，超越人自己，从而不断地从自然的动物生活上升到人的社会生活，从人的社会生活上升到理想的自由生活。人之所以能够不断地超越和提高自己，那是因为他有心灵和意识，有了心灵和意识，人就能够以自我为中心，建立一个主体世界。有了主体世界，人就具有强烈的自我意识和精神力量。"（含思维力量、意志力量、感情力量）这些精神力量具有自觉性、目的性和创造性等特点，从而"使人的本质力量突破自然的物质束缚，向着精神的自由王国上升。人除了自然的本质力量之外，更具有了精神的本质力量。只有当人具有了精神的本质力量，他才告别动物，具有丰富复杂的内心生活和精神生活，成为真正的人。"（蒋孔阳，2007.美学新论 [M].合肥：安徽教育出版社：166.）

它不是一种空洞的所指，而是积淀了人类丰富的技击实践（如人与兽斗、人与人斗）经验与搏斗的生活内容，武术套路中涉及的"自然"有人自身、器械、对手、天地万物等。从丰富多彩的拳种套路之中，我们可看出武术套路主要处理了人与自身，人与自然（动植物），人与器械，人与他人、社会，人与宇宙等几种关系，且在任何一个武术套路中这几种关系都有所反映，只不过不同拳种套路的侧重点有所不同，如象形拳主要体现了人与兽之间的关系，太极拳、八卦掌之类的拳种有通过拳术来诠释太极、八卦之类的哲理追求。需要指出的是，任何一种关系（人与兽、人与器械、人与宇宙等）都附着在以"技击"为核心的技能与价值指向上，重点体现出以技击为核心的这一"人的本质力量"；与此同时，兼及健身、娱情、修身养性等多维度的人的本质力量的确证。通过把人与兽、人与人搏斗的经验纳入套路之中进行保存，通过对手足、器械的运使与操练，不仅使人的实践能力得到提升，也使人的精神世界与人性结构得到拓展。

"人与兽斗"这一母题反复出现在武术文化活动中。原始社会，人们生活在与猛兽杂处的险恶环境中，时刻面临着"猛兽食颛民，鸷鸟攫老弱"（刘安，2016）[145]的危险，人与兽对立。兽作为一种强大的自然力量对人类构成威胁；但人类凭借自己拓展了的能力（即制造与使用工具）和群体协作力量等不断征服猛兽飞禽，使它们为人类所用。反映这一时期人兽关系的拟兽舞、图腾武舞等，在早期的岩画以及文献记载中多有出现，它们可视为原始人的文化活动；但这种文化活动尚带有浓厚的神秘色彩，反映了早期人类对自然神灵与祖先神灵的敬畏与崇拜。这种生活遗迹在先秦时期依然有所反映。

秦汉时期，汉代砖画中有大量人与兽斗的游戏性场景，这些画面带给人的审美感受已不同于原始社会与殷商时期人匍匐在自然力量之下的敬畏感、神秘感。这些画面反映了人如何战胜猛兽的过程，彰显着人的本质力量的一种自豪感。从元末明初文学家施耐庵所写的《水浒传》武松打虎的故事中，更可看出人们对这种武艺高超、单枪匹马战胜猛兽的英雄人物的赞美与崇拜，这种崇拜能释放普通大众内心渴望战胜猛兽、战胜自然的豪情壮志。

武术套路中有许多动作都与自然界的动物有关，带有明显的图腾文化影响的痕迹，尤其是直接模仿动物的象形拳更是如此。但在表演象形拳时，尽管强调对所模仿动物的到位与传神,也不能失掉人的主体作用,即人不能"动物化",而要体现出人的"本质力量的对象化"。康戈武指出:"象形拳抓住被模仿对象的特点,将其形态动作人格化,显示出人的意志、个性。例如模仿猴,在于抓住其轻灵善变的动作特点,通过模仿其忽起忽落、忽击忽嬉、变化莫测的动作,展示出人是世间最灵之物。或者说,模仿猴而高于猴,胜于猴,而不能使人猿猴化,局限住发挥人的体能和智能。"(康戈武,1990)[87]

"人的本质力量的对象化"这一美的本质与根源在中国武术中的具体体现,不仅在人与兽之间的关系上,而且在人与人格斗(如战阵武艺,以及角抵、手搏、相扑、摔跤、击剑等两两相当的对抗性活动)之中。这格斗有时是十分惨烈的,"碎首折臂"的场面时有发生。但上至宫廷贵族、下至黎民百姓,却喜爱观看这些激烈的格斗,究其原因,很重要的一点就是人们渴望通过参与或者观看这些对抗激烈的活动释放与证明自己身上所潜藏的野性力量,寄情于某些获胜者来彰显人的本质力量。李力研说:"体育以其竞争的方式,呼喊着人们投入到这一神圣、崇高、无比壮观的运动中去,呼唤着人们表达自己久欲表达但又不易表达的那种'征服'欲望。体育运动就是人类本能与欲望中有关竞争与征服的宣言书。在体育这种游戏中,在体育这种文化中,在体育比赛运动员还原为原始的感性生命时,社会对本能的一切压抑刹那间得到了消解。"(李力研,1998)[13]而观众之所以爱看这些对抗激烈的比赛活动,主要是因为"体育运动中,代表自己赢得比赛的一切优胜者,必然也会赢得大家的崇拜。人们崇拜他取得了胜利,崇拜他代表自己'解决了问题',崇拜他为自己的集体、民族、国家赢得了荣誉,崇拜他代表人类显示了一种征服自然的'本质力量'"。(李力研,1998)[14]中国传统技击理念与技击实战十分推崇"以巧斗力",如庄子所说的"后之以发,先之以至"(陈鼓应,2009)[857],调露子在《角力记》中所说的"宣勇气,量巧智"(翁世勋,1990)[23],戚继光所说的"知当斜闪"(戚继光,2001a)[227],太极拳所谓"四两拨千斤""借力打力"等都是这种反映,这样一种技击旨趣提高了武术技法的精妙性,较为全面地体现了人的本质力量,而在各种"巧斗"过程中所开发出来的那些恰到好处的身姿与技法要领也被各种拳种套路所吸纳。

在中华武术套路的器械表演中,兵器本身也成为一种具有特殊审美价值的器具，尤其是依托其本有的形制特征所开发出来的技法与招势动作连贯成套进行表演时，更是体现出较高的审美价值。观看中华武术的器械套路表演，不免生发出一种疑问：刀枪剑棍这类本带有凶狠、残暴、杀戮色彩的武术器械，居然也能够随着演练者的舞动给我们带来审美愉悦。如何解释这种审美现象呢？在笔者看来，解释这种现象首先也还得归因于人的本质力量的对象化。在中国古代历史上，有一条持械而舞的发展历史，如干戚舞、弓矢舞、剑舞、双戟舞、刀舞、马槊舞、剑器舞、十八般（十八种兵器）武艺[①]等逐渐登上历史舞台，这一持械而舞的历史与中国古代社会生产力的发展以及制造和使用兵械的发展历程是基本一致的，表明器械舞或器械套路的创编也有深刻的社会历史实践根源。根据这些器械所开发出来的技术要领与表演形式，对习练者的身心与心理结构都起到一定的化育与塑造作用。因为任何技术的操作都离不开身体的直接参与，在这一操作过程中，身体各部位的协作会逐渐产生与之相应的"实践感"与"技巧感"；尤其当器械运使的方法有机地融入好的拳种、套路形式之中，并被演练者娴熟地加以表演时，便生成了美感。其次，武术套路表演器械的形制、装饰等，已使它们在一定程度上摆脱了"实用技击"功能的束缚，使其自身就具有了较高的审美价值，如剑有剑穗、剑匣。对武术器械加以装饰的主动追求，其实早在新石器时代的石兵器中就已显露端倪，而西周时期《大武》表演时所用的兵器是"朱干玉戚"，越王勾践剑、吴王夫差矛等出土文物更是凸显了当时统治者所用兵器的制作工艺之精良。可以说，中国武术器械的"装饰""文饰"特点，增强了武术套路演练时的美感。

此外，"人的本质力量的对象化"在武术套路中还体现在武术人与自身的关系上，即"知己"的维度上。中国传统身心观认为：本然层面身心不二，实然层面却往往身心分离，应然层面身心合一。为了实现理想的、应然层面的身心合一，将人的身体所具有的技击潜能充分挖掘出来，中国传统武术把人的身

[①] 宋、元时期，已有"十八般武艺"之说（也有称"十八般兵器"的），实际上古代兵器和技艺远不止这些内容，"十八般"不过是一种归类的泛指而已。明王圻、王思义《三才图会》上的兵器图反映了部分古代兵器的基本形制。宋元时期，将传统武艺分门别类整理为"十八般武艺"，标志着武术技术体系的肇始。（中华全国体育总会文史编写委员会，中国国家体委体育文史工作委员会，1990.中国古代体育图说[M].北京：北京燕山出版社：82.）

体作为一种自然对象展开了全面而精深的"对象化",中国武术所谓"手眼身法步,精神气力功","内三合"与"外三合"的理论,以及大量其他对身体进行规训的精细技法,都让习练者实现了对自己身体的充分认识与"人化"。而经过历代武术人亲身实践所总结出来的繁细的技法规则,也为各种武术套路所吸纳,使人们在接触潭腿、八卦掌、戳脚门之类的拳种,以及听到"南拳北腿"之类的俗语时,就自然而然想到人体某些部位较为突出的技击妙用。

总之,中国武术丰富多彩的拳种套路,无不在漫长的历史过程中形成,无不在历代武术人技击实践的基础上逐渐总结、提炼、加工创作而成;正因为武术套路中积淀了真实的技击实战的生活与经验,它们才成为有意义的审美对象。在原始社会,我们的祖先为了生存,在进行狩猎活动及部落与部落之间的战争时,所采用的拳打、脚踢、躲闪、摔跌,以及运用棍棒与简单器械时所运用的劈、砍、刺、扎等搏斗与防守动作,都成为武术套路得以产生的实践根源。原始武舞以舞习武的功能,战争胜利后自跳舞庆贺活动所获得的精神愉悦等,都可视为武术最初的审美萌芽。正如吴庆华所言:"武术成为生命的自由运动的形式,是以人类改造世界的社会实践(首先是物质生产劳动,然后才逐渐扩大到社会实践的其他领域)为基础、源泉、动力的。……武术是在漫长的人类社会实践的基础上逐渐演变成审美对象的。"(吴庆华 等,1990)[49]

而这种技击实践经验的结果,也确实在武术套路的动作本身中得到一定程度的反映与体现。早在西周时期的《大武》舞中,那"一击一刺之谓伐"的武术动作就是当时战争格斗、角力动作的记。虽然武术套路是一种程式化的运动形式,但构成其基本元素的动作都不脱攻防技击功能,这表明其动作取材于真实的技击实践活动。陈幼韩认为:"程式,不是外加于事物的法式和规程,它是由事物自身的特质所决定的形式规范和技术格律。"(陈幼韩,1996)[71]此话很有见地。武术套路的程式并不仅仅是一种形式规范,它同时也是武术技术规律与创造格式的体现,是在漫长的武术实践活动中逐渐建构起来的从技术到知觉完形的规范化体系。关于武术套路的起源,历来有一种说法认为它是为了保存技击实战经验和帮助技艺实现在代际传承而产生的。如有论者指出:"武术源于古代狩猎和战争,是搏斗技术与经验的总结。"(邱丕相,2005)[1]传统武术是"中国古人千百年实战实践的经验与规律的总结"(程大力,2004)[19]。"技击的经验不仅仅体现在对技击中有用技术方法的提炼,它还融合了生产、生活、军事战争等实践中有利于在技击中制胜的任何经验。"(张江华 等,2012)[47]这些说法强调了武术与各种技击实践经验的密切关系,充分认识到了它的实用价值,它们与武术套路历来最忌讳被人讥为"没有用"的说法也是一致的。从武术套路的技法规则来看,以踢、打、摔、拿、掤、捋、挤、按等为代表的具有技击意向的动作规定,主要是从动作目标或意向上指引演练者的行动,也就是演练者"做什么"①的体现;而对手、眼、身、步、意、气、力等的具体规定,以及欲上先下、欲左先右、快慢相间、刚柔并济、动迅静定等阴阳法则的规定,都是演练者究竟应该"如何操作"的具体体现。这些规则主要是从行为方式与操作路径上对演练者的动作行为加以正面引导或者反面制约,并且对身体各部位的规定又包括"型"与"法"两大类:型如手型、步型、身型,法有手法、步法、身法等。前者主要是动作的形态与结构;后者则强调动作生成的路线轨迹与具体操作方法,如所谓手的运使方法、身的运使方法等。对于个体习练者来讲,只有将武术套路技法规则的"做什么"与"如何做"协调地统一起来,才能实现身心合一的整体表现或集中到某一点的整体发放效果。这样一种带有理想色彩的训练理念与训练方式,显然对技击与表演都是具有积极作用的。

二、武术套路"程式之美"的文化渊源

从武术套路的动作构成和呈现出来的形式特征,可以看出,其背后积淀了丰富的传统文化营养。马克思主义哲学告诉我们,社会存在决定社会意识,社会意识反作用于社会存在。特定的自然环境、特定的物质生产方式、特定的社会结构孕育并产生出独特的观念和意识;而这些独特的观念和意识

---

① 此处所采用的"做什么""如何做"受到杨国荣先生在《论规则》一文中对规则所做的分析的启发。在杨先生看来,作为当然之则,规范以"应当"或"应该"为其内涵之一,后者蕴含着关于"做什么"或"如何做"的要求。在"应当"或"应该"的形式下,这种要求首先具有引导的意义:"做什么"主要从行动的目标或方向上指引人;"如何做"则更多地从行为方式上加以引导。与引导相反而相成的是限定或限制。(杨国荣,2011a.成己与成物:意义世界的生成[M].北京:北京大学出版社:132.)

一旦形成，又反过来给予社会存在以巨大而深刻的影响。对于生活在不同文化传统中的人来说，当一种文化传统形成之后，对整个民族的各种实践活动都起着不容忽视的范导作用；所以，从逻辑上看，何以有武术套路又涉及武术人为什么需要武术套路这种程式规范与运动形式，进而探知武术人为什么需要套路这种形式，它与中国人的存在形态、存在方式有何联系。正如中国哲学视成己与成物为本体论意义上人的存在形态一样（杨国荣，2008）[5]，中国武术视知己与知彼，尚武崇德、技进乎道为本体论意义上武术人的存在形态。在宽泛的意义上，武术套路的程式规范及其技法要求可以理解为规定与评价武术人的运动过程及存在形态的普遍准则。杨国荣说："存在的完美并非仅仅涉及对象世界，它同时也指向人自身。……审美与人之'在'的相关性，并不仅仅限于审美鉴赏赋予人以某种特定的状态；在更深层的意义上，它所关涉的是人自身的完美。"（杨国荣，2011b）[187-188] 从武术套路的程式与技术规范可看出，它不仅对习练者的动作行为给予具体的引导或约束，而且能够促使习练者成为武术文化共同体中的合格成员，成为被传统社会价值观念所认同与接纳的习武人士。这便是杨国荣所说的："规范既与'做什么'及'如何做'（to do）相关，也与'成就什么'或'成为什么'（to be）相联系，后者即涉及……存在形态。"如道德领域的规范"不仅制约人的行为，而且对人自身走向何种形态也具有引导和规定作用"。（杨国荣，2008）[6]武术套路是一项深受中国传统文化影响的身体技术，以儒、道、释为代表的中国传统主流文化对武术技术给予了价值上的引导与规范。

虽然中国武术拳种多样，各门拳术具体的规矩繁多，但在多样与差异之中也体现了共同的技法原理与形式规律。《中国武术实用大全》一书采用归纳法，归纳出如下基本的武术技法原理："技缘形生，法依攻防，意气劲形，内外合一，相反相成，反向相求，顶垂平正，照合对称，梢领根定，中节顺遂；转轴稳固，轴梢互领，松曲吸蓄，调形造势；催坠呼发，寸劲贯梢"（康戈武，1990）[72]。从这些对身体的规训法则来看，它不仅符合武术技法自身的规律，也明显具有中国传统文化的色彩，如有伦理内涵，符合中国传统的身体观，易经哲学，道家"弱者道之用，反者道之动"，阴阳对立且互根互济等观念。以阴阳法则的具体运用为例，正是在上下相随、开合有度、快慢相间、刚柔相济、动迅静定之类法则的指引与运用之下，武术套路实现了生生不息的运动过程，实现了养生、健身、防身、修身多维功能的统一，真、善、美价值的统一。这也是武术套路作为一种理想的程式规范，历来深受人们重视的主要原因，是一种无用之用乃为大用的具体体现，在个体真诚实践的基础上，它所具有的多维功能与价值就有可能得到开显，这也就是所谓的体用不二、本末相通、技进乎道的具体体现。从武术技术本身来看，习武人在长时间遵循这些规范的基础上，不仅能从外形上把武术套路的拳势与动作连续不断地演练下来，而且能够"通过外形引动内气"，把中国武术最为看重的精、气、神，意、气、力，以及内在劲道培蓄与表现出来，实现内外合一、身心一如的"劲整"与"神聚"状态，塑造出理想的武术人的身体形态。这种理想的武术人的身体形态，不仅能够实现巧妙运用武技的能力（以巧斗力），也折射出完美的人格风范。可以说，武术套路的产生、发展与延续，离不开以儒、道、释为代表的传统主流价值观念的影响与形塑，后者是前者得以产生的文化土壤与价值根源。

第三节　武术套路美的本质

武术套路美的本质在于，它是一种"自由的身体技艺"，所谓"自由的身体技艺"，首先应从人类总体的历史实践和传统文化观念的作用角度来加以理解。从哲学美学角度解释武术套路形成的原因：一方面当然是套路的形成离不开几千年以来的以技击为核心的实践活动的抽象与总结；所以武术套路美的根源在于它是一种"自由的形式"①，即它是人类或个体造形与赋形能力的确证与

---

① 李泽厚认为美的本质是"自由的形式"。所谓"自由的形式"，首先指的是掌握或符合客观规律的物质现实性的活动过程和活动力量。美作为自由的形式，它首先是能实现目的的客观物质性的现实活动，然后是这种现实的成果、产品或痕记。（李泽厚，2008.华夏美学·美学四讲：增订本［M］.北京：生活·读书·新知三联书店：282.）在此基础上，笔者认为武术套路美也是一种"自由的形式"，他是靠武术套路演练者（技艺高超的演练者）经过艰苦的训练实践，熟练地掌握套路运动之规律，内化为自己的技能，与身体（身心一体）合二为一，成为演练者身体的一部分，即是自由，也就是王国维所说的"不隔"，至此成为武术套路美的"自由形式"。

体现，是人的本质力量的对象化。另一方面，武术套路的形成离不开中国传统文化对其的浸润与形塑。作为一种技艺，尽管在中国古代主要以小传统而存在；但它却深受以儒道释为代表的大传统的影响。作为动态的身体技艺，它又是一种身体文化符号和情感表现形式。这些都是合乎中华民族传统审美心理的体现，是合目的性的一种体现。其次，从个体角度来讲，武术套路是一种"度的艺术"，即每一个个体习练者唯有达到那种以手运心，心手相应的水平层次，才能产生内外一如、身心（或身械、身体与天地万物等）合一的心理自由感，并进入真实想象的行拳意境之中。

一、在演练中实现合目的性与合规律性的统一

杨国荣认为，"就更普遍的层面而言，审美领域的自由则涉及合目的性与合规律性的关系"（杨国荣，2011b）[200]，这是审美能力的具体体现。武术套路是一种身体技艺，它的美只能在演练者的运动过程中得以呈现；它是人体在时间、空间、力量的变换中创造的艺术；它是一种不同于书画等静态艺术的"过程艺术"。武术套路的美并非一种本然存在，正如柳宗元所说的"美不自美，因人而彰"，它需要演练者将其在自己身上复活，让其重新获得审美意义。而个体要让武术套路在自己身上重新获得审美意义，就需要在行动中实现合规律性与合目的性的统一；这也就是所谓"度的艺术"。这种"度的艺术"进一步体现为演练者表演过程中的内外合一与价值指向上真善美的统一。

美的本质与美的规律是同一类的概念，或同等程度的概念，"规律是本质的现象"（列宁，1990）[127]；因此分析美的规律，就是对美的本质的揭示。笔者欲通过分析武术套路美的规律来探寻套路美的本质。那么，何谓"美的规律"，如何理解"美的规律"？马克思说："动物只是按照它所属的那个种的尺度和需要来构造，而人却懂得按照任何一个种的尺度来进行生产，并且懂得处处都把内在的尺度运用于对象上去；因此，人也按照美的规律来构造。"（马克思，2002）[274]在马克思的这段话里，"尺度"一词出现了三次，且他用"内在的尺度"来说明"美的规律"，这一点是与西方美学史惯于将美与尺度联系起来讨

论美的做法相一致的①。陈望衡认为:"'物种的尺度'讲的是客观的特征,'内在固有的尺度'讲的是主体的特征,两者的结合,才能构成'美的规律'。"(陈望衡,1983)[219] 杨恩寰认为:"'内在尺度',就是人这个主体的尺度……'尺度'应指标准。物种尺度有它的标准,比如适于自身生存和种族繁衍的本能行为模式。各物种便根据自己的需要和尺度去生产。人有自己内在的尺度标准,当然不是物种本能行为模式,而是历史形成的'动作图式'、智力结构。"(杨恩寰,2002)[156] 简单地说,"美的规律"一方面要符合不同事物本身的规律,一方面又要符合人类劳动实践的目的;而且美的规律并不是抽象的,而是在"塑造物体"或"造形"过程中得到体现。李泽厚用"度""和""中""巧"等概念来解释"美的规律",他认为:"美立在人的行动中,物质活动、生活行为中,所以这主体性不是主观性。用古典的说法,这种'立美'便是'规律性与目的性在行动中的同一',产生无往而不适的心理自由感。此自由感即美感的本源。这自由感—美感又不断在创造中建立新的度、新的美。"(李泽厚,2003)[11] 李泽厚还说:"'度'作为物质实践(操作活动及其他)的具体呈现,表征为各种结构和形式的建立。这种'恰到好处'的结构和形式,从人类的知觉完形到思维规则,都既不是客观对象的复制,也不是主观欲望、意志的表达,而是在实践—实用中的秩序构成。"(李泽厚,2003)[11] 崇尚"以巧斗力"的中国武术,在漫长的中国古代都一直在摸索着这种"规律性与目的性在行动中的同一"的"秩序构成",其杰出成果就是丰富多彩的拳种套路。武术套路作为一种理想的程式规范,是人类理性的体现;但这种理性并非先验的、僵死的理性,而是历史建构起来的"实践理性",或曰历史建构起来的"经验合理性"。这些程式规范并不机械,而具有模糊性;且随着人类社会的发展和习武人的实践活动的拓展而

---

① 在西方美学传统中,尺度是事物之间一定的关系和比例,符合这个关系和比例的就美,不符合这个关系和比例的就不美。如柏拉图在《蒂迈殴篇》中说:"一切良好的是美的,而美的就是没有失去尺度的。"笛卡尔在谈到书简的美时也说:"这种美不在某一特殊部分的闪烁,而在所有部分总起来看,彼此之间有一种恰到好处的协调和适中,没有一部分突出压倒其他部分,以至失去其余部分的比例,损害全体结构的完全。"古希腊雕刻家玻里克里特在《论法规》中就具体谈到了"人体美的三个原则:① 头与全身的比例为1∶7;② 重心在一只脚上;③ 动作和肌肉要有变化,甚至手指与手指之间,手指与手掌之间,手掌与前后臂之间。总之,人体的各个部分,都应按照一定的比例来造型。最美的比例是黄金分割段"。(蒋孔阳,2007.美学新论[M].合肥:安徽教育出版社:201-202、417-418.)

不断突破原有积淀并向前发展。对于个体演练者来说,就需要在自己身上重新复活与呈现这种"度的艺术";因为这是一种"造型"与"赋形"的能力,即演练者将武术套路转化为审美对象的审美能力。李泽厚说:"'度'隐藏在技艺中、生活中。它不是理性的逻辑(归纳、演绎)所能推出,因为它首先不是思维而首先是行动。它是本体的非确定性……它与美、审美相连,所以才充分地表现在艺术—诗中:准确又模糊,主客体相同一的感受……如此等等。"(李泽厚,2003)[15]综观武术的各种技术要领与操作原则,它们都具有模糊性,如松肩沉肘、含胸拔背之类就是如此。肩松到什么程度,肘沉到什么程度才是最佳状态,这都需要习练者在长期的亲身实践过程中不断摸索、纠正、调适与建构。一般来讲,武术中这些规则往往具有较强的"中庸"色彩,即往往除了从正面规定外,还从反面对易犯错误加以点出,正是在这一正一反、一对一错的规定中让习练者去动态地权衡与把握。所以太极拳的"拳"有所谓"拳,权也"之说。顾留馨、沈家桢在解释王宗岳《太极拳论》中的"无过不及,随曲就伸"时说道:"必须'无过';无过呼为'黏劲',过则呼为'顶病'";"必须'能及';能及呼为'粘劲',不及呼为'匾病'";"必须'随曲';随曲呼为'连劲',不随而曲呼为'丢病'";"必须'就伸';就伸呼为'随劲',伸得太早,呼为'抗病'"(顾留馨 等,1994)[266-267]。可以看出,太极拳的实践指导原则一般都是从正反两方面加以规定和解释的,它不是一种静态的绝对的规定,而需要习练者在具体实践之中加以权衡和把握,且这种权衡往往贯穿习武人的整个习武生涯,具有永恒的追求空间。太极拳名家陈小旺将其称为"不断缩小误差"的过程。从前面所举的例子来看,动态中的行动规则虽然无法清晰、严格地加以规定,但并非不可说或不可传授,往往将正确与错误的两极端点予以指出,给定一个寻找最佳位置的区间范围,引导实践者在动态的实践中加以把握。套用李泽厚先生的话,习武者在长期的实践过程中所逐渐建构起来的那种无过无不及、心手相应的武术套路作品演练过程,就是一种"立美"、一种"度的艺术"的体现,习练者自身在此过程中也获得了"从心所欲不逾矩"的心理自由感受。周瑾曾将这种"度的艺术"上升到中国思想与中国文化的高度来进一步阐述,其说:"中国思想又是一种'度'的思想,在天与人之间、人与人之间、人与物之间,都禀持一种'度'的原则,保持着对适'宜'的敏感。……这种'时'与'机'、'度'与'宜',在纯思辨中是不可能给出的,只能到具体的关系网络与功能情境中去加以灵活、具体地把握,且必着落为实实在在的实践、行动。"(周瑾,2005)[156]周与沉则认为:"中国文化以和合为品格,以如理、合度为矩则,以中庸、中和为社会人生的理想,此皆出于对天地人大生命本原的把握,及身心实践之和谐均衡的深度感受,乃有对大相通、大合一的追求,表现为情理合一、知行合一、身心合一、德智合一,终归于天人合一。"(周与沉,2005)[440]所以,在我们看来,正是因为武术套路是一种需要习练者在亲身实践之中加以复活的身体技艺,再加上中国传统文化对合理、合度、中和、中庸的高度重视,习练中国武术的群体对那种需要在动态之中加以把握的合宜的"度"保持着充分的敏感性,并已成为他们习武过程中的一种自觉追求。

当武术套路以美的形式呈现在人们面前时,它们其实是武术名家或技艺高超的演练者经过艰苦的习练,克服了套路运动之形对身体的阻碍,掌握了套路运动特性的规律之后所获得的一种身心自由感。简言之,只有演练者的各种感觉器官在演练套路之形时变得自由了,他们才能创造出富有美感的套路运动形式。正如在武术套路习练的初始阶段,套路之形的运动规律(如各种规矩)对习练者往往是限制,这也就是王国维所说的"隔";演练者只有熟练地掌握套路运动的规律,将各种规矩内化为自己的技能,成为演练者身体的一部分,实现了身心合一、心手一致时,才有自由的美感感受,这就是王国维所说的"不隔"。一个技艺精湛的武术演练者,习练武术套路时往往气韵生动、连绵不断、形神兼备,但要达到这样的境界大多凝聚了演练者无数的心血。王安石在论诗歌创作时曾说:"看似寻常最奇崛,成如容易却艰辛。"这句话同样道出了武术名家们共同的心声。蒋孔阳谈及齐白石画虾时认为,白石老人一笔下去,就有一个虾子在纸上活起来,这绝不是偶然的,这恰恰是齐白石对于物质形式的束缚有了最大的克服,因而他能够自由地创造出美的形式。所以,蒋孔阳总结道:"美的理想就是自由的理想,美的规律就是自由的规律,美的内容和形式就是自由的内容和形式。美是人的本质力量的对象化,人的本质力量也离不开自由。"(蒋孔阳,2007)[192]基于以上论述,我们认为武术套路美的本质就在于它是一种"自由的身体技艺";是演练者在其动态的身体运动过程中,所体现的一种心手相应、合目的性与合规律性统一的状态;是演练者在最佳的演练过程中,所获得的一种"从心所欲不逾矩"的心理自由感。正因为武术套路美的本质,在于它是一种自由的身体技艺或曰自由的身体运动形式,它便能随着习练者技艺水平的提升,而不断突破原有积淀,始终处于更新与创造之中;且能随着社会时空结构的总体变化,时时呈现出恒新恒异的武术套路形式与时代风格特征。

二、真善美统一的价值尺度

实践的更深刻内涵,其实在于价值创造。从普遍的层面看,武术套路的美本身属于价值的形态,这就是说武术套路的美本质上是后天生成的,而非先天预成,倘若离开主体人的价值创造过程,套路的美并不会自动显现出来。首先,就个体来讲,化本然之物为审美对象(即让对象获得审美意义),到审美意境的形成,都渗透着个人体验与想象力的作用。王夫之在《薑斋诗画》中谈到诗文创作时曾这样说:"无论诗歌与长行文字,俱以意为主。意犹帅也。无帅之兵,谓之乌合。李、杜所以称大家者,无意之诗十不得一二也。烟云泉石,花鸟苔林,金铺锦帐,寓意则灵。"(王夫之,1996)[819] 这里所说的"意",指的是创作者的价值观念与思想情感。它是主体创造精神的体现,对艺术创作起着至关重要的作用。早在先秦时期的武舞之中,就有明显的"立意"倾向,象征武王伐纣取得成功的《大武》舞,就是其中的代表作。所谓"圣人假干戚羽旄以表其容,发扬蹈厉以见其意"(杜佑,1988)[3705] 之类的说法,更是明确道出了武舞创作的思想观念与象征意图。明清时期,以太极拳为代表的内家拳的兴起,进一步强调了习武过程中"心意"的积极作用,如太极拳有"用意不用力""意气君来骨肉臣"之类的提法。陈鑫的"心无妙趣,打拳亦打不出好景致"、王芗斋的"拳无拳,意无意,无意之中是真意"、蔡龙云的"行拳意境"等武术名家的阐释,都清楚地表明了"心意"、情感等对达到高级的习武境界的重要性。一般来讲,武术套路演练时是"意"在舞先,"意"先于"形"、"意"先于"象",演练者要用意识来引导动作。武术套路欣赏时则往往是"象"先于"意",观众是从对武术套路动作形象的审美感知而逐渐引发联想与想象,从而进入到对武术套路意象的认知、体验与想象的。不同拳种套路的技术规格与风格特征的不同，所表现出来的"意"的强弱、隐显等也有差异。有的拳种演练时伴随着呼喝作声，以助发力与壮大声势（如南拳）；有的拳种演练时则意思安闲，敛势藏形（如太极拳）。不过，任何拳种套路演练时，演练者的心意与情感都需要与具体拳种的整体风貌以及具体的动作身形保持一致。且演练者"心意的作用"不能刻意、不可太过，而必须与动作完美交融在一起，否则会给人一种矫揉造作之感。现代竞技武术主张重新创编富有新意的套路形式与作品，要求在创编时打破原有拳种套路的束缚，故编排者对新编套路的整体"立意"都十分讲究，并进一步落实到具体套路的结构安排、节奏把握、音乐配置上，这些都是编排者创作匠心的具体体现，是创造有丰富意义作品的体现。

其次，武术套路在一定程度上也成为一种"载道"的工具，一种"成人"教育的手段，成为习练者自身与社会和宇宙沟通、实现伦理道德价值和体悟宇宙生命本体的独特方式。中国武术是以具有攻防技击含义的动作组成的身体运动为表现形式的技艺，在漫长的中国古代，武术是作为一种实用性很强的技艺存在的；但它并没有单纯地走向把它的杀伤功能或者其他方面的竞技水平发挥到极致的面相，它从未建立起如西方奥林匹克运动那样完善的竞技比赛规则，反而更强调"以不打实现打"的内修威慑方式。阮纪正曾这样评价太极拳："作为一种武术，太极拳原本是挟技持力、好勇逞强、诡道以进、性命相搏的实用性技击技巧；但基于大道运行结果，却又成了止戈为武、至武为文、以技合道、德艺双修的超越性审美感受。这在实质上同时也就是一种文化的进化。"（阮纪正，2009）[24]这一评价几乎适用于中国武术所有的拳种套路形式，以武术套路为习武门径，尚武崇德与技进乎道、以武悟禅等成为中国武术修炼时带有终极价值指向的最高追求。"尚武崇德"更多地体现了儒家文化对武术人的影响；"技进乎道"与"以武悟禅"则体现了道家文化、禅宗文化对中国武术的影响。而这些带有终极价值色彩的技艺与伦理价值追求，都体现了中国传统的主流文化对处于下位文化的范导作用，或曰雅文化对俗文化的塑造作用。从审美上来讲，当武术人自觉地追求这些带有终极色彩的价值意境，并将其落实到亲身实践的行为之中时，武术人对套路的演练与运用，在某种程度上也就实现了真善美的统一；而真善美的价值标准，也成为衡量武术套路演练与运用水平的内在尺度。

（一）技进乎道，自然之美

中国传统武术的理论话语，常常是儒、释、道的杂糅。如果说儒家主要为武术与武术人提供了伦理道德的评判标准，那么，老庄、佛禅话语则更多的在技艺本身与人生境界的开显上，提供了相应的价值意义。在古人谈玄论道时，庄禅往往直接提供了一种思想资源；武术的被玄妙化，也往往与此相关：它们构成了武术拳论的庄禅话语。如太极拳与道家的紧密联系，使其具有浓厚的超凡脱俗、修身养性的隐逸色彩。[①]《孙禄堂武学录》所体现出来的与道家内丹的关系[②]，王芗斋武学思想中所体现出来的鲜明的老庄与禅宗色彩[③]；它们都在一定程度上体现了武术人对技进乎道的武技境界或潇洒空灵的人生境界的自觉追求，体现了这些拳术深受老庄、佛禅等古典哲学思想的影响。

中国武术所崇尚的理想技击境界，是"以巧斗力""技进乎道"的自由境界。早在西周时期，武舞就已经开始从古代神秘的巫术礼仪活动中逐渐分化出

---

① 陈王庭的《长短句》曰："叹当年披坚执锐，扫荡群氛，几次颠险。蒙恩赐，罔徒然，到而今年老残喘，只落得黄庭一卷随身伴。闷来时造拳，忙来时耕田，趁余闲，教下些弟子儿孙，成龙成虎任方便。欠官粮早完，要私债即还，骄谄勿用，忍让为先。人人道我憨，人人道我颠，常洗耳，不弹冠，笑杀那万户诸侯，竞竞业业不如俺，心中常舒泰。名利总不贪，参透机关，识彼邯郸。陶情于鱼水，盘桓乎山川，兴也无干，废也无干。若得个世境安康，恬淡如常，不忮不求，哪管他世态炎凉？成也无关，败也无关，不是神仙，谁是神仙。"（陈鑫，2006.陈氏太极拳图说［M］.太原：山西科学技术出版社：289.）
② 郭云深先生云："形意拳术有三层道理，有三步功夫，有三种练法。三层道理：（一）练精化气；（二）练气化神；（三）练神还虚（练之以变化人之气质，复其本然之真也）。三步功夫：（一）易骨。练之以筑其基，以壮其体，骨体坚如铁石，而形式气质，威严状似泰山。（二）易筋。练之以腾其膜，以长其筋（俗云筋长力大），其劲纵横联络，生长而无穷也。（三）洗髓。练之以清虚其内，以轻松其体，内中清虚之象。神气运用圆活无滞，身体动转其轻如羽（拳经云：三回九转是一式。即此意也）。"（孙禄堂，2001.孙禄堂武学录［M］.孙剑云，编.北京：人民体育出版社：281.）
③ 王芗斋总结言："禅家者流，乘有大小，宗有南北，道有正邪。学者须从最上乘，具正法眼，悟第一义；若小乘禅，非正法也。论拳如论禅，内家拳则第一义；外家拳，则小乘禅，已落第二义矣。大抵禅道，惟在妙悟，拳道亦在妙悟。然悟有深浅，有分限；有透彻之悟，有但得一知半解之悟。意拳，应不立招术，乃透彻之悟也。其它拳术，虽有所悟，但皆立招设术，俱非第一义也。若以为不然，则是见拳之不广，参拳之不熟耳。试取外家拳谱而熟参之，次取太极、八卦而熟参之，其真是非，自有不能隐者！"（王芗斋，2010.拳学宗师王芗斋文集［M］.北京：中国广播电视出版社：1.）

来,并开始融入了更多的人文色彩与理性精神。而春秋战国时期诸侯争霸的社会政治环境,也进一步促使当时的武技向技击实用方向发展;但在注重技击实效的同时,先秦时期的诸子思想,也对其产生了较为深刻的影响,使其具有了较高的技击价值追求。如"越女论剑"就是一种对早期武术中的神秘色彩予以祛魅,但又仍带有对深不可测的"手战之道"进行追求的武术理论思想。越女答越王击剑之道时论说:"其道甚微而易,其意甚幽而深。道有门户,亦有阴阳。开门闭户,阴衰阳兴。凡手战之道:内实精神,外示安逸;见之似好妇,夺之似惧虎;布形候气,与神俱往;杳之若日,偏如腾兔;追形逐影,光若佛仿;呼吸往来,不及法禁;纵横逆顺,直复不闻。斯道者,一人当百,百人当万。"(赵晔,2006)[242]从越女论剑这段话里,我们可以看出她已经把击剑之"技"上升到了击剑之"道"。那么,什么是"道"呢?老子说:"道可道,非常道"。这就是说,"道"是超越了一般常规现象,而上升到了形而上的哲学本体层面的理想价值形态;但"道"与西方的逻各斯并不相同,它并不脱离感性存在,而是仍寄寓于具体的感性现象中。庄子甚至说"道在屎尿"① 之中。可以说,道是感性与理性、有限与无限的统一;因此,手战之道中的"道""阴阳"等概念,在拳术中既有相对具体的展开,又上升到了形而上的哲学层面。"手战之道"看似微小容易(即"简易"),有一定的规矩、规律可循(即"不易");但"其意"却又幽深、精微;因为它并非刻板僵化,而是时刻处于变化之中(即"变易"),要想真正把握其中的精髓并运用自如,并非易事。如手战过程中的攻守、开合、内外、虚实、动静、形神等抽象关系,一直贯穿于击剑者的每个具体动作中;但这种对立面之间的关系,并不是有意为之,一切都是自然而然的,就在这种动静开合、纵横往来、呼吸自然之中,达到了带有理想色彩的"以一敌百"的手战效果。这种动态变化中又不失和谐统一的游刃有余、难以言传的技击高妙境界,值得习练者终生追求、揣摩与妙悟。

老庄思想对武术套路的影响,进一步体现在各种拳种套路对"道法自然"

---

① 《庄子·知北游》:"东郭子问于庄子曰:'所谓道,恶乎在?'庄子曰:'无所不在。'东郭子曰:'期而后可?'庄子曰:'在蝼蚁。'曰:'何其下邪?'曰:'在稊稗。'曰:'何其愈下邪?'曰:'在瓦甓。'曰:'何其愈甚邪?'曰:'在屎溺。'"(陈鼓应,2009.庄子今注今译[M].2版.北京:中华书局:613-614.)

(陈鼓应，2003)¹⁶⁹与"原天地之美而达万物之理"(陈鼓应，2009)⁶⁰¹的思想的领会与追求上。"道"在这里的内涵，主要是合规律性的体现；这种"规律性侧重于'让对象自由独立的存在'，它既以确认对象的自在性为内容，也要求尊重对象自身的运行法则"(杨国荣，2011b)²⁰⁰。老子曰："人法地，地法天，天法道，道法自然。"(陈鼓应，2003)¹⁶⁹这里的"法"作动词用，具有效法、学习、模仿的含义。以老子的观点来看，人只有采取"无为"的态度去对待万事万物，处处遵循自然的规律与要求，不违背对象自身的存在法则、不将人的意志强加于自然之上，他才有可能实现各种目的。这也就是老子所说的"以辅万物之自然而不敢为"(陈鼓应，2003)³⁰¹。道家学派的另一位代表人物庄子在赞叹"天地有大美"的基础上，进一步强调"法天贵真"(陈鼓应，2009)⁸⁷⁵与"原天地之美而达万物之理"(陈鼓应，2009)⁶⁰¹的重要性。杨国荣解释道："所谓'原天地之美'就是指以美的发现为指向，'法天'、'达万物之理'则包含着合乎对象的法则之意；'原天地之美'与'达万物之理'的统一，意味着美的发现与合规律的沟通。"(杨国荣，2011b)²⁰⁰以老庄为代表的道家思想所体现出来的这种模仿与效法自然的精神，深深地渗透到武术之中。如习武之人必须因循自然，因循自己身体、器械、他人身体固有的机理与性能，即是这种体现。中国武术有"理成于医，附于兵"之说，武术的程式规范，就是在发现与遵循人体自身机能与运行规律，在对人身作为"器具"的性能和各种器械特性的认识与开发基础上，逐渐形成与完善的。蔡龙云先生说："武术中的任何一种艺术，都是从对各种器械与拳艺的技击规律与特点来模拟、提炼、集中、概括而成的。"(蔡龙云，2007a)¹⁷正是在因循事物固有的属性与规律的基础上，习武者才会体验到游刃有余、技进乎道的审美自由感。

　　武术套路崇尚自然。自然之美是其演练时所力求达到的一种高水平的审美状态。自然之美其实就是演练者在行动中达到合目的性与合规律性的统一时，所呈现出来的那种审美效果，是武术人在经历循规蹈矩的路数之后，渴望达到的从心所欲不逾矩的自由境界的体现。在中国传统文化中，自然之美主要深受道家思想的影响。陈望衡认为："道家说的'自然'，我们将它解释成'自然而然'，即天然，它与人工相对。天然最集中体现在自然界是无可怀疑的，故道家的自然也可以说有二义：一是天然，自然而然；二是自然界。"(陈望衡，2007)⁴¹⁹

可见，所谓的自然之美就是指天然之美，它鲜明地体现在自然万物之中，故庄子云："天地有大美而不言"（陈鼓应，2009）[601]。不过，自然之美并非不要人工与人的能动作用，它其实更多地与朴实无华、"清水出芙蓉"式的本色美及"渐老渐熟，乃造平淡"的"平淡"之美相通。在这里，"自然""本色""平淡"其实都是人工美的极致，即所谓的"化天之天为人之天"所达到的"巧夺天工""百炼钢而化为绕指柔"的理想境界。恰如大文豪苏东坡所说的平淡"其实不是平淡，绚烂之极也。"（苏轼，2018）[545]可见，这里的自然与平淡并不与绚烂、人工相矛盾，相反，恰恰是由绚烂、人工转化而来的。这表明只有由绚烂之极转化而来的平淡之美，由长期的功夫积养所达致的自然与朴拙之美，才淡而有味、味而无穷；所以，武术套路的"自然之美"、平淡之美也并非随意、自发就能达到，而是后天法先天，去僵化柔、演练精熟之后才有可能达致的。童旭东认为，近代著名武术技击家孙存周先生以"'自然'为特征的修拳思想主要体现在三个方面：一是强调择拳时要顺其自然，二是要求练拳时要合乎自然，三是讲究用拳时要自然而然。"（童旭东，2003）[36]其中，"选拳时要顺其自然是指初学者所选之拳要合乎自身天性，切不可人云亦云地盲目选择"；"练拳时要合乎自然是指练拳时要合乎拳学的基本规矩，即拳术修习的自然法则"。（童旭东，2003）[36]从童先生的概括可看出，所谓选拳时要合乎人自身之天性和练拳时要遵循拳理和技法要求，它们都是前文所言的遵循客观规律的体现，遵循对象自身运行法则的体现。而"用拳时要自然而然"，则体现了通过"化天之天为人之天"的漫长修习过程之后，所达到的那种自然之美的高妙境界，这是一种合目的性与合规律性的统一。正如李泽厚、刘纲纪所指出的那样，"人的目的的实现就包含在规律自身的作用之中，或者说规律自身发生作用的结果即是人的目的的实现。目的不是外在于规律，与规律不能相容的东西，而是内在于规律，同规律不可分的东西。目的与规律的这种不可分的相互渗透和统一，正是一切审美和艺术活动所具有的一个极其重要的特征"（李泽厚 等，1999）[207]。

在中国古代各种技艺的创作实践中，"有法"与"无法"之间从来就不是一种对立关系。对初学者来讲，"法"肯定是不可少的；但要想达到高级水平，"法"又必须超越的。对"成法"的超越，就是"无法"。清代画家石涛说：

"'至人无法',非无法也。无法而法,乃为至法。"(石涛,2007)[30]可见,"无法"其实体现出创造精神;所以,"中国古典美学总是对具有创造精神的'无法'的作品给予最高的评价"(陈望衡,2007)[31]。我们知道,中国传统技艺最大的特点就是"程式化",戏曲表演艺术有严格的程式,诗歌有格律诗,武术套路就是武术技艺程式化的体现。但程式化并不等同于机械化,程式与规范其实只是通向高水平技艺的路径而已,各种技艺对程式化动作的要求都是"死学活用",如戏曲程式化动作就是数百年来历代戏曲艺术家们的创造积累。戏谚有"守成法,不拘泥成法;离成法,不背乎成法"(于学剑,1989)[277]、"一套程式,万千性格"(于学剑,1989)[14]等说法。中国的格律诗主张戴着镣铐跳舞。对中国传统武术的习练者来讲,他们俨然已从内心相信与认同了通过套路的习练,能够实现技击、健身、人格修养等多方面的价值。武术套路可视为是一种立乎其大的习武路径与理想文化形态,其要求习武者严格遵循套路的各种动作与技法规则,"往死里学";但谈到用时,则有一个消解套路、忘掉套路、清空自己大脑的主动训练阶段和保持临敌上场时的虚无心理状态,所谓"过河拆桥"即指此。虽以程式入门,但却不能被程式与理法所拘,能够达到"随心所欲不逾矩"的自由境界,方为真正学会武术,也才能享受到技进乎道的高级审美感受。中国武术人对手眼身法步等各个部位,既细致又相互关联的严格规训,以及日复一日、年复一年的艰苦训练与悉心体悟,都旨在不断突破既有的身体潜能,真正实现周身一家、浑身无处不是拳,不受成法拘束的高度自由境界。这种境界与其说是一种技击境界,毋宁说是一种高妙的艺术境界、审美人生境界。童旭东对孙存周先生所谓"用拳时要自然而然"这一说法这样进行解释:"技击时能随机应变、感而遂通,使技击成为自身本能之自然运作的一种行为,以机体最小的消耗来获取胜利。"(童旭东,2003)[37]这实际上就是一种从有法走向无法,不被成法所拘所获得的技进乎道的审美自由感。

(二) 尚武崇德,审美化育

在中国古代的价值标准中,关注人格修养与政治教化作用的人道,也是一个重要的评价维度。中国传统文化偏向于把人道和美联系起来进行探讨,其中,人格之美就是一种重要的人道之美的体现。就人格美来讲,我国先秦时期的思想家荀子,提出了"不全不粹之不足以为美"的观点。《荀子·劝学》中指出:"君子知夫不全不粹之不足以为美也,故诵数以贯之,思索以通之,为其人以处之,除其害者以持养之。……夫是之谓成人。"(方勇 等,2015)[11-12]杨国荣解释道:"荀子首先将美放在'成人'的论域中来理解,'成人'的静态的层面指人的理想的存在形态,在动态的意义上则指这种存在形态的形成过程。按荀子的看法,作为'成人'的规定,美以'全而粹'为题中之义,而所谓'全而粹'具体即表现为存在的完美形态;这里的内在意蕴是:美的真正意义在于人自身在存在形态上达到完美之境。"(杨国荣,2011b)[188]以儒家为代表的思想所体现出来的这种对人格美的积极追求,也深刻地影响了中国武术的技术形态和习武之人的观念与行为。

儒家思想及其在经典拳论中形成的儒学话语,既是武术的生成方式,也为习武之人及其武术活动提供了一套价值评判尺度。武术作为一种技艺,评判它的标准本来应该单纯而简单,从技艺本身加以评判就可以了;但中国武术显然不是如此,其中很重要的一个评判标准就是政教功能与伦理道德价值。中国人常讲"未曾习武先习德"。《左传·宣公十二年》:"夫武,禁暴、戢兵、保大、定功、安民、和众、丰财者也。"(左丘明,1988)[134]司马迁在《史记·太史公自序》中说:"非信廉仁勇不能传兵论剑,与道同符,内可以治身,外可以应变,君子比德焉。"(司马迁,1982)[3313]许慎《说文解字》将"武"字解释为"止戈为武"(许慎,2020)[417]。这种对武德的尊崇到后期更是深入人心,明清时期各武术门派的"门规"、戒律已经相当明确细致,这些都可以看作中国武术对武德的重视;只不过,中国武术所看重的"武德"一词的含义,经历了由社会性的道德过渡到个体修养层面的发展演变过程。从《左传》中楚庄王所言的"武有七德",到司马迁笔下的"传兵论剑""君子比德焉",就基本体现了这一发展历程。《左传》"武有七德"中的"武",实际上指的是《大武》这一在当时十分重要的祭祀雅乐。雅乐以其庄重的感性形式与象征精神,鲜明地诠释了"乐从和"的乐舞精神,起着歌咏武王伐纣的不朽功业,祭祀祖先神灵,颂扬国家繁荣昌盛等的政教作用。中国古代各个朝代都较为重视这种带有政教意义的雅乐制度,如汉高祖时的《巴渝舞》、唐代的《破阵乐》等都是其典型代表。武术套路尽管与这种武舞文化有一定区别,但它却在一定程度上保留了"乐从和"的形式与精神内核。成熟形态的各种拳种套路,当以集体的形式进行演练时,仍可被视为一种政通人和、陶钧人心的雅正"乐舞"。在那种动静结合、快慢相间、刚柔并济、开合有度、屈伸往来的阴阳相杂及互济的生命节律与动态流转之中,发挥着调理身心平衡、和合社会人际关系、与天地宇宙万物交相沟通的作用。如当代社会各种运动会开幕式上的集体武术套路表演,大型文艺晚会上的集体武术节目(如春晚上的武术节目)等,仍是这种流风余韵的体现。

艺术作品的形式层与心理情感的同构。通过相应的形式层,我们可以挖掘特定时空背景中潜藏的内在心理结构,即情感本体。李泽厚认为:"我们所说的华夏美学的特征和矛盾,主要不在模拟是否真实,反映是否正确,即不是美与真的问题,而在情感的形式(艺术)与伦理教化的要求(政治)的矛盾或统一,即美与善的问题,是以这种'礼乐传统'为其历史背景的,它实际正是'羊人为美'与'羊大则美'问题的延续,这样才能估计这个矛盾的久远性和深刻性,即它涉及这个民族的文化心理结构及特征问题。"(李泽厚,2008)[42]可见,在我国,那种注重锤炼各种艺术形式以塑造人们情感,实现各种道德教化功能的美学传统,早在原始社会的巫术礼仪中就已萌芽,并已成为一种相对稳定的民族文化心理结构而传承与发展。李泽厚还指出:"通过各自不同的特定的乐、舞、歌、诗的艺术形式,便可以呼唤起、表达出和作用于特定的不同的情感。这样,乐、舞、歌、诗的各种不同的体裁、格调、模式、惯例,便正是各种不同的情感形式。从而,对情感的塑造陶冶,便具体地体现为对艺术形式的讲求,亦即重视各种艺术形式如何对应于、作用于、符合于各种不同的情感性格。"(李泽厚,2008)[27]这表明不同的艺术种类及其形式结构,在塑造人们情感方面具有不同的作用。对于武术套路来讲,形形色色的拳种套路,展现了不同的风格特征,从而也能引发具有差异的身心感受与情感体验;如少林拳之古朴雄健与阳刚之美,太极拳之缠绵曲折与阴柔之美。但中国武术所追求的总体风格与情感特征,却是与中国古典美学的总体特征相一致的,即追求那种多样统一、互济互根的和谐之美,也即"乐从和"是也;具体体现为身心和、上下和、天人和等。外在形态的不偏不倚、过犹不及与内在心性品质的"乐而不淫,哀而不伤,怨而不怒"相互符应感通,在整体审美风貌上呈现出一种有节制的情理合一之美。这种审美感受与中国旧诗①带给人们的那种含蓄蕴藉的审美感受是相似的；这种审美特征不同于西方那种日神型与酒神型相互对立与两极发展的文化与审美特征。但随着近代以来西方文化与西方体育对武术套路的渗透与影响，竞技武术套路正式登上历史舞台，竞技武术套路比赛场上的审美，已开始融入打破那种过于强调中规中矩的和谐稳定结构的"难度动作"。时下有些武术套路的舞台表演也融入了一些诙谐幽默，对传统审美进行颠覆、戏仿的后现代审美元素；从而在一定程度上解构与冲淡了传统武术套路审美那种"中庸""中和"的色彩。但这种打破仍是有一定限度的，如竞技武术套路的难度动作，不能以牺牲套路的整体和谐美感为代价，不能失去稳定性；助跑步数不宜过多；动作与动作之间的停顿时间不能过长等。

　　武术套路的技法规范与形式特征，已在一定程度上成为塑造理想武者风范和君子人格的有效手段。"未曾习武先习德"的观念，不仅体现在各门各派的门规戒律对武术人行为的外在约束之上，更体现在这种对德性的培养与心性品质的陶冶精神，已经有机地融入武术套路的技法与形式之中，使其无时无刻不在发挥着陶钧人心的作用。在传统文化背景之下，武术人想要成就的理想人格，就是所谓的"君子人格"。中国传统的"比德"说，主要是用在对自然的审美上；但它又并不局限于此，而逐渐发展为各种好的事物都可以拿来与君子人格相互比拟。孔子《论语·雍也》中说，"知者乐水，仁者乐山"。（金良年，2004）[62]荀子则用玉来比君子之德②，而司马迁在《史记·太史公自序》中则说："非信廉仁勇不能传兵论剑，与道同符，内可以治身，外可以应变，君子比德焉。"（司

---

① 钱锺书说："和西洋诗相形之下，中国旧诗大体上显得情感不奔放，说话不唠叨，嗓门儿不提得那么高，力气不使得那么狠，颜色不着得那么浓。在中国诗里算'浪漫'的，和西洋诗相形之下，仍然是'古典'的；在中国诗里算是痛快的，比起西洋诗，仍然含蓄；我们以为词华够鲜艳了，看惯纷红骇绿的他们还欣赏它的素淡；我们以为'直恁响喉咙'了，听惯了大声高唱的他们只觉得是低言软语。同样，束缚在中国旧诗传统里的人看来，西洋诗空灵的终嫌着痕迹、费力气，淡远的终嫌有火气、荤腥味，简洁的终嫌不够惜墨如金。"参见钱锺书, 1985.中国诗与中国画 [J].中国社会科学院研究生院学报(1): 7.
② 《荀子·法行》中说："夫玉者，君子比德焉。温润而泽，仁也；栗而理，知也；坚刚而不屈，义也；廉而不刿，行也；折而不挠，勇也；瑕适并见，情也；扣之，其声清扬而远闻，其止辍然，辞也。"（方勇，李波，2015.荀子 [M].2 版.北京：中华书局：492.）玉的色泽、纹理、质地、硬度等所呈现出来的美感与君子的仁、知、义、廉、勇等德性品质是相通的、统一的。

马迁，1982)³³¹³ 在这里，"传兵论剑"之类的习武活动之所以能够用于君子"比德"，主要在于其"与道同符，内可以治身，外可以应变"。"内可以治身"主要指个体人生价值的实现，即修身、"成己"，成就个体"信廉仁勇"的完美人格。"外可以应变"主要指个体恰当处理与社会群体之间的关系，如防身自卫、保家卫国之类的社会关系与政治价值；而这些价值的实现，其实都离不开借助"兵法"与"剑术"这些具体的武技载体，进行反复操习与领悟。

举例来讲，中国武术几乎所有的拳种器械演练，都遵循"式正招圆"的特点，如太极拳处处守中、求中。俞大猷《剑经》中指出的"中直"是一切棍法的核心，而枪法也有"中平枪，枪中王"之说，(俞大猷，2006)¹¹² 戚继光《纪效新书》中那个被他视为"用长之妙诀，万古之秘论"的"长兵短用"之法的"直"字等，都表明这些在武术技法中十分实用的技法原则，其实与中国传统儒学所尊崇的人格修养的"德目"要求也完美交融在一起，从而使其无时无刻不在发挥着潜移默化的陶钧人格的作用。正如马明达在《为"直拳"正名：谈谈我对武术文化的一点理解》中所说的："古人不但从技术的层面上认知'直'的价值，更重要的是从'直'的法则和运用之妙上引申出许多深层的文化底蕴。把技术与理论融会贯通起来，使之升华成为一种精神领域里的东西，这正是武术成为一门学问的重要原因，也是武术文化的特点之一。先君子曾有'武学心境'之论……'直'其实就是'武学心境'的一个部分。古人不仅仅从技术上追求'直'的真义，也用'正直光明'的象征意义来滋养灵性，砥砺品节，端正心术，规范人生。"(马明达，2007)³⁶⁸

儒家文化那种主体人格力量的伟大所呈现出来的阳刚之美，在武术人身上体现得十分鲜明。中国武术从不主张乱用武力，而极力主张习武之人不但不能寻衅滋事，还要克制忍让；但在展现民族气节与民族大义的重要历史时刻，武术人则要有一种大义凛然、捐躯赴国难的果敢精神。"勇"是武术人最重要的品性之一；但孔子认为只有与仁、义、智等相配的"勇"才是真正的"勇"①。

---

① 《论语·宪问》载："仁者必有勇，勇者不必有仁。"(金良年，2004)¹⁶¹ 《论语·为政》载："见义不为，无勇也。"(金良年，2004)¹⁸ 《论语·阳货》载："子路曰：'君子尚勇乎？'子曰：'君子义以为上。君子有勇而无义为乱，小人有勇而无义为盗。'"(金良年，2004)²¹⁷ 《论语·述而》："子曰：'暴虎冯河，死而无悔者，吾不与也。必也临事而惧，好谋而成者也'"(金良年，2004)⁷¹。

对"信",即"重然诺"的侠义精神也为武术人所重视。此外,讨论君子美,先秦儒家还提到了雅这一评价标准①;而这一标准也影响了武术人的行为举止与神采风貌。早在西周、春秋之际,武舞作为一种礼乐文化就是建构君子人格与威仪棣棣的君子仪容的有效方式。深受礼乐文化影响、与武舞密切相关的武术套路的程式规范,不仅可视为一种理想化的完美技击形式,同时也是塑造理想化的武术人的身体形象与成就其完美人格的有效形式与方法路径。理想的习武人的身体,是一种带有文人儒雅风度、内气与内劲充沛,但又不露痕迹、含蓄蕴藉,富有神采韵致的身体;理想的武术人的身体,也是"至武为文"的体现,是"德润身"的自然流溢与体现。所谓"外示安逸,内宜鼓荡""秀如猫,抖如虎",陈鑫所说的不可轻狂、"外面形迹必带儒雅风气"(陈鑫,2006)[1],太极拳名家陈长兴被当时人誉为"牌位先生"等,都是修炼到高层境界时所呈现出来的、接近理想武术人身体范式的具体描绘。

总的说来,武术陶钧心性的化育作用、技进乎道的武学境界,看似神妙玄虚,但也并非不能至,只不过不是每一个习武之人都能至。高层次的习武境界所需要的主客观条件相当复杂,但其中一个人的天分、修养、功夫等起着很重要的作用。武术不是一门沉思默想或坐而论道的学问,而是一种实践智慧。只有长时间地反复实践与体味,习武人才能让自己的身心真正领悟到简易用法的丰富内涵。这种运用之妙的能力之知,是无论如何也不能靠完全详尽地形诸笔端来进行传授的。也就是说,技能与人格双修的实现,都端赖于习练者长期在明师指引下的实践功夫;这样就使武术中的道德伦理要求并非空头说教,而是在一种身体力行的践行之中不断地化育而成,从而更多地具有了审美化育的特点。

(三) 习武生活化,人生艺术化

孟子云:"尽其心者,知其性也。知其性,则知天矣。"(孟轲,2000)[224]

---

① 先秦儒家提到了野与雅的区别,提倡君子之雅。《论语·雍也》中子曰:"质胜文则野,文胜质则史。文质彬彬,然后君子。"(金良年,2004.论语译注[M].上海:上海古籍出版社:61.)在这里,"质"主要指一个人的品德修养,"文"主要指一个人的服饰、风度、仪表等外部形象,只有做到品德与形貌的统一,即文质彬彬才能成就君子之雅。荀子在如何成就君子之雅这一问题上看到了"践礼"的重要性。《荀子·修身》中说:"容貌、态度、进退、趋行,由礼而雅,不由礼则夷固僻违,庸众而野。"(方勇,李波,2015.荀子[M].北京:中华书局:14-15.)

《易·说卦》云:"穷理尽性以至于命。"(朱高正,2015)[89]正是在中国传统文化的"穷""尽""全""粹"等价值观念的影响下,中国武术的技术体系形成了既在整全上下功夫,也在知识点、细节上下功夫,即既强调全面、贯通,又注重向纵深、细致之处努力的特征。中国武术的艺术精神,也集中体现在这种对技术之精细与整全的追求上。恰如程大力所说:"尚圆,重机会,重法巧,中国武术技术只好尽量完善,而尽量完善的技术往往显得繁复无比。"(程大力,1995)[3]武术的程式化与精细化的原因,固然与技能本身的发展完善有关,除此之外,它也是中国传统文化讲究生活艺术化、人生艺术化在武术身上的体现。从这个层面来讲,习武就不是一种单纯的功利化的技艺,它同时也是丰富习武人的生活,建构其人生价值与意义的重要方式。李泽厚说:"西方神人异质,天人关系紧张,生理的活'是点什么',可以是上帝。中国灵肉不分,灵魂流连忘返并安息在这个尘世中,那'是点什么'便只能在这世上生活本身之中寻觅。从而繁复多样,日趋精细,在平凡生活中求神秘品格……中国传统以其'精细节目','凡'可'圣',生活即艺术,幸福不成为'为什么活'的伦理学和神学所苦苦追求的问题,而是'活得怎样'的感性具体的美学问题。它是自由享受的个人选择,而非要求普遍的理性至上。"(李泽厚,2003)[102-103]以这样的观点来看蔚为壮观的武术拳种、器械的技法体系,它们提供的主要是实践的方法与具体操作路径,而不是对套路究竟"是什么"的简单与凝固不变的回答;它们的存在在一定程度上也可视为是习武人"活得怎样"的感性具体的美学问题。不过,美感尽管是主观的、感性的、个人体验式的,但它又不局限于感性个体,而具有超越个体走向普遍的自觉追求。中国传统艺术所着力表现的就是那种超越个体、走向普遍的自我理解(身我与心我)、交互理解(个我与他我)和终极理解(小我与大我),追求身心之间、人我之间、人与自然之间的那种一气贯通、生生不息的大化流行状态。

这种技艺精细化、人生艺术化、于凡俗之中求超越的价值追求,在少林武术中得到了鲜明体现。历经一千五百多年的佛教寺院所留下来的文化遗产是丰富的,它的砖石草木、碑刻塔林、屋瓦栋宇等,都在诉说着沧桑的历史,讲述着既神圣又凡俗的少林故事;但最能体现这所寺院与众不同的修行方式与深厚文化底蕴的就是其名扬天下的少林功夫。一所佛教寺院,为我们留下了极为庞大、极为丰富的武术套路文化遗产，于其中我们看到了中国的身体文化、修炼身心的文化传统，如何在一群吃斋念佛的僧人身上得到艺术化、审美化、宗教化的诠释。崔乐泉等学者认为："少林寺'禅拳合一'的基本特征是：第一，禅拳归于一寺。即少林寺既是禅宗祖庭，又是武林圣地，文武相济。第二，禅拳归于一身。僧人们既会打坐参禅，又会武功，文武双呈。第三，少林寺禅中有拳，拳中有禅，禅拳互融；即将佛经教义与武术精要糅合在一起。这些都是少林寺的独特之处。"（崔乐泉 等，2008）[298] 吕宏军、滕磊则认为，少林功夫"包含两个层面的内容：技术层面和信仰层面"（吕宏军 等，2012）[5]。这些见解无疑都是深刻的。在笔者看来，少林寺僧人习武这一行为所传达出的重要文化意义，就在于为人们明示了这样一种智慧：中国武术是一种独特的生活方式；一种既有修行般的清苦，但又充满生机活力、于凡俗之中实现超越的生活方式。少林功夫所取得的成就，让我们看到了最为艰苦的修炼方式与最为高深的武功境界与禅修境界、超尘脱俗与践行实修、凡俗与神圣，就这样颇为成功地融合在了一起。欣赏少林武术的表演，了解少林武术的历史，让人深刻感受到少林武术是一种践行功夫、一种信仰、一种生活态度、一种生活方式、一种生活意义、一种文化特色。所以，所谓的禅武合一（或禅拳合一）就是指禅不能离开武而单独说禅是什么；如果这样解禅便兴味索然。它实际上是一种充满盎然生意的、活泼泼的、对生命本体的瞬间顿悟与永恒把握。对于少林僧人来说，生活即练武，练武即生活。将习武生活化，习武的过程也就是悟禅的过程。武者生活的存在意义，便在这时时处处都存在的生活化习武过程中得到开显；这便是少林武术所谓的"禅武合一"。少林僧人的悟禅之道，并不是靠整日枯坐或诵读经文，而是在日常朴拙的寺院生活中，无时无刻不在的悉心体悟。他们把习武与禅修结合起来：在那一招一式看似平淡无奇的动作中，注入了他们体悟禅道的精神与情感；在拔萝卜、上台阶、打扫院子、担水砍柴，甚至吊起来睡眠、条凳上安卧之类的日常生活过程中，体认与捕捉练功之道；在所谓的"棒喝"过程中，幡然顿悟，获得一种刹那间洞见终古的神秘体验。这样一种行为方式看似普通，实则艰辛，但也充满审美情趣与智慧觉悟。这是一种最终可以从自己的行走坐卧、身体形态上表现出来的，可以证会的特殊禅修与证果方式。它所起到的社会意义就是垂范普通民众，激发人们在最为普通的日常中修身体道，践行佛法。可见，习武的"功夫之道"就是"修养之道"。正如伽达默尔所说："每一个体验都是由生活的延续性中产生，并且同时与其自身生命的整体相联。"（伽达默尔，2007）[76]杨国荣说："与生命存在的融合，使体验扬弃了抽象、外在的形式；与生活过程的联系，则既使体验获得了现实之源，也使之呈现过程性。以生命存在与生活过程的统一为本体论的背景，体验超越了静态的形式，展开为一个在生活、实践过程中不断领悟存在意义的过程。"（杨国荣，2013a）[6]可见，正是将习武活动融入习武人的日常生活，使其生活与习武不可分割地糅合在一起，从而打开了他们习武悟禅的广阔思路，极大地扩展了他们习武练拳的空间与场所，也使他们习练武术的体验，获得了丰富的生活资源与生命体验的滋养，致使习武过程本身成为一个不断领悟生命存在意义的过程，也就是体道与证道的过程。

以上分析表明，武术套路的动作，是合目的性与合规律性的统一，也是认知意义上的得其真与评价意义上的求其善的统一。一方面，武术套路的动作形式与道德教化紧密关联，演练者的身体动姿与礼乐精神贯通。《荀子·修身》有言，"故学也者，礼法也"（方勇 等，2015）[22]。这里的"礼法"，亦即"法礼"，是对礼的学习与效法。武术套路作为一种活动、一种技艺，是人亲身参与的实践活动。一方面，武术套路的动作，不背离套路的技击目标；因为对习练者行为与身姿的规范，不仅能够起到化育人格的作用，而且能够更好地服务于"击必中，中必摧"的技击目标；另一方面，礼乐精神与动作仪态交融在一起，在长期身体力行的感性活动之中，达到了化育心灵、成就完美人格的教化目的。所以，从各种拳种的"规矩"来看，它们更被视为对武术技击规律的掌握与提炼，而不仅是一种伦理观念的象征与反映。"手眼身法步，精神气力功"之类的程式规范并非凭空生造，从实践角度来讲，它确乎反映了一种理想的技击实践，是合目的性与合规律性的统一。具体来讲，一方面，武术套路中的动作以踢、打、摔、拿为代表的"技击性"，是武术以技击为目的的体现；另一方面，并不是任何随意的踢、打、摔、拿，都能称为"武术动作"。在中国传统武术的观念中，理想的技击是"以巧斗力"，要实现"巧"就需要从主客观方面下功夫。就主观方面来讲，只有将整个身体调动起来表现的攻防技击动作，才是被认同的、带有理想色彩的武术动作。拳经云："打法先上身，手足齐至方为真。"(薛颠,2011)³¹ 而要调动整个身体,就离不开对它的全面规训,于是便出现了对身体内外进行规训的各种"规矩",如所谓的"手眼身法步、精神气力功"即属于此类。陈长兴在《太极拳十大要论》中,将传统武术"内三合"与"外三合"的技法理论,进一步完善与具体化,如此细化无非是为了实现"一动而无不动,一合而无不合"的"劲整"境界。① 就客观方面来讲,"得机得势",对敌手的充分了解(即"知彼")十分必要;所以武术有关知己知彼的各种程式规范,就可视为实现相应技击目标与技击功效所采用的具体的方式与操作路径:它们都是技击有效性的保证。

总之,论证都充分说明了中华武术套路中积淀了丰富的生存、生活与实践搏击的经验与体验,表明它是一种实用的身体技艺;但人们在继承与传承这些知识与经验时,主要采取了一种相对曲折的"艺术式"传习方式,使人在逐渐掌握技能的同时,也在不断完善自己的"整个人格"(如养生与德性修养等),而不是对技击知识的单向度的直接传习,可以说是一种"审美化育"般的"成人教育"。因此,我们在谈武术套路时,虽然看到它是一种颇为实用的身体技艺,但也认识到决不能仅把它视为一种技击术,它的功能与意义显然是大于一种单一的"技击术"的。这也就表明它虽立足于实用,却实现了对任何单一的实用技能的超越,使其成为一种涵容了各种功能与意义的综合性技能与艺术。武术套路自始至终就是按照"真、善、美"合一价值取向进行设计与不断完善的,"能舞善击""德艺双馨""技进乎道""以武悟禅"等说法,都充分反映了这一点。而要实现这样的理想境界,显然不是短时间就能完成的,需要长时间的"践行"与"体认"工夫;甚至可以说,这种努力与探索贯穿于一个人的整个生命历程。

---

① 陈有本说:"夫所谓'三合'者,心与意合,气与力合,筋与骨合,内三合也;手与足合,肘与膝合,肩与胯合,外三合也。若以左手与右足相合,左肘与右膝相合,左肩与右胯相合,右三与左亦然。以头与手合,手与身合,身与步合,孰非外合!心与目合,肝与筋合,脾与肉合,肺与身合,肾与骨合,孰非内合!然此特从变而言之也。总之,一动而无不动,一合而无不合,五脏百骸悉在其中矣。"(陈东山,陈向武,2011.陈鑫太极拳图解[M].太原:山西科学技术出版社:155.)

小 结

本章节对作为身体技艺的武术套路之美，展开本体论思考，旨在从哲学美学的角度，探讨"武术套路何以有美""美在哪里"之类的根本问题。

我们认为：首先，从武术套路技法的规范性与精细化特征，以及武术套路作为一种时空统一体的技艺形式、一种鲜明的中国身体文化符号等几个方面，就可看出武术套路技法程式的完美性，从中可看出武术套路的确是一种按照一定规律与格式进行塑造的、"有意味"的形式，这种"程式之美"已在一定程度上使其具有了较为独立的审美价值。

其次，虽然武术套路作为一种相对稳定的程式规范，已使其在一定程度上具有了独立的审美价值，但武术套路的美并不是一种本然的存在，而是积淀了深厚的技击实践生活内容与传统文化内涵；而且在其现实性上，武术套路是否呈现美的意义，以及呈现何种美的意义，还与主体人的审美能力、审美观念、审美理想等等密切相关；也就是说只有对那部分具有审美能力和审美意识的主体来说，它才呈现美的意义。武术套路是一种"度的艺术"，即每一个个体习练者唯有达到以手运心、心手相应的水平层次，才能产生内外一如、身心（或身械、身体与天地万物等）合一的心理自由感，并在价值观念与心意的作用下，进入行拳意境之中。所以可以说：武术套路美的根源，是"人的本质力量的对象化"；而武术套路美的本质，在于它是一种心手相应的"自由的身体技艺"，是一种按照真善美合一的价值尺度进行塑造的"完美的存在"。

第四章　武术套路的审美创构

在前一章中，我们认为武术套路美的根源，在于它积淀了丰富的技击实践经验和中国传统文化的价值观念；武术套路美的本质，在于它是一种"自由的身体技艺"。在此基础上，我们需要进一步追问的是，究竟如何具体创构富有美感的武术套路作品呢？我们知道，一个完整的套路作品是由基本的武术动作、势式、路、意境等构成的，而其中"势"与"意境"在套路作品创构中又起着至关重要的作用。"势"不同于"式"，"势"虽由动作组成，但它又不能还原为局部的"动作"。它是整体性的，体现了中国武术的民族特色；且"势势相承"又形成了完整的套路。"意境"也是一个富有民族文化审美特色的美学范畴，它是中国各门传统艺术（包括武术套路）所追求的最高审美理想。武术套路的身心合一、形神兼备、情景交融、虚实相生、韵味无穷等审美特色，都可以统摄在意境范畴之下；而且意境集中体现了武术套路的生命体验色彩和动态生成过程。所以，在笔者看来，虽然武术套路作品的审美创构是复杂的、多元的，但对套路之"势"与"意境"的研究，则是基本的、核心的，也是必不可少的。

第一节 武术套路之"势"的内涵与创构

一、武术套路之"势"的内涵与特征

势是一个具有鲜明的中国传统文化特色的哲学与美学范畴,它最早应用于政治与军事上,后又在书法、文学、舞蹈等艺术门类之中得到长足发展,成为一个内涵丰富、应用十分广泛的范畴。何谓"势"?杨国荣认为:"在本体论上,'势'呈现为内含多重向度的存在形态,从人的行动和实践之维看,'势'则可以理解为人的行动和实践活动由以展开的综合背景或条件。"(杨国荣,2013b)[136]杜胜认为:"势是一切事物运动所蕴含的力量趋向,势离不开两种要素,即(物质或精神)力量+(加)趋向。"(杜胜,1996)[29]涂光社认为:"古代的'势'论,表述了我们民族对人类社会和宇宙万物的一种理解:一切事物都处于一定的格局中,以某种节律进行着不得不然的运动,它们似乎有向着对立的一面转化而又周而复始地循环的趋势,包含着不可穷尽的变化。"(涂光社,1990)[238]以上几位学者的观点表明,"势"这一范畴的内涵是丰富的,既有综合背景与条件的意涵(或曰背景性的物质与精神力量),也有"发展的趋向"之意,还有事物当前所处的"一定格局"(具有向对立面转化的外在情态与状貌)的内涵。背景性的综合条件,重在强调事物内蕴的力量、势差与势能,与之相配的显现出来的形式结构具有不平衡的特征与状貌,无论是处于静态还是动态之中,都体现出不得不然的运动趋势与动态变化特征。在笔者看来,唯有综合这三种"势"的内涵,才能有助于我们阐释武术套路之势的丰富内涵。

对于深受中国传统文化影响,成为中国文化一种符号象征的武术套路来讲,"势"这一范畴在其身上也得到了多维度的体现与生动诠释,且呈现出自己的个性特征。我们知道,武术套路是中国武术迥异于他国武技的重要内容与形式。综观武术套路的历史演进及其具体内容的构成,"拳势"与"拳路"的形成,可视为套路形成的重要标志。它们也是中国武术注重从散乱的技击动作

中提炼出经典程式，以便传习和发挥多种功能价值的具体体现。从历史上来讲，虽然宋代已有"套子"之称，但宋元史籍都鲜见各种拳势的记载，也未有"路"之说。直至明代，大量冠有名称的"拳势"与"拳路"才开始出现。

"势"在武术套路中既指构成套路基本单元的成型定式，如白鹅亮翅、金鸡独立之类，它们是从杂乱无章的武术动作与姿态之中提炼出来的经典程式，通常所谓的架势、招势、架子、行着走架、盘架子等都属于此类。这一层面的武术之"势"强调对基本功架、规矩细心揣摩，如同写字一样的打好基础，所体现出来的主要是一种规范之美、程式之美。为了便于记忆与传习，这些拳势往往"依势取象，拟其名"，（马力，2006）[91]还被编成一些合辙押韵、朗朗上口的"拳势歌"以方便练习，形成了"势势相承"、丰富多彩的拳种流派。自近代以来，为了便于普通大众习练武术，以及更好地开展竞技武术套路比赛等，武术需要进一步强调其动作规格、法度的严谨，故武术之"势"多更易为"式"。这种表述与一般意义上的"势"相同，但也在一定程度上遮蔽了武术之"势"本有的丰富内涵及其美学意义；因为武术之"势"显然并不能还原与等同于"式"，它需要有内气与内劲做支撑，营造出一种内含多种向度的、活泛的劲健气势，带给人一种势不可挡的发展趋势与力量美感。除此以外，套路之"势"还指生生变异的招术"法势"，它突出的是其变化特性，正如唐顺之所说的"拳有势者，所以为变化也"（马力，2006）[3]。无论是静势动作的"静中寓动"，还是动势动作的"动而有韵"，抑或搏斗实战中的"因敌变化示神奇"等，都体现了一种从"拳有定势"走向"用时则无定势"，不被成法所拘，从心所欲不逾矩的自由美感。如太极拳十三势中"势"的概念，除了指基本的太极拳架势动作以及如同滔滔不绝的江水、蕴含强大的动态势能之外，还具有在八门五步的组合衍变中，生成无穷变化的妙用的内涵。在一定程度上我们可以说，规范性、劲健性与变化性是武术套路之势的三种基本内涵与特征；而这三种基本内涵与特征同前文所言的势的一般内涵也是相通、一致的。规范性重在关注可见的、具体的形式架构（即当前的势态状貌与形象）；劲健性重在关注综合性的背景条件；变化性则更多体现了对未来发展趋势的暗示与想象；三者之间既有区别，又紧密相连。一般来讲，当前的势态状貌与形象真正"出场"与"在场"时，背景性的综合条件与蕴含出来的发展趋势，就能被当前的"在场"所"带出来"。所以，如何把武术之势真正彰显出来，首先需要把这一"在场"的"形势"与"体势"营构出色，使其一出场，就能让人感受到其背后所蕴含的丰沛力量之雄厚，以及其一触即发、喷涌而出、势不可挡的发展势头；其次，在此基础上，则需要在意识引导下培蓄内气与内劲，逐渐过渡到由内而外，从心而发，体现出自然之势；最后，则要在演练与交手过程中，体现出"一阴一阳之谓道"的变化之势。接下来，我们就从以上三个方面对武术套路之势的内涵与创构进行具体分析与探讨。

二、武术套路之"势"的创构

（一）势与形、体、象的关系

1. 形生势成

武术套路之"势"首先指的就是一种形式与身姿、一种具体的操作路径，只有遵循一定的身姿规范（参见表4-1）和具体操作路径，才有可能生成与达致一种生机勃勃、从有限走向无限的"势"美；所以，拳势的生成，首先是建立在一定的身体形态、动作结构、运行轨迹之上的。有形才有势，《文心雕龙·定势》言"形生势成，始末相承"（刘勰，2009）[422]，黄侃解曰，"势不得离形而成用"（黄侃，2019）[154]，形、势联用时指的是万物与人事所呈现出来的强弱盛衰的力量格局及其发展趋向。形与势相辅相成，不可分离，有势终究要表现出形，势依托于形而存在。对于书、画等静态艺术来讲，它们的形主要就是作品的空间结构形式。但对于武术套路这种身体运动来讲，它的形则既包括空间结构的"造型"，也包括时间流动过程中动态的"方法"与操作路径，是空间性与时间性的统一。

表4-1 武术拳种对身体的要求

序号	名称	身体要求
1	长拳	手要捷快，眼要明锐，身要灵活，步要稳固，精要充沛，气要下沉，力要顺达，功要纯青
2	太极拳	虚灵顶劲，气沉丹田，含胸拔背，松腰敛臀，圆裆松胯，沉肩坠肘，舒指坐腕，尾闾中正

续 表

序号	名 称	身 体 要 求
3	南拳	稳马硬桥,脱肩团胛,直项圆胸,沉气实腹,五合三催,力从腰发,发声呼喝,体刚劲粗
4	形意拳	头要上顶,项要竖直;肩要松,肘要坠;腕要塌,掌要撑,拳要紧;背要拔,胸要涵,腰要塌,脊要正;臀要敛,肛要提;胯要收缩,膝要扣劲,脚要平稳
5	八卦掌	三形(行走如龙,动转若猴,换势似鹰)、三势(步如蹚泥,手如拧绳,转如磨磨)、三空(手心涵空,脚心涵空,胸心涵空)、三扣(两肩要扣,手心、脚心要扣,牙齿要扣)、三圆(脊背须团圆,两膀须抱圆,虎口须张圆)、三顶(舌顶颚,头顶天,掌顶前)、四坠(肩坠腰,腰坠胯,胯坠膝,膝坠脚)、四敏(眼敏、手敏、身敏、步敏)、十要(一要有意,二要有气,三要有顶,四要有塌,五要有提,六要有裹,七要有垂,八要有棚,九要有松,十要有顺)、三病(怒气、拙力、腆胸)
6	通背拳	三折(身折、臂折、腿折)、九扣(指扣、腕扣、肘扣、肩扣、胸扣、腰扣、胯扣、膝扣、足扣)
7	八极拳	意正身直,外方内圆,含胸拔背,沉肩坠肘
8	翻子拳	头脊正直,含胸拔背,沉肩垂肘,敛臀缩胯,重心多居中间或略偏向前脚
9	劈挂拳	以三体(肩、腰、胯)同动,三盘(上、中、下)一贯,拧腰切胯,沉肩气按,溜背合腕,吞吐伸缩,虚实往返等为原则
10	绵拳	头正、颈直、沉肩、舒胸、松腰、展髋
11	螳螂拳	顶头、沉肩、垂肘、活腕、拧腰、坐胯、扣步
12	猴拳	缩脖、耸肩、含胸、圆背、束身、屈肘、垂腕、屈膝
13	洪拳	头正颈直,收胸卸膊,塌腰收腹,敛臀坐胯,脚趾抓地
14	咏春拳	抱拳护胸,沉肩落膊,钳裆,裹胯,扣膝
15	迷踪拳	头正、颈直、直腰、敛臀

资料来源:(1)全国体育院校教材委员会《武术》教材小组,1991.武术:上册[M].北京:人民体育出版社.(2)《中国武术教程》编写委员会,2004.中国武术教程:上册[M].北京:人民体育出版社.(3)陶仁祥,1988.武术著名拳种的技法特点与套路:上[J].体育科研(11):11-14.(4)陶仁祥,1988.武术著名拳种的技法特点与套路:下[J].体育科研(12):11-14.(5)杨武,1986.简明武术辞典[M].哈尔滨:黑龙江人民出版社.

一个武术动作招势一般由"型"和"法"组成。"型"主要指各种手型、步型、身型,以及各种器械形制。"法"主要指各种手法、腿法、身法、步法、眼法，以及器械技法(参见本书第111页表3-1)。动作势式的型，主要指动作定势时身体相应部位是否准确到位，整体动作的空间布局是否合理。"法"则强调定势动作究竟是如何做到的，它是对具体的操作路径与运动过程的描述。"型"与"法"的结合，便形成了整体性的单势动作或势势相承的整个套路；只有"型"与"法"都交代清楚了，也即理明路清了，才有可能生成"势"。武术之"势"的形成，离不开内外结合、手脚并用的动作轨迹的变化流转。在屈伸往来、前进后退、刚柔虚实的变化之中，一个有攻防技击含义的定势动作才得以形成。任何一个有技击意向的动作，都必须将其变化流转的操作路径交代清楚。任何一个细节之处的疏漏，都会影响动作完成的质量。只有将从内到外、从上到下的各种细节之处都有机地整合到所表达的动作意向之中，最终呈现出来的造型与姿势才会有韵味，有气势，有动感。以"弓步冲拳"这一定势动作为例，首先评价弓步前弓腿是否接近水平，前弓腿膝关节与脚背是否在同一垂直线上，后蹬腿膝关节是否伸直并脚尖里扣斜向前方；其次要观察身型是否做到中正安舒、挺胸收腹，拳型是否五指卷紧、拳面平，拇指是否压于食指和中指的第二指节上。若能达到上述要求，则说明"弓步冲拳"这个定势动作质量是好的，否则将不符合要求。除了对"型"的评价外，还要着重对定势以前动作过程中的方法进行评价。如仍以"弓步冲拳"为例，不仅要评价冲拳时出手的路线是否合理，拳是否从腰间旋臂向前快速出击并力达拳面；还要观察从动态到静态时的上下肢是否顺达、完整有力，手、眼、身法、步是否密切配合等。(林小美，2005)[106]

2. 即体成势

刘勰在《文心雕龙》的《定势》篇中说："因情立体，即体成势。"(刘勰，2009)[415]"体势"之"体"，也叫"制""式"，合称为"体制""体式"，即文章的形式。文章之有"体"，如同物之有形。不同文章之"体"是具有"不同类别的、具有特定的成'体'原则和特定风格的文章形式。它的含义，与我们今天所说的'体裁'相近"(寇效信，1983)[57]。"体势"之"势"就是由作家的慕习所决定的形成文体风格的必然趋势。(寇效信，1983)正如文章有不同的体裁与风格一样，武术套路中不同的形与不同的法，往往也形成了不同的拳种"体势",并呈现出不同的风格特点(表 3-2)。虽然所有拳种都遵循"技缘形生、法依攻防"这一基本原则,但由于所模仿的动物形象、所开发的身体部位及器械种类的不同,便形成了极为丰富的拳种体势与套路风格。

中国武术蔚为壮观的拳种套路之"体势"是约定俗成的,是历代武术拳家长期实践与审美经验的结晶,它们保持着相对稳定的拳种套路程式规范和相应的风格特征。中国武术的拳种流派众多,相应的体势风格也较为丰富,总体来看,基本形成阳刚与阴柔两种主要体势风格。朱光潜曾认为不同诗歌带给人的筋肉感受、生理感受是不同的。他在《从生理学观点谈诗的"气势"与"神韵"》中道:"……生理变化愈显著,愈多愈速,我们愈觉得紧张亢奋激昂;生理变化愈不显著,愈少愈缓,我们愈觉得松懈静穆闲适。……'气势'两字较适用于'西风残照,汉家陵阙','荡胸生层云,决眦入归鸟'《刺客传》之类的作品。'神韵'二字较适用于'落花人独立,微雨燕双飞'……"(朱光潜,2005b)[183]与诗歌、舞蹈、音乐等门类艺术相比,武术套路因为注入了"武"的精神,融入了具有攻防技击含义的动作,演练者在演练时所带给人的筋肉感受一般较为强烈,它所具有的激发民气、发扬蹈厉的精神,往往带给观者颇为振奋的生理感受。当然,丰富多彩的拳种风格,带给人们的生理性的筋肉感受也是不同的。如以少林拳、南拳等为代表的所谓外家拳,刚劲有力、拳势迅猛,极富阳刚之美;而以太极拳、八卦掌为代表的所谓内家拳,则拳势柔缓、缠绵曲折,极富阴柔之美。不过,所谓的外家与内家、阳刚与阴柔之美,显然都不是绝对的,而是相对的。刚猛之拳也可柔和练之,柔缓之拳也可表现得松活弹抖、虎虎生威。除此以外,武术套路的拳种体势与风格特点,不仅受地域文化与时代审美风尚的影响,还受艺术家气质个性和才能学养的影响。虽然某些拳种流派所具有的规范与特征,在后来的理论与批评中,才被明确总结出来,但它们与众不同的风格特点,早已得到广泛的认可和长期的沿袭。太极拳中的陈、杨、吴、武、孙等几大流派的风格特点皆如此。同一个拳种套路在不同人的演绎之下,又会形成不同的个性风格。魏文帝曹丕曾说:"文以气为主,气之清浊有体,不可力强而致。譬诸音乐,曲度虽均,节奏同检,至于引气不齐,巧拙有素,虽在父兄,不能以移子弟。"(魏文帝,1985)[1]武术亦然,不同的拳种虽有不同的风格,但即使同一拳种,不同的人演练时给人的感觉也是不一样的。同是陈氏太极拳的演练，陈小旺的演练，给人一种气势腾然之美；（腾讯视频，2021）丁杰在选择了空无一物的白色背景里演练时，则给人一种幽远空灵之美。①

3. 依势象形

"势"作为一种综合的实践背景，体现了现实背景的多方面性和复杂性，要想用语言对势作出清晰的描述与表达并不容易；然而用一种模糊性的、诗意的语言或者诉诸具体的形象与行动加以表达，往往能收到较好的效果。这便是势与象的关系，象是势的一种有效表达方式。陈鑫云："每一势拳，往往数千言不能罄其妙，一经现身说法，甚觉容易。"（陈鑫，2006）[101]这里的"现身说法"以及中国武术素有的"依势而像，拟其名"与"以形喻势"之说，都是看到了拳势难以充分言传的一面，并主张用形象的名称和具体行动等来加以表达、记忆与传承。这其实也是中国传统社会"立象以尽意"的象形思维在武术中的体现。何丽野在《象·是·存在·势——中西形而上学不同方法之比较》一文中认为："'象'的思维方法是一种不使用概念但也同样达到对事物本质的认识的方法。它起源于《易经》，是对事物的'势'的认识而非对事物结构的认识。《易经》之象的认识方法要到胡塞尔以后的现代西方哲学的转变中才能看出其意义。现代西方哲学的困境是语言的困境。即认识到'存在'决定'存在者'，但语言无法表述'存在'自身。'象'以非语言的方式表述存在（即势），是说不可说。它既是一，又是多。象本身是一，对象的理解是多。所以它较好地弥补了西方形而上学的弊病，是一种未来的形而上学的表述方式。"（何丽野，2006）[33]

宋代在总结前代军事训练经验的基础上，军队训练技术又有了较大发展。元丰二年（1079）九月，颁布了"教法格并图象"："步射执弓、发矢、运手、举足、移步及马射、马使蕃枪、马上野战格斗、步用标排，皆有法象。凡千余言，使军士诵习焉。"（脱脱 等，2014）[2230]从"图象""法象"的说法可看出，宋代军队善于运用感性的图象与画面来帮助士兵建立整体印象、用简明扼要的"千余言"来概括技术方法，方便教习。武术套路中的许多拳势都拥有极富想

---

① 爱奇艺.丁杰陈式56式太极拳竞赛套路［Z/OL］.［2021-12-29］.https://www.iqiyi.com/w_19rr1js3ql.html.

象空间的名称与术语，如"苍鹰捕食""白猿出洞""金鸡独立""彩凤凌云""双峰拜日""犀牛望月""青狮托球""百鸟齐鸣""金蝉脱壳""鹞子翻身""白鹅亮翅""乌云遮月""鲤鱼穿沙""女燕穿林""黄龙探爪"等①。如果不将这些名称与术语和具体的武术招势动作联系起来，单看字面意思，读者很难弄清它究竟是代表怎样的动作形态与身姿造型，一旦将这些符号与动作联系起来欣赏时，便会感受到这些比拟性的术语所具有的令人回味无穷的强大表达效果。如苍鹰捕食的动作，演练者在表演过程中想象自己是一只在旷野的空中飞翔的雄鹰，当其发现猎物时，便疾如箭矢般地扑过去将其捕获，紧接着便扶摇直上，充分展示出雄鹰剽悍、威猛的气势，与人无尽的回味。与此同时，还有以英雄人物或者神话与小说中人物的名字来命名武术动作或拳谱名称，如"苏秦背剑""哪吒探海""张飞大刀""玉女穿梭""霸王开弓""英雄牵马""武松脱铐"。周侗大红拳、燕青拳、卢义（卢俊义）拳、阮氏（阮小七）拳、岳家（岳飞）枪、太祖（宋太祖赵匡胤）长拳等。当我们演练这些拳种与招势动作时，其独特的名称往往让人追忆和遐想一个个栩栩如生的人物、生动神奇的传说，使演练者和观赏者自然生发出一种豪迈雄壮的英雄主义情怀或者上天入地的浪漫主义精神。此外，武术运动里的动、静、起、落、站、立、转、折、快、缓、轻、重十二种运动方式的定型（即"十二型"）动作，也被人们以动如涛、静如岳、起如猿、落如鹊、站如松、转如轮、折如弓、轻如叶、重如铁、缓如鹰、快如风这类形象化语言加以表达，带给人们极富画面感的审美感受，处处折射着生命的音符。

（二）势与意、气、劲的关系

"型"与"法"是生成武术套路之势的基础，但并不能就此推出有型有法就有势的结论。无论是静态的身体造型，还是动态的姿势流转变化，要体现出"势"的动态性与趋向性，还离不开意识的引导、充沛的内气与内劲支援，离

---

① 胡小明认为这些象形拳、仿生拳及从自然界中抽象和升华出的大量动作姿态，充分体现了"自然的人化"，动作的名称，是非直接性描述——则是艺术的而不是科学的，是审美的而不是功利的。对美好的运动形象偏重于意会，偏重于形容。善用比兴之法，托物取喻，借物发挥，集中而浓缩现实之美，显得如此朦胧、抽象、意韵深远而回味悠长。（参见胡小明，2009.体育美学［M］.北京：高等教育出版社：144.）

不开一气贯通、劲力顺达的表现。

1. 意动形随

武术套路的招势动作是有攻防技击含义的动作，演练者只有用意识来引导与统摄动作身形、配合呼吸地进行演练，才会进入一种真实想象的"行拳意境"之中，其拳势动作也才会带给人一种"看似无人似有人"的逼真感受。太极拳的高级阶段是"用意不用力"，这一说法无论对于动作演练，还是推手实践，都是适用的。真正有美感的太极拳表演、真正出神入化的以巧斗力，都需要"忘身"，即让身体落入辅助意识，只是作为背景而存在。在这样一种"意动形随"的演练活动中，观赏者不仅看到那些具有标志性意义的舒展大方的静势动作的存在，更感受到整套动作生生不息，劲断意不断，意断神相连的变化流转过程：这是一种生命的本真状态。正是在这种生机活泼、无有间断的动态变化之中，成就了一个个的"势"，它们由隐而显，由蓄到发。前面动作的造势与蓄势，有效促成了后面动作势不可挡的瞬间爆发。由只有演练者自己知晓的动作意图，到旁观者清楚觉知的技击表达，一切都自然而然、水到渠成。以一套太极剑的动作为例，起势、并步点剑、提膝劈剑、上步撩剑……收势，整个套路就像一篇注重起承转合、一气呵成、前后照应的文章一样，整体立意独特而新颖，感情与气势充沛，势与势、段落与段落之间衔接自然，其间穿插"并与点、提与劈、上与撩"等锦上添花的技击表达，使整个套路层峦叠嶂、富于节奏韵律的变化，并最终用潇洒利落的煞尾动作将一切带回宁静之中。

2. 气势雄健

"气"与"势"关系密切，"气"是生命力的体现，有"气"才有"势"。张伯伟在《全唐五代诗格汇考·诗格论》中说："'势'，就其来源而言，是与作者活生生的生命力，也就是'气'联系在一起的，所以'气势'连称。在作品中，由作者之生命力所驱遣全篇的'气'就是'势'。"（张伯伟，2002）[30-31]李泽厚、刘纲纪认为"气"指"生命运动的力的表现"（李泽厚 等，1987）[833]。古代学者中不乏以"气势"来论诗、画、书法等艺术实践的。晚唐司空图以"气势"论诗："韩吏部歌诗累百首，其驱驾气势，若掀雷揭电，奔腾于天地之间，物状奇变，不得不鼓舞而循其呼吸也。"(王济亨 等，1989)[132]清沈宗骞以"气势"论画："山形树态，受天地之生气而成，墨渖笔痕托心腕之灵气以出，则气之在是亦即势之在是也。气以成势，势以御气，势可见而气不可见，故欲得势必先培养其气。"（俞剑华，2016）[907]中国武术作为一种身体技艺，为了体现蓬勃的气势与生命力，历来拳家都颇为重视养气与练气。气在古典哲学中代表了生命之本，是生灵赖以存在的本源。《庄子·知北游》中说："人之生，气之聚也；聚则为生，散则为死。"（陈鼓应，2009）[597]《管子·枢言》中也说："有气则生，无气则死。"（李山，2016）[89]西方传统身体观以身心二元结构为主，而中国传统身体观则以"形—气—心"的三元结构为理想模态①，其中气起着沟通身、心的居间与媒介作用。养气、练气成为中国武术修炼过程中一个极为重要的方面，被视为中国武术习练达致高级境界的必经之途与重要体现。只有内气充满，才能由内达外；也只有以气催形，形成生气灌注之拳势，才能使运动自然而然。正如陈鑫所说："气，体之冲也，天以阴阳五行化生万物，得之以生运动者也。《易》曰：'天行健，而天之所以行健者，气也。'人之运动亦然，不用气何以运动！"（陈鑫，2009）[73]

气之充沛与否、流量大小直接影响着势的能量与力量大小。如同韩愈的"气盛言宜"说："气，水也；言，浮物也。水大而物之浮者大小毕浮，气之与言犹是也，气盛则言之短长与声之高下者皆宜。"（韩愈，2002）[206]中国武术经常用水、涛、江、河、海之类的意象，来比拟拳势。如杜甫观公孙大娘弟子舞剑器时，就有"来如雷霆收震怒，罢如江海凝清光"之感；长拳"十二型"就有"动如涛"之说；太极拳之所以又被称为"长拳"，也是取其"如长江大海，滔滔不绝也"（吴文翰，2001）[394]之意。气盛才得势，富有力量和动感，给人势不可遏之感。武术中的"气势"，也指生命的绵延不息，无论是单势动作表演，还是势势相承的整套动作表演，都需要一气贯通，无有间断。要做到气势的连

---

① 杨儒宾、周与沉都持这样的观点。杨儒宾认为孟子的心、气、形的理论架构可视为儒家身体观或身心观的共相；它同时与道家、医家设想的身体观有重叠的成分。(杨儒宾，1999.儒家身体观 [M].台北："中研院"中国文哲研究所：4.)周与沉认为对中国文化的概括，有相对于西方"外在超越"的"内向超越"，"两个世界"的"一个人生"；中国古代身体观之"形—气—心"理想结构，亦相对于整个西方思想世界之"身/心""肉/灵"二分结构，而见出中国文化特质来。(周与沉，2005.身体：思想与修行——以中国经典为中心的跨文化关照 [M].北京：中国社会科学出版社：89.)

绵不断，关键是处理好势与气、意之间的关系。"《华拳秘谱》载说：'拳法各势，须是始终连绵相属，气脉不断。'认为'气通乃生'，最忌一个'断'字。"（蔡龙云，2007d)[269]太极拳也有"上着下着，一气承接，勿令神气间断"（沈家桢 等，1994)[289]之说。这里的"连"，正如蔡龙云先生所说："也并不是各势之间不允许有间歇的空隙，而是强调在各势之间必须做到'形断意连'，'势断气连'，善于运用内在的心志活动，通过眼神把前后动作的意向接连起来，使拳法势势相连，贯串一气。"（蔡龙云，2007d)[269]

3. 劲健有力

势的生成与形、气、意等密切相关，但更与力紧密联系。《周易·坤》"《象》曰：'地势坤，君子以厚德载物。'虞翻注曰：'势，力也。'"（李鼎祚，2016)[34]刘师培就曾以"劲气"说来论文章："凡文章有劲气，能贯串，有警策而文采杰出(即《文心雕龙·隐秀篇》之所谓'秀')者乃能生动。否则为死。盖文有劲气，犹花有条干(即陆士衡《文赋》所谓'理扶质以立干，文垂条而结繁')。条干既立，则枝叶扶疏；劲气贯中，则风骨自显。如无劲气贯串全篇，则文章散漫，犹如落树之花，纵有佳句，亦不足为此篇出色也。"（刘师培，2008)[146-147]从美学角度来讲，用"力"来阐释"势"体现了各种艺术蓬勃的生命力量和刚健之美。中国武术的各种拳种套路，都讲究在定架子的基础上生成内在的劲力，使整个架子充满勃勃生气和浑厚劲力，得劲、劲力顺达、劲力美往往成为武术套路最具本色美的地方。①"劲"是在意、气、力、形综合作用下所形成的一种整体而圆活的内在势能与力量。康戈武在《武术拳械基本技法·劲法》中指出："武术的劲，是通过肢体运动表现出来的一种融于武术技术的力。这种力，是在意识支配下，通过气息吐纳和肌肉舒缩的有序化配合产生的。"（康戈武，1990)[397]太极拳通过"一身备五弓"的形体姿势的调节所产生的弹性力和内在

---

① 邱丕相认为劲力美是武术的独特美，笔者也赞同这一观点。他在《中国武术文化散论》一书中写道："武术套路运动的演练体现了劲力，这是武术的技术特点，如寸劲、冷弹劲、鞭打劲、翻扯劲、碾转劲、缠丝劲、螺旋劲、崩撼劲、绷劲等(郭云深的明劲、暗劲、化劲)。各拳种都有各自的规律和发力特点；但它们也有共同的特征，即整体协调、发至一点。因此，下功夫练出过硬的劲力，才是武术的独特美。"（邱丕相，2007.中国武术文化散论[M].上海：上海人民出版社：238.）

的意、气活动所产生的强大压力，使演练者的身体时时处处积蓄着强大的能量。再加上太极拳棉里裹铁，内刚外柔的行拳走架之风格，使身体内外形成巨大的压力差，里面就像加满了压力的气枪，产生着巨大的势能与力量感。

习拳如同习书一样，中国武术讲究劲力顺达，中国书法讲究力透纸背，二者有异曲同工之妙，都看到了身体根源与动作意向的统一。中国武术讲"劲起于脚，主宰于腰，形于手指"，这实际上就是强调形于手指的动作意向或曰力点，其实是有深刻的身体根源的，是通过脚对大地的作用力所获得的反作用力逐渐传导到腿、腰、肩、手等部位，在此过程中不断整合与叠加这些部位所带来的劲力，从而形成浑圆一体的整劲集中到一点上发放出去，带给人蓬勃的气势与劲力表达。与此相类，唐代颜真卿《述张长史笔法十二意》："当其用笔，常欲使其透过纸背，此成功之极也。"（华东师范大学古籍整理研究室，1979）[280]这实际上就是形容书法作品运力巧妙、内涵深刻，笔锋简直像要透过纸背一样，形容写字技巧精湛、力道十足。但要表现出这样的力道，实际上是需要写字者将指力、腕力、臂力乃至全身之力汇聚在一起，然后送到笔端上，表现在笔画上。人们常说写字要"万毫齐力"，才能写出有力度的线条；而要做到"万毫齐力"，就离不开指力、腕力、臂力乃至全身之力送之，且要将四力凝聚到笔毫尖上加以表现。由此可见，书画上的力透纸背，实际上也有深刻的身体根源，显现出充足的劲道与力道。朱光潜曾说："一般画家的毛病就在墨不入纸，画挂起来看时，好像是漂浮在纸上，没有生根；他们自以为超逸空灵，其实是画家所谓'败笔'……子恺的画却没有这种毛病。他用笔尽管疾如飘风，而笔笔稳重沉着，像箭头打入坚石似的。在这方面，我想得力于他的性格，他的木刻训练和他在书法上所下的工夫。"①（朱光潜，2005b）[153]在这里，丰子恺绘画时"用笔尽

---

① 这是朱光潜在谈《丰子恺先生的人品与画品》一文中所说的，旨在说明子恺在书法所下的工夫之深。他还说："子恺在书法上曾经下过很久的工夫。他近来告诉我，他在习章草，每遇在画方面长进停滞时，他便写字，写了一些时候之后，再丢开来作画，发现画就有长进。讲书法的人都知道笔力须经过一番艰苦的训练才能沉着稳重，墨才能入纸，字挂起来看时才显得生动而坚实，虽像是龙飞凤舞，却仍能站得稳。画也是如此。"（朱光潜，1988.丰子恺先生的人品与画品：为嘉定丰子恺画展作［M］//丰华瞻，殷琦.丰子恺研究资料.宁夏：宁夏人民出版社：116.）笔者认为,这些都在强调通过书法的长久练习来获得稳重沉着的劲道。这与中国武术讲究劲力一样，千招易得，一劲难求，须下一番恒久工夫，才能使动作得劲。劲力顺达、浑厚有力，体现刚健之美。

管疾如飘风,而笔笔稳重沉着,像箭头打入坚石似的"(丰华瞻 等,1988)[116],就与武术中的"梢节领,中节随,根节催"等话语如出一辙,都体现了一种潇洒空灵寓于厚重稳健之中的劲健之美。

(三) 势与理、势与变的关系

武术套路之"势"的深层含义,其实还有一种让人不得不顺应的自然而然之理。明代王夫之曾在《读四书大全说》卷九中提出"理势相依""理势合一"的命题。他说:"理者,物之固然,事之所以然也","凡言势者,皆顺而不逆之谓也;从高趋卑,从大包小,不容违阻之谓也。夫然,又安往而非理乎?知理势不可以两截沟分⋯⋯"(王夫之,1975)[601]在王夫之这里,"理"具有客观规律的内涵,"势"则指事物运动的内在必然趋势;"理"是"势"的基础,"势"是"理"的表现,两者相辅相成,不可分割。那种企图扭转或者违逆"理势"的努力,往往是徒劳的、失败的。在演练武术套路时,只有遵循人体、器械等的自然之理,才能理顺则气亦顺,以气催形,由内而外,形成自然之势。陈鑫在《太极拳图画讲义》中说:"夫理者,人所得于天以为性者也。⋯⋯运动者苟能顺其性之自然、行其势之当然、合乎人心之同然,而深究理之所以然,则得矣。故善学者以理为尚,不言气而气自在其中矣(理顺则气亦顺)。"(陈鑫,2009)[72]

要做到理顺气顺,关键要掌握阴阳化生之道。《易经》曰:"一阴一阳之谓道。"(周振甫,2013)[248]老子(《道德经》第四十二章)云:"万物负阴而抱阳,冲气以为和。"(陈鼓应,2003)[233]中国古代思想普遍认为,世界上存在阴与阳这两股既相对抗又互根互济的力,阴阳之间的盈虚消长,是导致万物变化与发展的根源,二者既相互对立、相互制约,又相互依存、相互为用与相互转化。蔡邕《九势》中:"夫书肇于自然,自然既立,阴阳生焉;阴阳既生,形势出矣。藏头护尾,力在字中,下笔用力,肌肤之丽。故曰:势来不可止,势去不可遏,惟笔软则奇怪生焉。""凡落笔结字,上皆覆下,下以承上,使其形势递相映带,无使势背。"(华东师范大学古籍整理研究室,2012)[6]此段话实际上谈到了书法中如何才能生成"势",这首先就需要出自"自然",而"自然"也就是"一阴一阳之谓道",说明"势"体现了阴阳化生之道,也表明正因为有了阴阳关系,才能生成"形势"。刘长林曾指出:"阴阳不代表任何物质实体,是指某种运动状态及其所形成的关系。"(刘长林，2006)²⁷所以，对于书法艺术来讲，只有让每一个字或字与字之间形成了阴阳对立与互根互济的关系，才能产生书的"形势"。具体来讲，"藏头护尾""上皆覆下，下以承上，使其形势递相映带，无使势背"，体现了书法中如何从单字、字与字之间，以至整幅字的间架结构着手来营构"书势"。同时，所谓"力在字中，下笔用力，肌肤之丽"又从内在的"劲道"着手来充实这种"书势"，使其引发"势来不可止，势去不可遏"的心理感受。"武术套路是将单个攻防动作或具有攻防含义的动作，按照一定的格式和运动规律编组成的成套练习，是一种相对稳定的程式化锻炼形式和表现形式。"(康戈武，1990)²⁶⁻²⁷这里的"运动规律"主要指攻守进退、动静疾徐、刚柔虚实等一系列阴阳法则在套路编排中的具体运用与体现。可以说，武术套路就是阳极生阴、阴极生阳、阴阳循环无端、生生不息的化生之道在武术中的生动诠释与体现。正如陈鑫有一首《太极拳缠丝法》诗云："阴阳无始又无终，来往屈伸寓化工，此中消息真参透，圆转随意运鸿濛。"(陈鑫，2009)⁴⁸对于武术套路来讲，无论是"法依攻防"这一基本的动作内涵与操作方法，还是整套动作按照攻守进退、动静疾徐等原则来进行编排，甚至是格斗实战中谋势、造势、得机得势等对刚柔虚实的把握，都体现了"一阴一阳之谓道"的阴阳原理在其中的广泛应用。

1. 静中寓动，动而有韵

在一般的武术套路运动中，既有活动性的动作在里面，也有静止性的动作在里面，即既有"招"，也有"势"。或曰既有动势，也有静势；但动、静显然是相对而言的，动中有静、静中寓动才是其本色。所谓"静势"，是指"武术演练过程中呈现出的相对静止时的动作造型"(孙刚，2009)⁹⁸。武术套路的招势动作是从整体的形态上着眼的，且整体之中寓含不平衡的格局，形成一定的"势差"与内在张力，其中蕴蓄着能量，显示着发力的方向。无论是静势，还是动势，都必须显现出一定的动态趋向性与力的属性。兵法云："激水之疾，至于漂石者，势也。"(孙武，2017)³⁴⁴涂光社认为，"一般来讲，只有处于运动之中或者引而不发的潜在动势的事物才可以说是有'势'的"(涂光社，1990)²³⁹。

如何在武术的静势动作中蕴含动态的趋势，让整个造型充满勃勃生意？首先，要让整个身体的空间结构寓含不平衡的格局，形成一定的"势差"与内在张力，使其中蕴蓄着能量，显示着发力的方向。"弱者道之用，反者道之动"（陈鼓应，2003）[226]，反向思维，如同弓箭关系一样，中国武术推崇一种让习武人的身体充满内在的遒劲与张力的身体观，这种遒劲与张力既可以通过具体的拳势来加以表现，也可以通过不着相的肢体语言，将劲力含在体内加以表现。其次，掌握虚实。虚不是全然无力；实也并非全然占煞。虚中寓实、实中寓虚、虚实相生，也就是要把握好一定的"势差"，使体内形成一种平衡状态。顾留馨在论太极拳的虚实时说，"双手要有虚实，双足也要有虚实，尤其重要的是左手和左足、右手和右足要上下相随地分清虚实……这是调节内劲使之保持中正的中心环节。此外，形成落点的虚中要有实，实中要有虚，从而处处总有此一虚一实……初学时，动作可以大虚大实，以后逐步练成小虚小实，最后达到内有虚实而外面不见有虚实的境界"（沈家桢 等，1994）[27]。只有掌握好武术运动中几种基本的虚实（脚的虚实、手的虚实、手与足的虚实）关系以及它们相互作用形成动态的整体，才能形成变化运转的力源。顾留馨说：**"太极拳是以分清虚实和由重心偏移而产生的偏心力矩作为动力源泉的，这是最省力的机械作用，可使人历久不疲。"**（沈家桢 等，1994）[32] 这表明只有分清了虚实，武术套路的动作势式才会顺遂自然，灵活贯通，生动有趣。再次，在动作姿势上，一般选取那些"最富于孕育性的那一刻"① 的武术动作来加以表现。对于武术套路的动作，从理论上说我们可以将运行过程中的任何姿势动作，定格与静止下来加以表现；但只有选取那些"最有动感的一瞬间"的静势动作进行表现时，

---

① 所谓"最富于孕育性的那一刻"的概念是18世纪德国的莱辛在《拉奥孔》中提出来的，他说："绘画在它的同时并列的构图里，只能运用动作中的某一顷刻，所以就要选择最富于孕育性的那一顷刻，使得前前后后都可以从这一顷刻中得到最清楚的理解。"（莱辛，1979.拉奥孔[M].光潜，译.北京：人民文学出版社：83.）而我国学者卢佑诚解释道："所谓'选择最富于孕育性的那一顷刻'就是在构图时选择最富有动感的一瞬间，这样就不仅有空间感，而且有时间感，就可以使读者产生丰富的联想。"参见卢佑诚，2004.论"势"：体势、气势、理势[J].北京联合大学学报（人文社会科学版），2(4)：49.笔者认为武术套路中"最富于孕育性的那一刻"也就是武术动作招式要出现劲别、要有二力相争，使得动作姿势彰显出饱满、劲健之感。在套路运动中亮相动作（相对静止）就是"最富于孕育性的那一刻"的动作姿势，易激发欣赏者的联想。

才能收到最佳的审美效果。

这样的静势动作，往往既是前一个动作的目标和归宿，又是后一个动作的预备姿势。这些动作通常是武术套路中的"亮相"动作，它们时常成为连缀下一动势的临界点，就在这"静止"与定格的瞬间，演练者已将引而未发的力和动势蓄满，并将开启可自然地滑向与过渡到下一势动作的先机。以太极拳为例，这一临界点的姿势定格，无疑就是王宗岳所说的："动静之机，阴阳之母"（王宗岳 等，1995）[24]的瞬间，也即陈鑫所说的："承上启下"处、"来脉转关"[①]处。选取这一刻的静势动作加以表现时，不仅能够从空间结构上使姿势造型所蕴含的内在张力最大化，而且能够化空间为时间，将背景性的过去、最富动感的现在与未来的发展趋势，都有机地整合在一起表现出来。从古至今，武术套路中那些被人诠释到位的静势画面或者拳照，都能引发观者的审美联想，带给人一种味之无穷的审美愉悦感受。真可谓"无势则意尽，有势则味长"（朱良志，2006）[180]。《魏书·嵇康生传》中有这样一段记载："正光二年三月，肃宗朝灵太后于西林园，文武侍坐，酒酣迭舞。次至康生，康生乃为力士舞，及于折旋，每顾视太后，举手、蹈足、瞋目、顉首，为杀缚之势。"（魏收，1995）[1002]康生所跳力士舞之所以带给人一种"杀搏之势"的感觉，与其在"折旋"之处的顾视、举手、踏足、瞋目、顉首等定势动作的表现是密切相关的。登封少林寺的那些经典武术壁画、各种拳谱之中手绘的武术拳画、现当代某些武术名家的精美拳照等，也能带给人们这种静中寓动的审美感受。这种审美感受是通过演练者的身姿造型、眼神及整个身体所呈现出来的浑圆张力营造出来的。从这些静势画面中我们可看出，表演者身体的躯干多成扭与拧的旋转状态，两手、两腿多形成一种曲而不曲、直而不直、对立之中又相互呼应、相互贯通的特点，头的回望以及目随势注、意贯拳势等，使整个身体仿佛蕴含着一股充沛的内劲，气势腾然，营造出一种弓已蓄满、一触即发的高度虚静和防守之中又潜藏技击意图的整体意境氛围。

武术套路整套动作的演练是势势相承、连绵不断的，但动势之中又要寓静、

[①] 陈鑫认为："学太极拳着着当细心揣摩……即承上启下尤当留心；此处不留心则来脉不真，转关不灵且一着自成一着，不能自始至终贯成一气。"（陈鑫，2009.太极拳图画讲义［M］.太原：山西科学技术出版社：3.）

求稳,讲究节奏与韵律。在演练者的演练过程中,要使运动的气势像海浪那样激荡,滔滔不绝;同时又要做到动中有静、快而不乱、动中有节、动而有韵;尤其在由运动过渡到静止的那一刻,要如同巍峨的大山那样稳健沉实,一静俱静,坚不可摧。描写武术运动中这种动静变化的说法有很多,如"动如涛""静如岳""动如奔獭,静如潜鱼"等。这些说法都充分表明只有把握好了运动过程中的稳定、有序、节奏、瞬间的凝固与沉实等,才能让整个套路作品富于生命节律与风采韵致。尤其是当演练者在演练过程中把握好拳势留余的空间大小时,更能使整个套路作品生气勃勃、富有变化;但势与势之间的变化流转并不生硬机械,而是自然而然,水到渠成。这与中国其他艺术的创作理念是一致的。中国艺术主张尽势,但又提倡"不到顶点",留有一定的回旋余地,这正是充分利用势的体现。如诗学上主张"辞已尽而势有余"(刘勰,2009)[419],书法上马宗霍《霋岳楼笔谈》曾说,"明人草,无不纵笔以取势者,觉斯(即王铎)则拟而能敛,故不极势而势如不尽"(朱志荣,2012)[160]。武术套路动态之中的拳势表现时要做到既不能"蓄势"不够,也不将拳势"使老""用尽",而是在"蓄满"与"留余"的空间之中细致权衡与拿捏,只有把握好由动到静这一瞬间的恰当张力,才能让拳势与拳势衔接自然,一气贯通。

武术套路的势式是手眼身步与意气劲力等在各司其职又通力合作之下完成的,这表明欣赏武术套路表演时并不是对各个局部动作的欣赏,而是对其具有整体意义的拳势与拳路的欣赏。20世纪初在德国兴起的格式塔心理学认为,人的一个知觉式样并不是局部元素互不关联地存在着,或者仅仅是它们的简单相加与拼凑,而是元素与元素、局部与局部之间相互指涉与关联,如同人体器官一样形成一个整体,形成一个"牵一发而动全身"的"力场"。郭勇健举例说:"譬如画布上并置的两块不同颜色,它们和我们的物理距离是一样的,因为它们处于同一平面;但是根据直觉领悟,它们与我们的知觉距离却必定不同,似乎有了深度之差,并不在一个平面之上,这就在两块颜色之间造成某种空间张力。类似这种相互影响的关系可以有很多,对抗或对立是最主要也(是)最有效的。"(郭勇健,2006)[157]在一个个拳种套路之中,由于对立统一、互根互济的阴阳原则的运用极其普遍,从而促使其在动态的变化中形成此起彼伏的"空间张力"。一个套路作品往往在攻守进退、动静结合、快慢相间、刚柔相济等矛盾运动之中变化流转，正是在这种既对立又互根互济的阴阳变化之中，演练者用自己的身体为我们展现了一个个势如破竹的浑圆张力。在一种惊心动魄的劲力发放过后，演练者的动作又并不走向衰败和瓦解，而是发放之中留有适当的余地，开始重新培蓄新的力量与张力，就在这一张一弛的开与合、发与放之中，让观者领略到不断发展的紧张和解决、扭结和解结的起伏跌宕的力的动态形式。

2. 用无定势

《孙子·势》篇说："战势不过奇正，奇正之变，不可胜穷也。奇正相生，如循环之无端，孰能穷之？"（孙武，2011）[47]在孙武看来，两军对垒所形成的战势不过奇正两类，"正"是指正常的、合乎规范的一类；而"奇"则是非常规的、出人意表的一类。"奇"与"正"不同的组合方式，可以适应千变万化的主观、客观因素。刘勰在《通变》篇中言，"设文之体有常，变文之数无方。何以明其然耶？凡诗、赋、书、记，名理相因，此有常之体也；文辞气力，通变则久，此无方之数也。名理有常，体必资于故实；通变无方，数必酌于新声"（刘勰，2009）[406]。可见，文章虽有诗、书、赋、记各种相对稳定的文体，但依托不同人的文辞气力也可谱写令人耳目一新的篇章。对于武术来讲，如果说各类拳种套路有相对稳定的程式规范与风格特征，但这并不意味着它们是僵死的、不变的；相反，"变"恰是武术之"势"的最为重要的一种内涵。明代著名军事家唐顺之在《武编》中说："拳有势者，所以为变化也。横邪侧面，起立走伏，皆有墙户，可以守，可以攻，故谓之势。拳有定势，而用时则无定势。然当其用也，变无定势，而实不失势，故谓之把势。"（唐顺之，2006）[3]"拳有势者，所以为变化也。"这一下定义的说法，道出了武术之"势"的核心内涵是体现其变化、变通这一属性。仅从"横邪侧面，起立走伏"之类的外形动作之变化，就可看出其背后所潜隐的开门闭户、攻守进退之类的技击意图的变化；所以，平日练拳虽有定势，有具体的程式规范与路径方法，但用的时候却不能受固定拳势的束缚。明代程宗猷在《耕余剩技》中说："以前刀法，着着皆是临敌实用，苟不以成路刀势。习演精熟，则持刀运用，进退跳跃，环转之法不尽。虽云着着实用，犹恐临敌掣肘。"（程宗猷，2006a）[97]戚继光在《纪效新书》中也说："故择其拳之善者三十二势，势势相承。遇敌制胜，变化无穷。微妙莫测，窈焉冥焉，人不得而窥者谓之神。"（戚继光，1988）[307] 可见，所谓的"定势"与"无定势""有法与无法"等之类的说法都是相对而言的。所谓的"成路刀势"和"势势相承"实际上就是指一个个经典的武术套路，通过对它们习演精熟，来达到灵活运用之功效。在传统社会观念看来，做好了本体，自然也就有可能实现各种具体应用。虽然在灵活应用时不被成法、定势所拘，但由于经过长期训练，习练者早已将相关规矩内化，能在不同情况之下，自如地变通运用各种拳势；所以实则不失势。唐顺之把在不同场景中具体运用时的"拳势"又称为把势。清代康熙年间梅花拳传人杨炳的《习武序》中这样解释"把势"，"把者，握也，操也；势者，因利而制权。"（周伟良，2003）[83] "因利而制权"一语充分体现了武术之"把势"的灵活性、权衡性、变通性，凸显了运用者的实践智慧。

3. 顺势而为，得机得势

如何才能灵活变通地运用武术套路之拳势呢？首先要利用好动态运动之中的自然之势，在得机得势的情况下顺势而为。《韩非子·难势》："夫'势'者，名一而变无数者也。势必于自然，则无为言于势矣。吾所为言势者，言人之所设也。"（张觉 等，2007）[592] 在这里，韩非子将"势"区分为两种：一是强调客观形成的"自然之势"；一是强调主观造成的"人设之势"。它们表明"势"的营构需要一定的主客观条件，只不过韩非子突出强调的是"人设之势"。所谓"势者，乘利而为制也。如机发矢直，涧曲湍回，自然之趣也。圆者规体，其势也自转；方者矩形，其势也自安"（刘勰，2009）[415]，指的是自然之势，即事物客观的、自然的力量趋向。而孙武所说的"计利以听，乃为之势"（孙武，2011）[5]，"故善战人之势，如转圆石于千仞之山者，势也"（孙武，2011）[58]。日常生活中我们所用的"装腔作势""虚张声势"等成语虽然略带贬义，但它们其实都是人为之势的一种体现。所谓的"人为之势"一般是指在不悖于物理、事理、情理等的前提下，充分调动人的主观能动作用所形成的态势与形势。由于人在主观上进行了判断与有意识的选择，这种人为之势往往也成为较为合乎人的目的与理想的力量趋向。

在中华武术套路中，有所谓的"技缘形生，法依攻防"之说，也有所谓的"因敌成体"、顺势而为之说，这些都是在强调武术之势的生成，必须以遵循习练者个人的身体、器械、模仿的物象、所面对的对手等客观条件为前提。对这些客观条件的遵循与利用，其实是建立在长期的摸索与修炼的基础上，是通过克服重重阻力与障碍后，才有可能达致的理想境界。对于武术套路的演练与运用来讲，作为一种身体技艺，首先就要顺应人体生命规律。陈鑫说："学太极拳，学阴阳开合而已。吾身中自有本然之阴阳开合，非教者所能加损也，复其本然，教者即止。"（陈鑫，2009）[3]在技击实战中，俞大猷认为无论哪一种实战搏击，取胜的要诀都在于"顺人之势，借人之力，既要快便，又要似进实退，而后进，则大胜矣"（俞大猷，2006）[33]。但从顺"势"而为的视域看，"势"的运用又涉及"机"与"时"。俞大猷认为要想做到"顺人之势，借人之力"，就须"待其旧力略过，新力未发，然后乘之"。（俞大猷，2006）[33]太极拳讲"有隙可乘，不敢不入"（陈鑫，2006）[75]。这些说法都强调了由套路练习过渡到实搏对抗时，得机、得时、得势对于获取胜利的重要性。但"机"与"时"的作用，若空谈则无济于事，只有通过人的行动才能得到展示和实现。叶适曾在《应诏条六事》中对空谈"机"与"时"的人提出了批评："事之未立，则曰'乘其机也'，不知动者之有机而不动者之无机矣，纵其有机也，与无奚异！功之未成，则曰'待其时也'。不知为者之有时而不为者之无时矣，纵其有时也，与无奚别然！"（叶适，2010）[839]所以，太极拳主张在"不丢不顶中讨消息"，"不丢不顶"恰到好处地诠释了于行动之中寻找与把握机会的微妙性、活泛性。不丢是为了不给对方留下有隙可乘的机会；不顶则是顺别人之势，避其锋芒，因势利导之，即走化，为自己创造机会。

4. 作势、积势

为了更好地变通运用武术套路的拳势，除了上文所讲到的顺势而为、得机得势之外，唐顺之所提到的"作势""积势"等也是一种路径，这一路径同样注重"人设之势"的体现。唐顺之重点提到了两点，第一是"作势"。他说："作势之时，有虚有实。所谓惊法者虚；所谓取法者实也。似惊而实取，似取而实惊。虚实之用，妙存乎人。"（唐顺之，2006）[3]可见，"作势"关键是处理好虚实关系，"似惊而实取，似取而实惊"，就在这种虚与实的巧妙运用中迷惑与制服对手。桂胜认为，中国古代诸家（如道家、兵家等）思想都看重形势，且对形势多有议论，但总的来看，诸家思想都倾向于主张"敛势藏形"。[①] 这种观念无疑也深刻地影响了中国武术，中国武术之势虽因形而立，但又要敛势藏形。所谓"外示安逸，内宜鼓荡""势贵蓄""不著相"等即指此。华拳所主张的"搏贵无形"，即主张对抗时使自己常处于藏形匿迹的地位，就是"作势"的一种具体体现。《华拳秘谱》载："有形为实，无形为虚。"蔡龙云先生解释道："'虚'字也作假象讲，为了使对方从'无形'暴露为'有形'，就须'示之以虚，迎之以实'……而当对方的形迹暴露时，则须以真实的力量予以迎击。'虚'和'实'又作强弱刚柔讲，在迎击对方的有形的进攻时，还须'避其之实，击其之虚'……虚实又是'因势制宜'的……实可变虚，虚可变实，'无不虚，无不实'……"（蔡龙云，2007d）[267]

但要达到这种"虚实相生如循环之无端"，使对方难测其终始的技击高妙境界谈何容易；所以，唐顺之认为，拳家切不可拘泥于任何陈说习见，重要的是做到技艺精熟，且要博学多用、勇猛果敢等，这也就是"积势"的重要性。唐顺之说："拳家不可执泥里外圈长短打之说，要须完备透晓，乃为作手技。欲精、欲多用、欲熟、欲骏（音搜）、欲狼（狠）。两精则多者胜；两多则熟者胜；两熟则骏与狼（狠）者胜。数者备矣，乃可较敌。"（唐顺之，2006）[3] 可见，要从有法走向无法，达到搏贵无形、拳无定势、灵活变通地运用拳势确乎不易。唐顺之在这里提到的精、多用、熟等观点都是看到了"积势"的重要性。势有大小、优劣、强弱之分，且能在一定条件下发生转化。荀子说："积土成山，风雨兴焉；积水成渊，蛟龙生焉；积善成德，而神明自得，圣心备焉。故不积跬步，无以至千里；不积小流，无以成江海。"（方勇 等，2015）[5] 荀子用形象生动的语言说明了积势的意义。在中国传统武术的习练中，日复一日、年复一年的"功夫实修"一直颇受重视。太极拳有"由着数而渐悟懂劲，由懂劲而阶及神明"（李富刚，2018）[134]的说法，练习八卦掌有所谓"定架子""活架子""变架子"的三步功夫之说。"定

[①] 桂胜说："中国古代学者普遍注意到了形势的问题。道家崇尚的是'大象无形'的'玄'道，'无成势，无常形，故能究万物之情。'兵家崇尚的是'示形'的'诡'道，'兵无常势，水无常形，能因敌变化而取胜者谓之神。'《淮南子》则云：'为鱼鳖者，则可以网罟取也；为鸿鹄者，则可以矰缴取也；唯无形者，无可奈也。'感叹相对的无形的神秘不测。《六韬•发启》的'鸷鸟将击，卑飞敛翼；猛兽将搏，弭耳俯伏；圣人将动，必有愚色。'无非是告诫人们注意敛势藏形。"（桂胜，2000.周秦势论研究［M］.武汉：武汉大学出版社：15.）

架子"是基础功夫，要求一招一式，规规矩矩，宜慢不宜快。"活架子"主要练习动作协调配合，使基本要领在走转变换中运用娴熟。"变架子"要求内外统一，意领身随，变换自如，随意安插，不受拳套节序限制，做到轻如鸿毛，变如闪电，稳如盘石。（杨武 等，1986）[5-6] 这里的"架子"就相当于具体的拳势或招势，"定""活""变"恰到好处地诠释了武术之势由较为注重外形与姿势，过渡到身体各个部位协调配合，生发内气与内劲，最后达至灵活运用的逐层深入之学习与发展路径。陈鑫说："自初势至末势，所图者皆有形之拳。惟自有形造至于无形，而心机入妙，终归于无心，而后可以言拳。可见拳在我心，我心中天机流动，活泼泼地触处皆拳，非世之以拳为拳者比也。"（陈鑫，2006）[101] 陈鑫认为存在所谓的"有形之拳"与"无形之拳"两种不同层次与境界的太极拳，"无形之拳"是"心机入妙"，无所用心之拳，自然而然之拳，也是一种不露痕迹的处于极高境界的拳。它从"有形之拳"过渡而来，但需要长期的工夫实修做保证。

综上所述，我们认为，可以从规范性、劲健性、变化性三个方面，来把握武术套路之"势"的基本内涵与特征。其中，我们从形生势成、立体成势、依势象形三个角度，探讨了武术套路之"势"的规范性；从意动形随、气势雄健、劲健有力几个方面，探讨了武术套路之"势"的劲健性；从阴阳关系的角度，揭示了武术套路之"势"得以生成，以及能够体现出变化性的根本缘由与原理；并从静中寓动和动而有韵、用无定势、顺势而为和得机得势、作势与积势几个方面，进一步探讨了武术套路之"势"变化性的具体体现。需要注意的是，虽然我们在这里将套路之"势"的内涵从三个主要方面展开分析与论述，但三者之间实际上是相互依存、相互作用与相互转化的关系。

第二节　武术套路演练者的学养与功夫

一、个人学养

每个人从出生开始，他所经历的生命历程都是不同的。甚至还可以这么说，每个人出生之前，在母亲的胎中，就已经不同；因为每一个母亲的身体基因、文化背景是不同的。一个新生的婴儿脱离母胎，降临人间，他的身体就开始与世界上的人和物发生关系。他的家庭抚育他成长，稍大一点就开始接受学校教育、社会教育，后天的这种无所不在的文化教育环境，以及周围的自然地理环境等，都会潜移默化地影响着一个人的成长。虽然有时候人们根本没有觉察到自己的进步，但随着周围环境、人群、社会风习的变化，生活于其中的人之行为与观念，也会悄然地发生变化。可以说，任何一个人的历史文化积淀，都不是固定的、静止的，而是在每天的日常生活实践与各种知识与文化的习染中，不断地发生着变化。所谓"今日之我，已非昨日之我；明日之我，又非今日之我"（梁启超，2015）[242]，就是这个意思。只要人活着，积极地生活在这个世界上，各种可见的知识与不可见的知识，都会被不断地纳入个体的工作与生活之中，溶化到个体的生命之中，内化为个人的经验与知识：这便是一个人学养的体现。一个人学养的深广，直接影响着他所从事的各种活动。一般来讲，广博的文化知识与丰富的人生经历，再加上精深的专业知识与技能，往往能够构筑一个人较为全面的学养、知识与能力结构，促使他在专业领域以及各种社会文化领域表现得较为出色。武术套路运动是一种身体技艺，一种实践方式，演练者要创造出高水平的武术套路作品，就需要将自己的学养与生命体验融入套路形式之中，通过自己的身体运动表现出来。演练者通过动静疾徐、刚柔虚实、快慢相间的感性身体活动，把自身的知识、技能、情感和价值观念等渗透与融化到演练者自己的身体上，使之变成自己所希望的武术套路化中的身体，生成变化万千的各种动态意象。演练者一遍遍的习练，就是一次次的实践，也就是一次次的对象化。随着演练者各方面知识与文化修养的提高，再加上这种日复一日、年复一年的习练，就逐渐形成了具有个人色彩的拳架风格。中国人一向喜欢用所谓的"武术味"来衡量一个人的演练水平。那么，武术套路的"味道"（美）来自哪里呢？它既来自由演练者所传达出的武术套路技艺本身所具有的内涵与精髓，即拳种本身所具有的风格特点，也来自演练者与众不同的人生经历与生命感悟，即演练者熔铸到拳术中的个人风格特点。武术套路的修习过程，通常被称为体认、体味或者体悟的过程，体认、体味或体悟这些用语，都表明习练者对自己或前人原有感受与经验的反思与再体验，而这一再体验的过程其实是多次、甚至具有永恒追求空间的求索过程,"味"字表明是一种回味无穷的"有余"感,如同孔子在齐闻韶之后感觉"余音绕梁""三月不知肉味"一样。武术套路表演有没有"味道",与表演者个人多年(甚至毕生)的修习体验关系密切。武术界经常出现一个师傅教出来的徒弟个个都不一样的有趣现象。"不一样"主要是指个体风格的不一样;因为每个习练者的身体条件与个人文化素养(禀赋、能力、技巧、爱好、信念等)各不相同,经过这些不同生命个体的打磨、重构与浸润的拳种,便体现出不同的风格。即使是同一个拳种或同一个套路,不同的人(尤其是那些武术名家或高水平的演练者)演练时,却能表现出不同的韵味与风采。这不仅与每一个演练者自身对套路的熟悉与理解程度有关,也与其个体的身形与精神风貌有关,更与其极具个性色彩的人生阅历与独特的生命体验有关。即使同一个演练者演练同一个套路,由于年龄阶段、水平层次或演练场域的不同,都可能使拳套焕发出不同的审美风貌与感染力量。武术习练者技艺水平的提高、知识与文化素养等的全面提升、生命体验与人生感悟的加深,他们在演练武术套路时所赋予套路的生命力,也随之不断丰富、细腻与深化。

二、苦下工夫

钱穆先生在谈到工夫与方法时说:"最近美国拍了一部电影叫《中国功夫》,来宣传中国人的武术。如打太极拳,若论方法,两三个月就会,但要打得好,就要下工夫。现在人总喜欢讲科学方法,常有人向我问读书方法,其实读书更要是肯下工夫。如打太极拳,下了二三十年工夫,自然就好。"(钱穆,2004a)[126-127]陈鑫曾指出:"今之学者未用功而先期效,稍用力而即期成,其如孔子所谓先难后获何?问:工夫何以用?必如孟子所谓'必有事焉而勿正,心勿忘,勿助长也',而后可。理不明,延明师;路不清,访良友。理明路清而犹未能,再加终日乾乾之功,进而不止,日久自到。问:得几时?小成则三年,大成则九年,至九年之候(后),可以观矣。拟至九年之后,自然欲罢不能,蒸蒸日上,终身无住足之地矣。神手复起,不易吾言矣。躁心者其勉诸。"(沈家桢 等,1994)[307]短短几句话就道出了要想高质量地演练武术套路,灵活运用拳法与拳套,在演练过程中体会到自由的美感，就需要下工夫，勿忘勿助地长时间下工夫。可以说，在明师指引之下，长时间甚至是一辈子毫无间断、永无止境地习练与体悟，才是保证习练者学有所成的不二法门。各门拳种之中的许多细节性的技巧与规矩，并不是师傅毫无保留地告知就能在习练者身上表现出来，它需要在长时间的修炼中，寻找到这种正确、通透的感觉。总之，功夫是练出来的，而不是说出来的。"师傅领进门，修行靠个人"，"工夫不到总成谜"之类的武术谚语就鲜明地体现了中国武术对实践工夫的高度重视。李荣玉在谈到意拳大师王芗斋教拳的诀窍时说："王芗斋先生教人练拳从来不讲诀窍，他认为练拳没有什么诀窍，正确的方法确定以后下工夫练就是了。"（李荣玉，2011）[58-59]①

中华武术拥有蔚为壮观的拳械套路，但对传统武术名家来说，形式本身并不重要，重要的是灵活驾驭形式、运用形式的能力，可以说演练与运用中的套路形式，其实已经是对原有形式的超越，而决不只是生搬硬套、机械运用套路的外在形式。如同庄子所说的"得鱼而忘筌，得意而忘言"（陈鼓应，2009）[772-773]一样，套路形式本身只是帮助我们实现目的之桥梁，过河才是我们真正的目的。以太极拳为例，太极拳的外形看似大开大合，大起大落，手形与身形等无不在做划圆运动，但太极拳却有"大圈划小圈，小圈划无圈"的水平层级之分。所以太极拳大师陈小旺说："抓住这个运动体系，达到这个运动体系算是继承下来了，还能上升。如果说人人练了很多套路，没人达到运动体系，说明这个拳失效了。"（余功保，2016）[64]意拳创始人王芗斋更是看到了拳套在普通人传习过程中容易让人"本末倒置"，被人机械运用，于是开创了否定套路形式的意拳（大成拳）一派。但我们细读与了解意拳的拳理与方法之后发现，王芗斋所说的"模式拳"其实也是一种"套路"的体现；所以，虽然套路本身不是目的，但它却是帮我们实现目的的桥梁。这样看来，套路本身无所谓对错，关键是要用好它，这就需要每一个习练者长时间的悉心"体验"与"体

---

① 王芗斋还说："要想把拳练出来就得是最聪明的人下最笨的功夫才成。"他认为："现在的人练拳大部分人都不想傻站，都想问明白了再站，都想几个月或几年就练好了。练拳的规律是问不明白，也说不明白，只有正确的姿势加上苦站，长时间站才能站明白。正确的姿势不是一下子就能站对的，只有一个要求站对了，再站下一个要求，一个要求、一个要求长时间地追求，最后才能站对的。不是一下子全都按要求站，很快就站对了。看来傻站可以算练习大成拳的一个诀窍。"（参见李荣玉，2011.走进王芗斋［M］.太原：山西科学技术出版社：59－60.）

认"，用自己的经验与理解照亮"形式"，赋予形式以生气。如感受内气与内劲的培蓄与变化，通过想象各种情境来深刻理解动作的攻防技击含义，变通运用各种动作招势；通过自己的亲身感受与体验，来与古代或者当代的武术名家进行文本或者当面的"沟通"；并在融会百家的基础上，结合自己的个人体验，来更新现有的套路形式、生产新的具有价值的技能与理论知识。王芗斋曾对其徒弟说："你要真的按我说的练就错了，你要不按我说的去练就更错了。"（李荣玉，2011）[98]陈小旺也说，"练拳的过程就是缩小误差的过程"（余功保，2016）[42]。这些说法都表明，习练中国武术，尤其是内家拳，决不仅是外在形式的比划，更重要的是内在身体与心灵的觉知，带有浓厚的生命体验色彩；这也是习武者获得审美体验的前提条件。与此同时，它还有一个反思与超越的维度，也就是从个体走向社会、从特殊走向普遍的过程，这就需要习练者对知识与技能不断地进行重构与整合。中国传统思想中儒家所讲的"反身而诚，乐莫大焉"、道家所讲的"心斋""坐忘"等，都充分意识到了反向思维、整合思维的重要性，这是一种主张建立在生命体验的基础上，但又超越了许多琐碎的知识与实用功利之后，所重新达到的技能与生命整合状态，是一种既内在又超越、既具有个体性又带有普遍性的新的生命形态。以这种新的知识与技能结构和新的生命形态演练武术套路时，便会使套路作品恒新恒异，体现出醇厚的功力与韵味。

第三节 意境：武术套路的审美理想

"审美理想是审美意识对最高层次的美的宏观概括，表现为通过长期意象积累而相对稳定地凝聚在观念之中的一种审美精神模式，反映了审美主体对审美最高境界的自觉追求。"（周均平，2011）[166]在人类历史上，每个文化成熟、历史悠久的民族一般都形成了自己独特的较为稳定的审美理想。"意境是中华民族古典艺术的审美理想。"（薛富兴，1998）[24]自明清以来，持现代中国美学理论观念的中国各门艺术的评论者，便多以作品有无"意境"来作为评判艺术品成败的重要尺度。如明朱承爵曾言："作诗之妙，全在意境融彻，出音声之外，乃得真味。"

（朱承爵，1985）[18]晚清王国维说："然元剧最佳之处，不在其思想结构，而在其文章。其文章之妙，亦一言以蔽之，曰：有意境而已矣。"（王国维，2006）[122]在中国传统文化背景中孕育与成长起来的武术套路，也深受传统审美价值观念的影响，对意境的追求也成为套路审美的重要维度甚至最高标准。著名武术家蔡龙云先生说，演练武术套路时，要进入某种行拳"意境"，即"把自己的思想感情与拳法结合起来，做好行拳走势的准备。一套拳法如果不使之与思想感情结合，那么就仅仅是有'形'而无'神'的形体动作了"（蔡龙云，2007b）[92]。刘同为教授认为："竞技武术套路具有'形式美、本色美和意境美'等美学特征，其中以意境美为最高追求，其它美学特征皆服从于战斗的意境美的创构。"（刘同为等，2004）[69]可见，创造有"意境"的武术套路作品已俨然成为习武之人所追求的一种审美理想。那么，究竟应该如何理解"意境"，意境与意象具有怎样的关系？武术套路是否具备生成意境的条件？有意境的武术套路作品具有怎样的特征，又如何进行具体创构呢？这一系列的问题都是本节尝试回答的。

一、何谓意境

作为中国艺术审美理想的意境范畴不是一种先验的存在，而是在中华民族审美意识的发展历程中，逐渐形成与完善的。根据意境范畴的发展历程以及它在不同情境与不同艺术中的具体应用，研究者们对究竟如何理解意境概念提出了不同的观点。一般而言，"古人对意境的有无一直持两套标准：一是情景交融、神形兼备即意境；一是必须有言外之意、象外之象者方可称意境"（薛富兴，1998）[31]。具体而言，一种观点认为意境就是一种情景交融之美的境界，如李可染说："意境是艺术的灵魂，是客观事物精萃的集中，加上人的思想感情的陶铸，即借景抒情，经过艺术加工，达到情景交融的美的境界、诗的境界。"（王琢，1992）[38]对意境内涵的这种理解，与我们一般对意象概念的界定并无二致。另一种观点则强调意象与意境的不同，认为意境虽然产生自意象，但它又具有比意象深刻和高于意象的一面，亦即必有"言外之意，象外之象"的艺术精品，才可称得上有意境。如韩林德说："'意境'只是具有意象美的艺术中一些能深刻表现宇宙生机和人生真谛、给人以'味外之味'审美感受的艺术精品的美学特征。"(韩林德,1995)[51]叶朗也说:"所谓'意境',就是超越具体的有限的物象、事件、场景,进入无限的时间和空间,即所谓'胸罗宇宙,思接千古',从而对整个人生、历史、宇宙获得一种哲理性的感受和领悟。"(叶朗,1998)[19]除了这两种观点以外,当代学者薛富兴从诗歌创作的角度主张将这两种意境观点综合起来加以理解,他说:"综合这两套标准则发现,古代艺术意境的层次构成,就诗歌而言,大概有三种情形:有独以情景交融的第一境层称绝者,有两境层交叠者,有象内之境与象外之境次第而现者。"(薛富兴,1998)[31]我们认为,薛富兴所采用的这种意境层次论,在一定程度上化解了意象与意境截然分立的做法。这种将二者统一为意境创造的不同层次的做法,也较为切合各种艺术创作与欣赏的具体情况;因为在现实层面,我们所言的任何有意境的作品,必然是有意象的,如若没有某些具体可感的意象,就根本无从谈及更深层次的意境。所以,薛富兴所论及的这种较为宽泛的意境层次论,实际上已包含意象概念,此即以形神兼备、情景交融为本质特征的一般境层的意境;而薛富兴所言的那种更深层次的意境,则以"言外之意""象外之象"为特征,处于这种境层的审美主体之身心,已超越某些具体感性的物象,当下进入那种具有无比广阔时空的、能够深刻表现宇宙生机或人生真谛的艺术化境之中,这样的艺术化境必然是虚实统一的、韵味无穷的。简而言之,意境是指诗(词)、画、戏曲等门类艺术中,艺术家借匠心独运的艺术手法熔铸而成的情景交融、虚实相生、韵味无穷的艺术化境。

二、武术套路具备生成意境的条件

如前所述,有意象与意境的艺术作品一定是能够让人生发联想,情景交融,从实景走向虚境,甚至领悟到人生哲理与宇宙生命大道的高级作品。那么,一个疑问随之产生,作为一种并非纯艺术,而具有多维实用功能指向的武术套路,究竟是如何具备生成意境之条件的?在我们看来,这与武术套路的技术特征及其价值追求有关。具体来讲:一方面,武术套路的动作是具有攻防技击含义的;且这种动作具有由内达外、将身体的辅助意识统合到焦点的技击意识进行整体表达的特点。这意味着其动作本身只是媒介,动作背后的意义(如

"假想敌")才是目的：这是促使演练者/欣赏者能够象形取意、生成意境的重要缘由。另一方面，任何成熟与经典的拳种套路都拥有一套"术道互通"的理论话语，这就促使习武人在演练过程中不只是单纯地练技，而是需要从世间万象与个人修养之中涵摄各种营养，以期步入以技体道、修德、悟禅等高级境界：这是能够创造具有深层意境的武术套路作品的关键所在。武术套路的这些特点，促使我们在高水平的套路演练中，看到每一个静势的套路动作与身体造型，都能生成一幅幅生动的意象与意境画面；而当动作与动作、势与势连绵不断、一气贯通时，更能引导观者跟随演练者一起进入某种整体的行拳意境之中。

（一）武术套路的动作是身体觉知与动作意向性的统合

德国哲学家黑格尔说："能把个人的性格、思想和目的最清楚地表现出来的是动作，人最深刻的方面只有通过动作才能见诸现实。"（黑格尔，2009）[278]与舞蹈和体操一样，武术套路的基本元素也是动作。武术套路的动作是有攻防技击含义的动作，是呼吸、意念、形态相互协调配合的动作，是既讲攻防意向性又讲身体觉知的动作，这使其动作明显区别于体操动作，也区别于随意、散漫的自发性动作。为了理解武术套路动作的意向性和其身体觉知，我们可借用物理化学家、哲学家迈克尔·波兰尼（Michael Polanyi）所提出的默会认知的"两种觉知"理论来帮助理解。波兰尼说："布伦坦诺指出，意识必然关注一个对象，只有有意识的心灵活动才会关注一个对象。我对默会认知的分析，扩展了对意识的这种看法。它告诉我们，意识不仅是意向性的，而且它总是具有各种根源，由此出发去关注其对象。它包括对其辅助项的默会觉知。"（郁振华，2012）[124]波兰尼举例说，在手握锤子敲钉子的活动中，我们对钉子的觉知是焦点觉知，我们对手掌、手指的觉知是辅助觉知，在这一过程中，我们对手掌中的感觉的辅助觉知（from）被融进了敲钉子的焦点觉知（to）之中，波兰尼用 from-to 的结构来概括默会认识的动态整合结构（郁振华，2012）[58-59]。郁振华认为，"波兰尼从默会认知的 from-to 结构引出了一个重要的结论：我们的认知活动是通过寓居而展开的"（郁振华，2012）[124-125]。而且，"任何一种认知活动都预设了对我们身体的辅助觉知，任何一种知识都有其身体根源"（郁振华，2012）[128]。

武术套路由具有攻防技击含义的动作串联而成，"攻防技击含义"是动作意向性的体现，相当于波兰尼所说的默会认知过程中的"焦点觉知"。一般来讲，武术套路的肢体运动都有意向性，"进则是攻，退则是守，即使是静止时的拳势，也都含有'伺机待动'的意向。能够把每个动作和势式的意向表现出来，武术运动就显得生动活泼，否则就会空洞无力"（郁振华，2012）[140]。如武术套路中弓步冲拳、马步架打、猿猴缩身、野鹊蹬枝等动作招势中的"冲""打""缩""蹬"都体现了明显的动作意向性。为了更好地表现动作的攻防意向性，演练者首先需要从眼神、心意与情感等方面下工夫，逐渐为自己的动作注入鲜活的心意与运动情感，并通过眼神恰到好处地传达出来。蔡龙云先生认为："一个好的武术表演，不仅要'手到眼到'，而且还要表现出'运动感情'来。"（蔡龙云，2007e）[75]这表明心对身具有统摄作用，在演练武术套路时需要在心意的调动之下"牵一发而动全身"，体现出整体的和谐感与神韵之美。如太极拳就有"意气君来骨肉臣"之说。在意气、情感引动之下的武术套路动作，已俨然成为一种表意的符号，动作本身并不是目的，而只是通达某种目的或意义（如技击内涵）的媒介与手段。这从"圣人假干戚羽旄以表其容，发扬蹈厉以见其意"（杜佑，1988）[3705]的话语中，就可以看出，干戚羽旄之类的器具，作为一种外在的仪容与发扬蹈厉之类的身体运动统合在一起，旨在共同传达出那种强烈的生命精神与令人恐惧的威慑力量。

与此同时，武术套路动作攻防意向性的表达，还离不开全面而深刻的身体支援与身体辅助觉知。在波兰尼看来，"对身体的辅助觉知，代表了最高程度的寓居"（郁振华，2012）[130]。对身体细部寓居得越全面、越深入，越有可能在运动时调动它们参与到某种整体目标之中。中国武术在这方面最下功夫，为了对身体拥有充分的身体觉知或曰"辅助意识"，它既强调对身体从上到下、从内到外无所不包的整体规训，也强调对"内气""内劲"的觉知与感受，后者是一种贯通性的、整合性的、更加隐微的辅助身体觉知，对后者的觉知在一定程度上代表了较高程度的中国武术修炼境层。在前文所举例子中的"弓步""马步"像猿猴、野鹊一样的身姿，都是从外在身形与内在心象上，帮助演练者找准完成"冲拳""架打""缩身""蹬枝"之类动作的辅助身体要求，从而使演练者在连贯的运动过程中，通过寓居在马步、弓步之类的下肢身体部位，而过渡与整合到运用上肢的冲拳或架打的焦点目标之中。中国武术对"劲起于脚，主宰于腰，形于手指"的劲力传导过程十分重视，这实际上是充分看到了，对身体拥有全面而深入的辅助觉知，是对攻防意向性的动作表达有积极意义的。这样一种运动方式不仅能使武术套路的动作意向性更加突出，而且能使动作意向表达得既不直露、又不机械，而是极其含蓄蕴藉，令人回味无穷。这是因为在攻防意向的引导之下，身体各部位的微动或大动都不是散乱的，而是明了各自在整体目标之中的功能与价值，这样就能使动作的整体风貌与神韵，得到更鲜明的诠释与表现。一般来讲，随着习练者武术技艺的精进，他往往越能深入地寓居在身体各细部之中，并将身体各细部有机地汇聚到某种动作造型之中，从而也就越能将动作与形态背后的意图、情感、精神等，更好地渲染与表达出来。所以，修习武术套路的过程，实际上也是一个身与心、形与神、意（动作意向）与象（身姿形象或心构物象）的长期互动与磨合的过程，一旦它们之间实现了较好的交融与会通，武术套路的意象与意境，也便能够自然地生成。

（二）武术套路具有"由小道通达大道"的形上追求

中国武术深受中国传统文化价值观念的影响，它从来就不仅是一种形而下的技艺，而是有着自觉的对形上之道的追求。习武人在其数十年如一日的功夫实修过程中，也往往形成以武修德、由"技"进"道"、以武悟禅的价值指向。早在原始武舞的迷狂表演之中，就已暗含了沟通天人的神秘色彩。先秦时期，《庄子·说剑篇》就开始用"阴阳"思想来谈论"以巧斗力"的斗剑活动；《吴越春秋》中，越女则结合"道""阴阳"等观念，对"手战之道"进行阐释；汉代司马迁，在《史记·太史公自序》中提出了"非信廉仁勇不能传兵论剑，与道符同"（司马迁，1982）[3313]的"武德"思想。这些指引武术习练的价值观念与理论思想，尽管并不系统，但它们显然已经为后世武术的发展，奠定了一个较高的理论基点。明清时期，中国古典哲学的主要理论话语，完全渗入武术之中，形成了哲理意味颇浓的太极拳、八卦掌、形意拳等拳术。这些拳种不关注外在华丽，但它们却往往在简单的开合屈伸中，传达出了中国传统哲学中最根本的"太极、阴阳、五行、八卦"之理。"天地一大阴阳，人身一小阴阳"之类的理论话语，在明清以至民国时期的武术理论著作中，更是司空见惯，习武之人以武修身、体道、悟禅等形上的追求就显得更为自觉。宗白华先生认为：

"中国哲学是就'生命本身'体悟'道'的节奏。'道'具象于生活、礼乐制度。道尤表象于'艺'。灿烂的'艺'赋予'道'以形象和生命,'道'给予'艺'以深度和灵魂。"(宗白华,1981)[80]可见,在中国哲学中,"道"与"艺"是不分离的,"道"就在灿烂的"艺"中得到开显。当那些穷毕生精力将武术纳入自己的生活之中,真实习练且学有所成的武学大师进行表演时,他们往往能创造出形简意丰、富有神采韵致的武术套路作品,且很容易引发观众的审美联想,引领人们在武术套路这灿烂的"艺"中,领悟到"道"的精神。

以上分析表明,作为一种深受中国传统文化影响的身体技艺,武术套路虽然很少被视为纯艺术,但由于它的动作具有表情达意的功能,注重将内在的身体觉知与体验统合到技击意向的表达之中,是一种身心合一的整体运动;且它具有由小道通达大道的价值追求。这些都使它在一定程度上,具备了生成意象、意境的某些重要的前提条件与发展潜力。这一点在某些武术名家的表演之中也得到了证实。基于此,我们接下来需要进一步探讨的是:如何具体理解武术套路的意境内涵,它具有哪些本质特征,如何才能具体创构具有意境的武术套路作品。

三、武术套路意境的特征与创构

基于前文对意境内涵以及对武术套路自身技术特征与价值追求的分析,我们认为武术套路的意境内涵也具有层次性,身心合一、形神兼备、情景交融的套路意象美,是生成更深层次地体现象外之象的武术意境美的基础。有意境的武术套路作品,既包括那部分仅以身心合一、形神兼备、情景交融为特色的作品,也包括那部分不拘泥于具体动作内涵与身姿物象,而进一步生发了象外之象、富有哲理内涵的更高境层的作品。这类作品往往能通过处理好虚实关系来拓宽想象的时空,实现有限与无限的统一,使人味之无穷。简言之,有意境的武术套路作品,就是指某些技艺精湛与生命体验丰厚的武术套路演练者,在特定的场域促发下,所进入的那种情景交融、虚实相生、韵味无穷的高层次的行拳境界。

(一)情景交融

如何理解武术套路演练过程中的"景"呢?动作、姿势、构图、运动轨迹、模仿的对象、想象的对手、拳种风格等，都是套路演练中景的体现。"景"首先就是指各种拳种套路的动作造型、拳种风格与模仿的自然物象、观念图式等，如猴拳、鹰拳、螳螂拳之类的象形拳种，都有较为明确的动物之动作形态及其生存技能。作为演练者加以模仿与表现的对象，使人们一看见这类拳种的表演时，便能自然地联想到这些动物的形象和它们的习性与生存技能。演练者愈是能够将各种动物的动作、形态模仿到位，就愈是能够将猴之灵敏、鹰之矫捷、螳螂之迅猛等神韵表现出来；而太极拳、八卦掌之类的拳术，则能够通过演练者的演练，将这些拳术背后所凭依的中国传统观念图式，如太极图、八卦图之类的动态本象引发与勾画出来。此外，套路演练过程中的"景"，还指演练时的场景与氛围。从演练场景与氛围来看，不同的场景与氛围往往能触发演练者不同的情感与意绪，从而为其表演注入新的情感力量。这种现场特有的背景与"给定的氛围"，往往能够触发演练者表演的兴致。中国古代武舞或武术套路的表演，历来都有"即兴起舞"的传统，《诗经·齐风·猗嗟》就记载了年轻俊美的鲁庄公在表演射箭之时即兴起舞的场景。汉时军队中也流行将官在席间即兴起舞，通过舞剑、舞戟、舞双刀来佐酒助兴。文献记载中这些即兴起舞、表演武舞的场景，可视为受到某种特殊情境的触发而进行的表演，这与平日里的操练是有所不同的；因为此时的表演受到外在环境、事物、情境的感发激荡，能够引起人情感的波动，从而赋予人的身体运动以鲜活的生命与情感力量。正如钟嵘《诗品序》所言："气之动物，物之感人，故摇荡性情，形诸舞咏。"（钟嵘，1991）[7]这种在情感触动之下的"手之舞之，足之蹈之"，若再配上各种武术器械（如刀、枪、剑、棍等）以助其兴，更能极大程度地释放与抒发了自我，也更能感染观者，从而就具有了一定的审美效果与审美价值。唐文宗李昂在位时，正式将李白的歌诗、张旭的草书和裴旻的剑舞御封为"三绝"。裴旻将军还获得"剑圣"的尊称，足见其剑舞所达到的高妙境界。但即使是同一个人舞剑，他的表演带给人的感受也不是千篇一律的，而会因特殊的机缘与情感触发，赋予表演以不同的审美意蕴。如裴旻将军在丧母之后的一场剑舞表演，就达到了因"猛励"而通"幽冥"的境界。

演练武术套路时不仅要有景、有象，而且更需要情感的渗透与心意的发抒，在情景交融之中进入行拳意境，才能创造好的作品。那么，如何理解武术套路演练中的"情"呢？尽管武术套路不似舞蹈艺术那样以抒情为目标，但套路演练中情感必须饱满充沛、丰富多样。首先，演练者必须将武术特有的那种"发扬蹈厉"的精神与气魄表现出来，这是任何武术套路都必须具备的；因为武术套路的动作有攻防技击的功能，其中积淀了丰富与真实的战斗生活之技击实践经验，演练者必须把那种战斗的情感与精神，渗透到勇猛的动作之中表现出来。我们知道，武术套路与早期武舞密切相关，舞蹈是最能宣情的一种艺术形式。其中舞蹈又有文舞和武舞之分，武舞比文舞在表情达意这一方面又更胜一筹。如周代的《大武》就是为了歌颂周武王的文治武功，赞誉当时的盛世局面而创编的祭祀雅乐，表演者举干扬戚、顿足蹋地的表演既能鼓舞士气，又能给敌人以威慑。后来的武术套路就沿袭了早期武舞的乐舞精神，而它所具有的攻防技击含义的动作体系和演练者饱满的精气神的配合，很能将武术威猛刚毅的气势展现出来，从而极大地鼓舞人心。其次，好的武舞或者武术套路的表演，一般都浸润了演练者个人的生命体验，赋予了鲜明的个人风格，这样就使套路表演具有一定的抒情写意的作用。唐代文人，尤其是初盛唐文人，有一种文武兼习、渴望建立军功来实现自己人生价值的主动追求。诗人李白"十五好剑术"，留下了"抚剑夜吟啸，雄心日千里"，"不然拂剑起，沙漠收奇勋"，"三杯拂剑舞秋月，忽然高咏涕泗涟"等千古名句。从这些诗句可看出，李白在怀才不遇、不被朝廷重用与遭受排挤的现实面前，经常借助"舞剑"来抒发自己远大的志趣和内心的苦闷，其习武与舞剑的活动，已经与其个人的人生遭际和生命体验融为一体。再次，武术套路还蕴含着丰富的哲理，通过习武来体悟理趣成为许多习武人的主动追求，技艺水平与文化修养等都达到高层境界的习武者，往往能在行拳过程中获得某种与天地万物交相沟通的审美"高峰体验"。太极拳名家陈鑫说："理与气发于外者为情。人之交接往来则曰人情；文之抑扬顿挫则曰文情。打拳之欲抑先扬，欲扬先抑、其间天机活泼，极有情致。拳无情致，如木偶人一般。死蛇塌地，有何景致。又安能见其生龙活虎，令观者眼欲快睹，口中乐道，心中愿学？此拳之不可无情致也。"（陈鑫，2006）[85]陈鑫在这里把打拳时所蕴含的情致和人情、文情等量齐观，一方面能见出其重要性，另一方面也能看出行家在行拳过程中确能将人带进那种生机活泼、令人遐想的审美境界之中。那究竟是一番怎样的景象呢？陈鑫说："在我打得天花乱坠，在人自然拍案惊奇。里面有情,外面有景,直如天朗气清,惠风和畅,阳春烟景,大块文章,处处则柳鲜花娇,着着则山明水秀。游人触目兴怀,诗家心怡神畅,真好景致。拳景至此,可以观矣。"(陈鑫,2006)[85]可见,观者已在行拳者迂回曲折、抑扬顿挫、松活弹抖、变幻无穷的演练过程中,进入了天朗气清、惠风和畅、触目都是好景致,引发人无限情思与生命感慨的绝好去处;而这些都是行拳者"里面有情,外面有景",即情景交融的表演所自然引发的审美效果。

总的来看,那种情景交融的"行拳意境"是评判武术套路演练水平高下的重要维度,高水平的套路演练一定是演练者将自己置于一个"看似无人似有人"之"真实的想象"的"战斗"场景之中,"勃然战色",在酣畅淋漓的表演过程中早已忘却自身,融入了一个与生命水乳交融的战斗场域中。一般来讲,这种带有高峰体验性质的表演,往往是受特殊的场域、特定的机缘促发之后的一种即兴表演。特殊时空中的氛围与个人情绪的触动,往往会为演练者整个表演、整套动作注入真实、饱满的情感与生命力量,让一切灵动与鲜活起来,富于感染力。之所以能够做到酣畅淋漓地即兴表演,这与演练者生存、实践与超越的整个"生命活动之链"是密不可分的,演练者长期的技能修习与生活经历、情感体验等被当下场域的某些元素所调动,使它们得以在这一瞬间纷至沓来,融合到富有意义的整体表演之中。如太极拳表演时,某些太极拳名家或者高水平的太极拳运动员,往往身着素净淡雅的太极服饰,配以时而清幽、时而激荡的太极音乐,生命的律动与音乐的节奏相互感通,使演练者很容易进入那种圆融无碍、思接千载的创作自由境界。此时的他们,已将自己的身体、器械、技术、运行轨迹等与内在的情思交融在一起,营构出一幅幅生动活泼、情景交融的意象与画面,通过自己心手相应、上下相随、动迅静定的身体律动与身姿造型表现出来;而观众在欣赏过程中也情不自禁地产生"内模仿"①,甚至会伴同肌肉紧张、屏住呼吸的下意识动作,随着演练者结束表演方觉有难以言

---

① 内模仿(inner imitation),侧重于从生理和心理学结合的角度来研究审美心理与审美感受。德国心理学家、美学家谷鲁斯是"内模仿说"的先驱。他在其名著《动物的游戏》中举例道:"一个小孩子在路上看见许多小孩子在戏逐一个同伴,站住旁观了几分钟,越看越高兴,最后也跟着他们追逐。在我看来,这几分钟的旁观就是对于那运动现象的最初步的美感的观赏。这里已经有'内模仿',不过它只是真的外模仿的准备。"(朱光潜,2005a.文艺心理学[M].上海:复旦大学出版社:52.)

传之快感，回味无穷。

(二) 虚实相生

虚实相生，不仅是武术套路表演时的审美追求之一，也是武术套路意象营造过程中的一项重要原则，还是判断武术套路演练是否有意境的一个主要标准。武术套路正是通过虚实相生、动静相成，以有限表现无限的方法来创造意象、生成意境，从而引发观者联想，使人感到韵味无穷的。虚与实之间的关系，是武术套路运动中需要特别注意的一对关系，在任何套路运动中，虚都不是全然无力、漂浮无根，实也并非全然占煞、僵死呆笨，可以说，只有虚中寓实、实中寓虚、虚实相生才是恰到好处，才能更好地创生有意境的武术套路作品。

1. 以实带虚

清代书画家笪重光在《画筌》中说："空本难图，实景清而空景现；神无可绘，真境逼而神境生。位置相戾，有画处多属赘疣；虚实相生，无画处皆成妙境。"（笪重光，1987）[7]意思是说，虚（空、神）与实是矛盾的对立统一。要表现虚（空、神）之妙，不妨从实处下手。将实景、真景处理好了，那么空景和神境（虚）也就表现出来了。这就是"虚实相生"的画理所在。清邹一桂《小山画谱》也说："虚而不可以形求也。不知实者逼肖，则虚者自出。"（邹一桂，2019）[291]中国画家正是运用这种"以实带虚"的方法来表现天地万物的生机活力的。对于武术套路的演练来讲，要实现"以实带虚"的审美效果首先需要做到动作准确、规范，尤其是细节问题要处理好；只有身体形态上、动作技巧上无有弊病，才有可能以实带虚。如武术中有"单刀看闲手"的说法，就是指在刀术的运动过程中，如果左手处理不当，就会使运动的结构、姿势的造型遭到破坏；那种"刀如猛虎"般的气势就根本无法表现出来。此外，以实带虚还有工夫论的内涵，即这是一个通过长期亲身实践不断地缩小运动误差的过程，误差越小，才会自然地实现以实生虚的效果。以太极拳为例，太极拳名家陈小旺认为，练习陈式太极拳分为"以外形引动内气"和"以内气催外形"的两个阶段。其中"以外形引动内气"的阶段，就可看成是以实带虚的修炼过程。因为"内气"不可见，是太极拳套路演练中虚的一面的重要体现；习练者只有通过长时间的练习，才能实现"以外形引动内气"、生发劲力，也才能更好地把握动作势式中的虚与实，做好来脉转关处虚实的转换等。恰如陈小旺在《陈氏太极拳的发劲》中所说："所谓下工夫，就是不辞劳苦地走拳架，细心揣摩，对照遵循法则，逐渐缩小运动当中的误差。运动误差越缩小，内气的流量就越能增大，并且受到的阻力减小，动作能够按其法则基本协调，内气则可以勉强贯通。"（陈小旺，2005）[210]

在现代武术套路比赛中，传统项目的评分规则分为动作质量和演练水平两大块。动作质量偏重于对基本身形与技法的把握；演练水平偏重于对整套动作演练技巧与效果的宏观掌控。虽然二者是以切块打分的形式出现的，但整体的演练水平显然处于更高一级的层次。虽然整体演练水平离不开局部细节动作的支撑，但它不能一一还原为各种评分点的简单相加；因为整合其实是一种新质的体现，套路是否有神韵、是否注入了鲜活的生命力、是否浸润了演练者个体的生命体验与情感意绪等，都是处于技巧之上的更高层次的内容。当你看到一个白发苍苍的年长者练起拳来依然虎虎生威，舞枪弄棒依然毫不含糊、毫无老态时，你分明切实感受到了什么叫真正的身心合一、身械合一与天人合一；你分明在他们高超技艺的背后，体悟到了什么叫达到技进乎道的人生态度与审美人生境界。本为不断向外征服的武术技艺，最终却转向了审美化的表现；本来代表凶狠、残暴的各种器械，如刀、枪、剑、棍等最终却演化为器械与人体的合一，在尊重与掌握器械本身的特征与技击规律的前提下，在展现器械与人之间消融合一、无有间隔的前提下，整套演练动作向人烘托的是各种虚拟的"敌人"与"战斗氛围"，器械、技巧与人的身体越是消融不可见，越是能带领人们进入那种真实烘托出来的行拳意境与战斗氛围之中。这就是所谓"意象融彻"的境界，是"实景清而虚景现""真境逼而实境生"和以实写虚的审美效果，在武术套路演练中的真实体现。

2. 以虚明实

清范玑在《过云庐画论》中说："画有虚实处，虚处明，实处无不明矣。……必虚处明，实处始明。"（范玑，2018）[391] 韩林德认为，范玑在这里所谈到的仍然是虚与实的关系，只不过范玑重在强调"虚"的重要性，认为"一旦'虚'处处理好了，那么'实'处自然有了着落，整幅画的画面也就生机盎然，奇趣乃出了"。(韩林德,1995)⁴¹ 绘画上虚实关系的处理,与武术套路演练其实有异曲同工之妙。当武术套路练到高级阶段时,习练者对技术已较为熟练,不需要对某些细节进行重点关注,这时往往更为关注的是整套动作的起承转合、一气贯通,把握好动作与动作、势与势之间的劲力顺达、节奏韵律等。这些习练与演练技巧的掌握,实际上很大程度上是对"虚"的一面之重视。在武术行家们看来,只有更加虚灵地用内气引动外形,才能更好实现动作的节节贯穿与一气贯通;只有更好地把握阴阳之间的互根与互济的关系,才能更好地实现动作与动作之间的高低起伏、抑扬顿挫、错落有致、富有生气。王宗岳在《太极拳论》中说:"动静之机,阴阳之母也。"(王宗岳 等,1995)²⁴ 这里的"动静之机"即是对隐性一面的"内中之消息"的重视,也是对"虚灵"的重视。

与此同时,就演练者来讲,只有"真实地想象","看似无人似有人"地进行练习与演练,才能让其演练更加逼真,把"不在场"的"对手"与"战斗氛围"给烘托出来,从而让整个作品富有生气与神韵。如在武术套路单练中,演练者所针对的"敌人"是虚拟的,但演练者通过自己高超的技艺水平和"真实的想象",心中早已"有情有景",在演练时就能够进入那种令人神往的"行拳意境",就在其屈伸往来、蹿蹦跳跃、左右盘旋之中,为我们营造了一个"真实的"战斗场景或打斗场面,这也就是欧阳修在《六一诗话》中所谓的"状难写之景,如在目前;含不尽之意,见于言外,然后为至矣"(欧阳修,2009)⁶。

太极拳名家马虹从写诗的两大要素(情感和联想),联想到打拳的两大要素:"第一是懂劲;第二是用意。这也可能是练好太极拳的两大翅膀。因为太极拳的本质是武术,武术的核心问题是运劲,运劲的灵魂是用意;而用意,实际上也是运劲中的种种'联想'。打拳的时候,也离不开某些积极的形象化的联想。"(马虹,2012)⁴⁸⁸ 马虹先生在这里看到了"积极的形象化的联想"对习练以内外兼修著称的中国武术(尤其是精进技艺阶段)的重要性。与世界他国武技相比,对内劲的体认与运用,是使武术不同于他国武技的独特之处,也是导致武术习练时需要时刻用意引导的关键所在。由于这种内在感受极富个体性与私人性,如人饮水、冷暖自知,很难用清晰的逻辑化的语言加以描述,需要用象形思维方式和比拟性的诗性话语来加以表达。武术中大量的象形拳势与拳名,以及大量充满诗意的形象化的武术谚语与武术技法要求,都在一定程度上与此有关。如"两手如撕棉"、通背拳所谓的"手背似铁,腕活如绵,胳膊似皮鞭,肘如环,肩如风轮,背如蜗牛,胸如空洞,身似弓,腰似蛇形,胯似奔马,膝如寒鸡,脚似钻,两手如放箭"(全国体育学院教材委员会《武术》教材小组,1991)[76]、长拳中的"动如涛、静如岳、起如猿、落如鹊、站如松、立如鸡、转如轮、折如弓、快如风、缓如鹰、轻如叶、重如铁"之类的"十二型"(蔡仲林 等,2009)[40]等都是这种意象思维、积极联想的体现。正是通过联想相似的情景与物象,身体中的劲力感受才寻觅到了一条相对具体的可以把握的练习路径,不仅使习练者对内劲体会得愈加真切,也能生发出兴味盎然的审美感受。马虹先生还结合太极拳练习中的具体拳势,来探讨这种"积极联想"究竟如何运用。他以预备式为例:"从虚领顶劲,就联想面前的大树的梢节,节节上升;从五趾抓地,又联想到树根下扎,深深地下扎,上下对拉拔长。……当然,修炼技击功夫,还可以联想到如何以大将风度,从容不迫、有胆有识、有法有力、化打结合、运劲自如地应付面前的敌人。"(马虹,2012)[488]中国武术发展到明清时期,随着中国哲学思潮的"向内转"、对内在心性的愈加重视,以及气功、导引中的某些习练方法被有机地纳入武术训练体系之中,武术中对内意、内气、内劲之类的修炼开始凸显,这都是促使武术套路演练对"以虚生实"颇为重视的重要原因。

简而言之,武术套路演练时,演练者需要通过处理好虚实之间的关系来创生有意境的作品。实的武术现象,是由演练者的动作与技巧所直接塑造出来的拳架、姿势;而虚的武术现象,是通过演练者的内气、内劲与主体情思、想象等的作用所营构出来的心象与画面。而所谓的象外之象、景外之景、味外之旨等,都是"虚境"的进一步体现;它们不仅包括"象",而且更强调"象"外的虚空、哲理趣味等。总之,虚境通过实境来烘托;实境在虚境的驱动或统摄下进行加工处理。两相结合,促使有形招式和无形招式相融合,使有限与无限相统一,使再现的武术之"势"(实境)与它所暗示、象征的虚境融为一体;从而使武术套路在演练时充满空间之美、动态之美、神韵之美。

(三) 韵味无穷

武术套路演练不仅追求形似,更追求传神,将动作招势的那种鲜活神韵表现出来，使观者获得得意忘言、得意忘象的"味外之旨"。邱丕相先生对意境的理解是："情景交融、以实生虚、引起联想、耐人寻味。"（邱丕相，2007）[236]程大力先生认为："是否得其'神韵'，仍是多数习武者追求的武术的最高境界，以及衡量一个人功夫好坏的最重要的标准。"（程大力，1995）[133]可见，韵味无穷也是武术套路意境美的一个重要评判维度，那么究竟应如何理解富有韵味的武术套路作品呢？

首先，有韵味的套路作品一定是优秀作品，它已超越了一般的规矩绳墨之束缚，不再局限于某些具体技术规则的限制，而进入了一种以神写形，随物赋形的创作自由阶段。这也就是清代画家郑板桥所说的"成竹在胸""心手相应"的阶段。正如陈鑫所描绘的太极拳练习过程遵循"始则循乎规矩，终则化乎规矩"一样，有韵味的武术套路作品，在一定程度上已接近或已达到"化乎规矩"的水平。这样的高级作品，折射了习武人功夫的纯正与醇厚。它是一种厚重的体认，是身心之间、人与器械之间、人与人之间长期交流与对话之后所实现的一种"不隔"状态，意到气到，气到力到。只有意念与身体之间的缝隙越小，才能使套路作品越有味道。有味道的武术套路表演也必然是一种"劲起于脚，主宰于腰，形于手指"（尤志心，2012）[178]，"劲断意不断，意断神相连"（陈东山 等，2011）[18]的含蓄蕴藉的整体表达。

其次，韵是气韵，是人体内旺盛生机、勃勃生气或淋漓元气的外化体现，也是动作与生命节律互感融通的体现。气韵生动是武术套路演练所追求的一种境界，它是人的生命精神的体现。从先秦时期《越女论剑》中所提到的"外示安逸，内宜鼓荡""布形候气"就可看到武术对培蓄内气的重视；而当武术发展到明清时期，更是将气功、导引的养气、练气方法引入了各种拳术之中，成为习拳的关键所在。在运动过程中，韵也是韵律、节奏，是演练者动态造型与动作变化流转所体现出来的生命节律的体现。韩林德说："'气韵'是中国美学中颇具民族特色的范畴，指的是审美对象的内在生命力显现出来的具有韵律美的形态。"（韩林德，1995）[43]早在先秦武舞表演中就颇为重视节奏韵律，《乐记》载："……执其干戚，习其俯仰诎伸，容貌得庄焉；行其缀兆，要其节奏，行列得正焉，进退得齐焉。"（杨天宇，2011）[505]成熟形态的武术套路表演，就在快慢、起伏、刚柔等阴阳变换中体现出生命节律的变化。所谓静中寓动、动而有韵就是指演练拳术之节奏要与人体生命之律动、自然万物之律动相互感通，保持一致。

再次，武术套路的韵味，还体现在演练者有没有把套路的风格特点，以及个人的神采风貌体现出来。如太极拳要有太极拳的味道；南拳得有南拳的味道；两者之间存在着差异，不能把太极拳练出南拳味。在程大力先生看来，武术五花八门的拳种，各有自己独特的风格，姿态迥异：

> 长拳架势舒展，大开大合，高飘响脆。
> 太极柔里寓刚，舒松自然，绵绵不绝。
> 少林古朴紧凑，硬攻直上，勇猛刚健。
> 形意动静相间，劲力雄沉，含威不露。
> ……
> 这些不同，实际上也就是审美风格的不同，'韵'的不同。（程大力，2005）[3]

与此同时，有神韵的作品，偏重于精神性、审美性。武术套路的"神韵"，还是演练者的人品学养、精神气质的体现。"眼睛"是表现艺术传神的关键，东晋顾恺之最早在美术领域提出"传神论"，他说："四体妍蚩，本无关于妙处；传神写照，正在阿堵中。"（刘义庆，2013）[473]此处的"阿堵"就是指眼睛。武术套路演练中强调的"目随势注""眼似电""意发神传"，即体现了眼神对传情达意的重要作用。眼法与手法关系密切，"眼随手动"就是强调手与眼要相互配合。手到哪里，眼也要跟随到哪里。武术套路由金刚捣碓、白鹅亮翅、乌龙绞柱之类的基本势式动作组成，每一个拳势都有情有景，如"金刚捣碓""白鹅亮翅"中的金刚、碓、白鹅、翅都是想象中的意象，一个"捣"字或一个"亮"字就让静态的形象与画面顿时鲜活起来；所以"捣"和"亮"等动词，就是武术招式中的传神之笔，是体现物我贯通、情景交融、虚实相生的关键所在。如"白鹅亮翅"，可以说著一"亮"字而境界全出。演练者需要将白鹅的悠闲、潇洒、自信的姿态与神韵体现出来。陈鑫说："何谓白鹅亮翅？如白鹅之鸟舒展羽翼，象形也。……如鹅展翅之形，似停不停，象形也。……"（陈鑫，2006）[116]"亮翅由来有白鹅（人之涵养元气，如鹅伏而不动，以养精神）。……弓弯何不发，

一发倍精神。"(陈鑫，2006)[117]

最后，"韵"和"味"联系在一起，要能让人浮想联翩、余味悠长，方觉有"韵味"。有韵味的武术套路表演甚至能达到一种"发纤浓于简古，寄至味于淡泊"的形简意丰、带有深沉的人生意味之境界，此时的表演早已进入化乎规矩的阶段：一种外示安逸、内气鼓荡、饱满充实的阶段；一种以心运手、以手写心的形散而神不散的写意抒情阶段。在此阶段中，极微小的动作手势也能让人感受到极丰沛的意味，这种意味已超越了单纯的技击内涵，而毋宁具有了某种不可言传的哲学本体意味。这种高妙境界大致相当于晚唐司空图所说的"韵外之致""味外之旨"。李泽厚在解释司空图的这些说法时指出："都是要求文艺去捕捉、表达和创造出那种种可意会而不可言传、难以形容却动人心魄的情感、意趣、心绪和韵味。这当然更不是模拟、复写、认识所能做到，它进一步突出了、发展了中国美学传统中的抒情、表现的民族特征。"（李泽厚，2009）[162]"超以象外，得其环中"（司空图，2018）[1]，高妙的武术套路演练，要能引发演练者自身和观者进入一种难以清晰状貌、却又十分真实地能与宇宙万物相沟通的、回味无穷的本体境界感，即那种"鸢飞""鱼跃"（程俊英，2004）[420]、"与物为春"（陈鼓应，2009）[172]的至乐境界。一般要到达此境界，往往离不开演练者高超的演练水平与超绝的精神风貌，而且能将看似极朴拙、极简单的动作表现得极有味道、极有情致。中国武术中的内家拳（太极拳、八卦掌等）本身就带有高度抽象的形上追求，这些拳种的动作虽然朴实无华，但它们却能够在简单的开合屈伸中，传达出中国传统哲学中最根本的"太极、阴阳、五行、八卦"之理。在"曲蓄"与"圆满"状态中，在循环无端的运动变化中，让人感受到一种"劲以曲蓄而有余"、大化流行、生生不息的，与宇宙本体相沟通的审美感受。太极拳名家顾留馨先生认为："太极拳整个套路内是不断有往复的，因此也是不断有折迭的。有了折迭嵌进在动作之内，练起拳来就显得有一种留恋缱绻的感觉，产生似松非松、将展未展的神态，并表现出波浪滔滔的起伏状，好像一浪过去，又是一浪地动荡不已。太极拳一趟架子内是不断有进退的，也是不断有转换的。有了转换嵌进在进退之间，就使进退不再是直进直退，而是可以显出婉转的回旋和生生不已。"（沈家桢 等，1994）[46]

以上论述表明，武术套路的意境美可以理解为套路演练时所达到的一种理想的、完美的存在形态的体现，它具有情景交融、虚实相生、韵味无穷等特征。能够达此境界的套路演练作品，都可视为高级作品。虽然它们数量不多，但这些能够跻身高妙境界的现场演练实况或表演视频资料，则往往成为人们反复观看与欣赏的典范作品。值得注意的是，这里的"高级""典范"等用语，提醒我们不能把武术套路的意境美现成化，而更要看到其动态生成过程；所以，武术套路的意境美，还指那种理想境界与完美存在形态的生成过程。那么，就演练者的具体实践来讲，如何才能创构有意境的武术套路作品呢？在笔者看来，一方面需要虚静、感兴、想象、妙悟等一系列审美心理的综合作用；另一方面需要精熟的演练技巧与高妙的审美能力将内心营构之象加以落实。

从审美心理的角度来讲，为了创造有意境的武术套路作品，首先需要演练者进入虚静状态。这里的"虚静"就是指演练者要进入一种无得失无功利的心静平和状态。太极拳名家李亦畬在《五字诀》中说："一曰心静：心不静则不专，一举手前后左右全无定向，故要心静。"（王宗岳 等，1995）[64]其次，要处于"情往似赠，兴来如答"①式的"感兴"状态。也就是说演练者要善于利用特定环境与场境氛围的触发，积极调动自己的情感意绪，使自己的动作与情感交融在一起，自然流溢，一气呵成。再次，要通过联想与想象进入情景合一的行拳意境之中。恰如陈鑫所说："心中有情有景，自然打出神情矣。"（陈鑫，2012）[341]最后，要进入妙悟境界。王芗斋说："大抵禅道，惟在妙悟，拳道亦在妙悟。"（王芗斋，2010）[1]悟性思维对于达到高深的武学境界十分重要。"在审美活动中，悟是一种主客体沟通的思维方式。这是一种通过直觉、经神合到体道的审美体验，而这种体验又是在瞬间完成的。它以意会为基础，但又超越只可意会而难以言传的感受；既体验到对象，又把握到自我，包含着豁然贯通的觉醒。"（朱志荣，2005）[103]可见，"悟"是一种透彻的领会，它多在瞬间体验到某种物我贯通的高级审美感受，获得某种既内在又超越、既具有个体性又带有普遍性的新的生命形态。而且，对于习武人来讲，习武过程中的"悟"

---

① 意思是像投赠一样，作者以情接物；像回答一样，景物又引起作者写作的灵感。（参见：刘勰，2009.文心雕龙译注［M］.陆侃如，牟世金，译注.济南：齐鲁书社：590.）

不只是一种"思悟",而更多的是一种"体悟",即在动态的习拳过程中不断有所"妙悟",获得的一层深一层的对拳理、拳法、人生哲理、宇宙大道的深刻体会与领悟。

当然,这一系列审美心理(如虚静、感兴、想象、妙悟等)的积极作用,是需要植根于艰辛的功夫实修与建立在扎实的武术技艺基础之上的,脱离了漫长的实践功夫与生命体验,所谓虚静、感兴、想象与妙悟便成了无本之木,也根本无法在演练中体现出来。中国武术素有"师傅领进门,修行靠个人"之说,有"法术规矩在假师传,道理巧妙须自己悟会"之说。武术中的规矩是经无数先辈实践总结与提炼出来的正确练拳的方法与路径,从某种程度上来讲,武术套路的程式规范就是正确习练武术的一种大规矩,其中又包含无数细腻的小规矩,需要师傅长时间的言传身教。在此基础上,则需要习练者勤下苦功,悉心体认规矩,内化规矩,改良甚或发现新的技术规矩。当虚静、感兴、想象力、妙悟等建立在规矩与功夫之上时,它们便能够为套路作品注入灵动的生命力,使作品富于神采韵致,甚至传达出普遍的生命哲思。

四、武术套路欣赏时的再创造

"美不自美,因人而彰"的审美理论同样适用于欣赏者,没有欣赏者积极主动地参与审美创造,再美的作品也不会自动地生发出对它有意义的意象与意境。薛富兴说:"从欣赏这一环节看,意境的产生就是一个从艺境(已物化了的意境)向意境(欣赏者又观念化了的意境)转化的过程。意境实际上只有在欣赏者的审美感知活动中才得以最后实现。以虚为实也好,象外之象也好,在物化的艺术意境中只是一种潜在的可能性,只有进入欣赏过程,它们始变为一种现实性。"(薛富兴,2000)[32]对于武术套路的欣赏来讲,能否体会到演练者所赋予套路的意象与意境之美,同样与欣赏者的审美心胸、审美能力、审美趣味等密切相关。欣赏者是否处于一种虚静状态,内心是否对其充满审美期待,是否具备一定的武术套路审美知识与能力,以及欣赏者自身的生活阅历与文化修养的深浅等,都会在一定程度上影响其对套路欣赏与品评的效果。即使演练者创造了具有丰富意蕴的武术套路作品,如若欣赏者并不在状态,或欣赏者自身审美能力有限，他们都不会被演练者所创作的套路作品中存在的意义留白所激活，也不会从而产生审美感兴，重新熔铸具有个性色彩的审美意象与意境。对于这部分欣赏者来讲，所谓的武术套路所具有的"意境之美"，也许就从未现实地存在过。

对任何艺术的欣赏，首先最直观的是艺术的感性形式带给我们的整体冲击力量。这是一种全方位的艺术感染力量，我们通过直接与艺术相遇而受到最强烈的冲击；这种冲击可以是亲临现场的直接观赏，也可以是亲身体验的直接冲击；二者都强调了欣赏者与艺术世界的直接接触。其次，随着艺术世界与我们相遇的整个过程的完成，我们开始回味与反思。一部艺术作品越是能够激起我们对它的反思与回忆，说明它所取得的成功越大，就像孔子在齐闻韶，三月不知肉味一样；反之，那些看过即忘，转瞬即逝的欣赏快感，则时常只是一些浅表浮泛的表演。而当我们对某一艺术作品反复玩味与欣赏时，往往会看到一般人没有察觉的艺术创作手法，看到作者所设置和运用的各种艺术细节，正是它们共筑了一个完美的艺术世界。所以，高明的艺术欣赏一定是能够从某门艺术的创作规律与艺术技巧、艺术表现形式的角度来加以欣赏的；但这种欣赏又并不是单纯的形式与技巧的概括与梳理，对它们的欣赏并非脱离整体价值与意义的孤立欣赏，而是要领会形式、技巧与整个艺术作品主题、内涵如何交融所产生的独特效果与意义。

艺术的创造与欣赏之间，既有差别也有联系。一般而言，艺术的创造必然蕴含艰辛的学习与创作过程，创作者个人的亲身参与、反复实践、不断锤炼与修改，个人独到的学习心得与体会、个人独特的生命体验与对生活的领悟等都是必不可少的。对于欣赏者来讲，一般意义上的欣赏并不需要其具备多少文化素养，也不一定需要其对某一项艺术的创造规律有多么了解，即使是幼儿也有审美能力。朱光潜先生曾用演戏与看戏、演戏者与看戏者等区别行动者与静观者、创作者与欣赏者，这种区分充分显现了个体的差异、民族与文化的差异，也显现了人作为一种有限的生命个体一般会体现出一定的专长倾向，能够扮演好演戏与看戏双重角色的人毕竟是少数。(朱光潜，2005b)[239-256] 任何艺术最终呈现给人们的都是带有普遍性的人类生活、人生感悟，至于这项艺术以什么样的技巧与形式来呈现，则往往在与人们真正相遇时已溶解得不可见了。各门艺术在终极层面的会通,导致了各种艺术形式在现实生活中的不同际遇。一般来讲,那些注重生活再现、人物塑造、故事性强的艺术形式,如小说、电影等与普通老百姓的生活更为接近;所以影视艺术、戏曲艺术、小说艺术等更能为普通大众所接受和欣赏。反之,那些更加注重形式与技巧的艺术形式则对欣赏者提出了相对高一些的接受与欣赏要求。由于形式所传达的内容相对抽象含混,甚至某些技能性的表演,如体操、杂技等更是以高难度见称,人们在为这些高难表演叫好的同时,却不容易培养起长期稳定的欣赏兴趣。所以,对于艺术欣赏来讲,欣赏艺术的内容与故事情节其实并不难;但能从单纯的形式本身出发来欣赏艺术,能够欣赏独特的艺术形式与表现手法所蕴含的作者或表演者独到之匠心,领悟到各种艺术细节是如何对烘托与表现主题、营造完美的艺术世界发挥作用的,能够达到这种欣赏程度其实是不容易的,这也可视为一种高级欣赏。对于武术套路的欣赏来讲,那些能够让人们直观到生活内容,甚至融入了情节的武术套路演练场景,往往更能为普通大众所接受,如各种象形拳的表演、融入到戏曲故事与电影艺术之中的假设性的武术套路打斗场面;往往更能为观众所接受。反之,那些较为抽象的拳种表演(如太极拳、八卦掌之类)、单纯技能性的武术比赛或表演,则相对难以激起普通观众对其长久的观赏兴趣。

艺术欣赏的过程并不是被动接受外在对象的过程,而是在这一过程中体现了主体的自主性、能动性与创造性,欣赏者文化水平与艺术素养的高低,对作品的二度创作都起着颇为重要的作用。欣赏者所具有的审美能力的高低,以及他的审美趣味、审美观念等,都对作品是否呈现审美意义或者呈现何种审美意义起着相当重要的作用。杨国荣认为,王夫之在《薑斋诗画》中"曾提出'知者遇之'的论点,强调的也是主体所具有的审美意识对把握审美对象的不可或缺性"(杨国荣,2003)[104]。是否具备一定的审美能力与相应的审美意识,对武术套路的欣赏来讲十分重要。因为武术套路是一种高度程式化的运动形式,不同拳种蕴含着不同的程式规范与技术要领,它们对演练者深层功夫的折射与表演韵味的传达,都起着至关重要的作用;不懂武术或者对武术知之甚浅的人,往往很难真正把捕捉演练者表演时的精妙之处或者找出各种瑕疵。再加上中国武术是一种内倾性十分鲜明、注重个人体验的技艺,不同程度的习练者,对武术的体验与感受是有区别的。功夫程度不够的习练者与欣赏者,对前人的相关经验总结并不能领会得十分真切。唯有功夫接近那些武术先贤与业内精英,自身身体也拥有了相似感受的习武人,才会体验到前人对细节问题总结的高妙与真实;所以中国武术这一项目技艺水准的繁细与精深,其实预设了高级的欣赏者。自古以来,武术欣赏就有所谓"内行看门道,外行看热闹"之说,"门道"就是指那些不被一般人或门外汉所察觉的武术技能的细小"关捩"(指规矩)。

蔡龙云说:"如果你能懂得一些武术的'门径',那么,在看武术比赛的时候,就可以增添观赏兴致。"(蔡龙云,2007c)[76]对这些"规矩"、细节的知晓、掌握对提升观众的审美能力是十分必要的。如:太极拳对各种劲别的描绘(如掤、捋、挤、按、采、挒、肘、靠等),对身体各部位形态的规训要领(如松、沉、含、拔)都极其模糊,对这些要领与劲别的真正领会须伴随着习练者的亲身实践,仅仅停留在观念层面的主观臆想是不够的。大成拳名家李荣玉在解释大成拳的"意、气、力、神"时说道:"什么是神?神是意、力、气的外在体现。意、力、气是肉眼看不见的,练者自己有感觉但别人看不见,别人能看见的是神。意、力、气得于体内,表现在外,作用在形上。意、力、气练得怎么样,练到什么程度,通过外表是能看出来的,当然是内行人;外行人看不出来。"(李荣玉,2011)[14-15]可见,正因为上佳的武术表演已经充盈了许多未曾明白表露但又相当真实的细节与信息,如同中国书画创作中的"计白当黑"一样,它们需要欣赏者结合自己的知识与学养、技能实践的深浅,发挥自己的想象力等来加以填补、充实与二度创作。这与西方接受美学所提出的作品的"召唤结构"或曰"意义空白"是相通的。接受美学认为:"文学、艺术作品不是作家、艺术家个人的创造,作者创作的东西还只是'本文'或曰'之本'。从'本文'到'作品'还需要一个中间环节——接受者、欣赏者的参与,及此,'作品'才算最后完成。也就是说,文艺作品离不开观赏者的审美再创造。在其'再创造'中,人们往往是从与自己的生活经验、知识结构、审美理想相应的角度去感受、去认知,从而发现作品的深意,甚至挖掘连艺术家本人也未自觉认识到的潜在意念乃至作者根本就没有的意蕴。而审美主体的这种'再创造'能否使'作品'更加完美,在很大程度上又取决于'本文'的内部形态是否具有'召唤结构'——一种促使观赏者去寻求作品潜在的'未定点'和'意义空白'的机制。"(袁禾,2007)[79-80]对于武术套路这种形神兼备、含蓄蕴藉的项目的欣赏,观赏者与演练者之间能够实现深层交流与对话其实是相当重要的。在当下，很少有人会否认武术套路的美，尤其是那些高水平运动员或者武术名家的表演，往往能吸引人们驻足观赏，并得到人们交口称赞；但一个突出与颇为尴尬的问题是，普通大众中能够对武术套路的竞赛与表演保持长久关注与参与兴趣的人还不多。现代竞技武术套路比赛甚至被某些人讥为"选手多于观众"的"三员运动"（运动员、教练员、裁判员的运动）。造成这一现象的原因当然是多方面的，也是复杂的；但其中一个不可忽视的原因就是，现代社会一般大众中已经很少有真正练武术（太极拳等少数拳种除外）、懂武术、痴迷于武术的人了。而这在一定程度上导致大多数拳种套路所预设的"行家般"的高水平武术欣赏者较为匮乏，不利于激发武术套路高级作品的创作。

在具体的审美欣赏过程中，欣赏者对作品既入乎其内，又出乎其外。南宋陈善《扪虱新话·读书须知出入法》云："读书须知出入法。始当求所以入，终当求所以出。见得亲切，此是入书法；用得透脱，此是出书法。盖不能入得书，则不知古人用心处；不能出得书，则又死在言下。惟知出知入，乃尽读书之法。"（陈善，2019）[270]朱志荣解释道："感同身受，引起共鸣，乃是入乎其内；以古鉴今，触类旁通，则是出乎其外。"（朱志荣，2012）[57]对于武术套路的欣赏来讲，也需要做到"能入能出"。"能入"就是指欣赏者要深入武术套路的形式与风格之中，体悟不同套路的意象与内在精神；也就是说欣赏者要真正进入武术的技法世界，进入演练者创作与表演的世界，能够从不同拳种套路的技法、风格等角度来加以欣赏，走进作品所创构出的意象与意境世界，被作品所烘托出来的神采与意蕴所打动。"能出"即指欣赏者又要不被套路本身的固有欣赏格套与情境所束缚，做到可以跳出套路本有的形式与意蕴世界，综合自己的人生阅历、个人情感与独特领悟，创造与生成具有一定个性色彩的意义重构与解读世界。所以，在更深层的意义上，我们可以将武术套路欣赏看作一种再创造。楼宇烈说："创作者一定要在他的作品里面，寄托他个人的一种志向、一种追求、一种理念或者理想。欣赏者也可以通过作品，体会到自己想要体会的那种东西；而这个东西，并不一定要还原到作者原先想要寄托的那个意思，也就是说这不是一个单纯的考据问题，而是一个体悟问题。因此就中国艺术来讲，创作者有创作，欣赏者同时还有创作。"（楼宇烈，2009）[190]历史上对武舞、武术套路演练的相关文献记载中，就多从欣赏者的角度来描写那些不同时代的武术表演活动带给人们的审美感受。如春秋时期，吴国公子季札在看到《大武》表演后说："美哉！周之盛也，其若此乎？"（李梦生，2004）[867]唐代画圣吴道子在看到裴旻将军舞剑后，挥毫图壁，以至道子"平生绘事，得意无出于此"（王伯敏，1981）[6]；杜甫看到公孙大娘子弟舞剑后激发了丰富的审美联想，写下了"来如雷霆收震怒，罢如江海凝清光"（杜甫，2018）[328]的诗句。从这些例子可看出，演练者与欣赏者之间是相互沟通与交流的，特定的时空背景、演练者与欣赏者之间交流与了解的程度等都会成为理解与解读套路作品的线索与根据，作品本身所具有的意义空白点也会成为触发欣赏者生发审美意象的各种媒介。

综上所述，作为一种深受中国传统文化与审美精神渗透和影响的身体技艺，意境也成为武术套路修炼的最高审美理想。由于武术套路的动作是身体觉知与动作意向性的统一、具有由小道通达大道的形上追求，这使它具备生成意象与意境的相关重要前提与潜力。武术套路的意境可以理解为套路演练时所达到的一种理想的、完美的存在形态的体现，具有情景交融、虚实相生、韵味无穷等特征，也可以理解为理想境界与存在形态的生成过程。就创作个体来讲，要创构富有意境的套路作品，一方面离不开虚静、感兴、想象、妙悟等审美心理的综合作用；另一方面则需要守规矩与下工夫，让自己的技艺纯熟。二者相互依存与相互作用：后者是前者的基础；前者对后者具有统摄、促发、驱遣等积极作用。欣赏者对武术套路的意象与意境创构，也具有不可忽视的能动作用，他能够凭借自己的审美意识与审美能力等，对武术套路作品的意象与意境进行二度创作。

小　结

本章主要立足个体的角度，从构成武术套路之"势"的内涵与创构、演练者个人的学养与功夫、武术套路的意境三个方面，对武术套路的审美创构进行研究。研究认为：首先，"势"是构成武术套路的基本单元，规范性、劲健性与变化性是武术套路之"势"的三种基本内涵与特征；并从"势"与形、体、象的关系，"势"与意、气、劲的关系，"势"与理变的关系几大方面具体探讨了武术之"势"的创构问题。一般来讲，当前的势态状貌与形象真正"出场"与"在场"时背景性的综合条件与蕴含出来的发展趋势，就能被当前的"在场"所"带出来"。所以，如何把武术之"势"真正彰显出来，首先需要把这一"在场"的"形势""体势"营构出色，使其一出场，就能让人感受到其背后所蕴含的丰沛力量之雄厚，以及其一触即发、喷涌而出、势不可挡的发展势头。在此基础上，则需要在意识引导下培蓄内气与内劲，逐渐过渡到由内而外，从心而发，体现出自然之势与劲健之势。并且要在演练与交手过程中体现出"一阴一阳之谓道"的变化之势。其次，演练者的学养与功夫是保证创造出武术套路高级作品的重要主观条件。最后，意境是武术套路审美理想的体现，武术套路的意境美其实可以从两个方面加以理解：其一，指套路演练时所达到的一种理想的、完美的存在形态之体现（它具有情景交融、虚实相生、韵味无穷等特征）；其二，指这种理想境界与存在形态的生成过程，即演练与创作时的审美心理（虚静、感兴、想象、妙悟）需要植根于艰辛的功夫实修之中（规矩、工夫）。

结　论

　　本书深受李泽厚的实践美学以及陈伯海的生命体验论美学的启发，充分认识到武术套路之美不是现成的，而是逐渐生成的。认为"美不自美，因人而彰"（柳宗元语）这句话用在武术套路审美上是十分恰切的；且认为"因人而彰"的武术套路审美在这里包含好几层意思：其一，人类总体的生存与实践能力，以及审美意识在套路形式与意蕴上的不断确证与积淀；其二，每个生命个体自身鲜活的生命与实践体验；其三，习练者或者演练者已经具备"造型""赋形"的能力；其四，演练者情感与精神的熔铸，生成一定的审美意象；其五，在形式与形象之中开显人生意义的终极价值追求。笔者认为，认识到"美不自美，因人而彰"这一点，对作为一种身体技艺的武术套路来讲十分重要。因为武术套路的美学研究首先离不开"人学研究"，离不开人的生存与实践活动，离不开习练者的生命体验；其次，在此基础上，才能谈武术套路的美、美感，谈套路之"势"的营构，谈意象、意境的生成等等。所以，本书所采用的这种立足于"人学基础"上的"美学研究"，所秉持的这种生成论的美学研究范式，较为切合武术套路的修炼、演练、创作、欣赏等的审美实践活动，具有一定的创新意义。本书主要得出了以下结论：

　　第一，通过对中华武术套路审美历程的考察，使我们看到武术套路的确是在漫长的历史过程中不断生成与完善的，武术套路所呈现出来的技艺发展情况、多样审美风貌与不同历史时期的社会文化背景、审美风尚密切相关。如武术套路早在先秦时期就已萌现"以舞通神""以舞习武""教化功能""中和适度"等审美文化因子，它们为后期武术套路的审美发展走向奠定了坚实的根基。

第二，武术套路在发展演变过程中，吸取了多种文化形态的养料，并具有较高的价值追求，使其成为一种带有理想色彩的、综合性的文化形态与身体技艺。当我们以"身体技艺"来确立武术套路的身份时，就旨在重新确证实用性与艺术性都是武术套路固有的属性，让武术套路的技术美、功能美与形式美、意境美等实现统一。

第三，"程式化"是武术套路的典型特征，这使其形式具有了相对独立的审美价值。武术套路美的根源在于它是"人的本质力量的对象化"，即积淀了丰富的技击实践经验和文化内涵；武术套路美的本质在于它是一种心手相应的"自由的身体技艺"，是一种按照真善美合一的价值尺度进行塑造的"完美的存在"。

第四，规范性、劲健性与变化性是武术套路之势的三种基本内涵与特征。规范性重在关注可见的、具体的形式架构（即当前的势态状貌与形象），劲健性重在关注综合性的背景条件，变化性则更多体现了对未来发展趋势的暗示与想象。三者之间既有区别，又紧密相连。

第五，武术套路高级作品的审美创构，不仅需要演练者自身较为全面的知识结构、深厚的学养与生命体验作根基，还需要演练者日复一日、年复一年的实践，来达到缩小误差与整体提升。这在一定程度上可以说，习武人自身的素养与技艺水平，决定了套路演练水平的高低。

第六，意境可视为武术套路审美创构过程中所期望达到的一种理想境界。作为一种身体技艺，武术套路虽然很少被视为纯艺术，但由于它的动作具有表情达意的功能，注重将内在的身体觉知与体验统合到技击意向的表达之中，是一种身心合一的整体运动；且它具有由小道通达大道的价值追求。这些都使它具备了生成意象、意境的各种主客观条件。

第七，在某些技艺精湛、生命体验丰厚的武术名家的表演之中，其内在的意气运动引动外形、内在的技击意识与外在的动作身形协调配合，进入形神兼备、情景交融、虚实相生、韵味无穷的行拳意境中。他们的表演也很能引发观者的想象，从而在一定程度上实现了与演练者之间的交流，并能够结合自己的生命体验进行二度的审美意象与意境创作。

第八，在现代社会，人们关注更多的是一种"看得见"的武术套路之美，而较少追求看不见的、或者说需要体验与想象的深度之美。但这种表面繁华的背后，潜藏着深层的隐忧，大多数拳种套路面临生存困境甚至业已消亡。鉴于此，笔者结合后现代审美文化思潮，一方面提出武术套路审美向生活世界回归的重要意义，主张激活人们对武术套路的身心体验，以获得丰富的、深度的审美体验；另一方面指出，为了持续抓住现代人的"眼球"，引起社会的关注，武术套路表演还需要继续向求新、求异方向发展，这就需要继承者广泛借鉴与运用各种高科技手段与现代文化元素，为其注入时代的气息，赋予其新的价值内涵，促使其更好地适应与跟上社会发展的步伐。

总之，作为一种在中国传统社会背景中孕育、成长与发展起来的独特文化形态，武术套路已成为中国传统文化符号的载体，武术套路在一定程度上实现了手段与目的的统一，成为一种理想的操作路径与文化形态，具有丰富的审美意蕴与完美的外在形式；但武术套路审美意蕴与形式的统一是在历代武术人充分发挥能动作用的前提下形成与实现的。在漫长的人类实践和每一个生命个体的践行功夫之中，人们不断突破武术套路既有的结构与形式，不断生产与创构具有价值的套路知识与技艺形式，不断开显套路丰富的内涵与价值意义，不断获得一层深一层的审美愉悦与审美自由感受。我们期待在当代武术人的共同努力下，武术套路能够创构更美、更好的作品，能够拥有更美好的未来。

由于主客观的原因，导致本研究尚存在以下的局限与不足：

其一，针对"武术套路审美走向"，虽然提出了"武术套路表演向求新求异方向发展"，以及"武术套路审美向生活回归"等设想；但这种设想更多的还是停留在理论层面，在今后的研究之中有待进一步丰富与完善，提出具体的、可操作的发展方案与路径。

其二，第四章武术套路的审美创构研究，笔者虽然对武术套路审美创构的核心部分（"势""意境"等），展开了较为深入的研究，但还不够全面，故打算在后续研究中进一步针对武术套路之"路""段"和套路编排等问题展开深入探讨。

参考文献

安天荣,1990.武术套路演练中时空特征"美感"[M].徐才.武术科学探秘,北京:人民体育出版社:153-160.

白先勇,2004.白先勇说昆曲[M].桂林:广西师范大学出版社.

班固,2007.汉书[M].颜师古,注.北京:中华书局.

包世臣,2017.答熙载九问[M]//况正兵,张凤鸣,点校.艺舟双楫:上,杭州:浙江人民美术出版社:181.

毕沅,1957.续资治通鉴[M].标点《资治通鉴》小组,点校.北京:中华书局.

蔡宝忠,张秋,1990.简论中华武术美学思想[J].体育科学(2):41.

蔡龙云,2007a.从擒拿法与剑舞来看运动的技击性与艺术性[M]//琴剑楼武术文集,北京:人民体育出版社:15-18.

蔡龙云,2007b.访嵩山少林寺[M]//琴剑楼武术文集,北京:人民体育出版社:84-95.

蔡龙云,2007c.观赏武术的门道[M]//琴剑楼武术文集,北京:人民体育出版社:76-79.

蔡龙云,2007d.简述华拳的基本理论[M]//琴剑楼武术文集,北京:人民体育出版社:265-270.

蔡龙云,2007e.如何欣赏武术表演[M]//琴剑楼武术文集,北京:人民体育出版社:73-75.

蔡龙云,2007f."四击""八法""十二型":武术运动的基本技法[M]//琴剑楼武术文集,北京:人民体育出版社:58-72.

蔡龙云,2007g.我对武术的看法[M]//琴剑楼武术文集,北京:人民体育出版社:51-57.

蔡仲林,周之华,2009.武术[M].2版.北京:高等教育出版社.

长贵,2005.序言:世界将属于真正的"方圆"之人[M]//方圆规则,呼伦贝尔:内蒙古文化出版社:1-2.

陈伯海,2008.生存·实践·超越:人的生命活动之链[J].社会科学(9):141-150.

陈伯海,2011a.论生命体验美学及其当代建构[J].社会科学战线(8):123-134.

陈伯海,2011b.生命体验和审美超越:论审美体验的由来与归趋[J].河北学刊,31(4):102-109.

陈伯海,2012a.生命体验与审美超越[M].北京:生活·读书·新知三联书店.

陈伯海,2012b.在"解构"与"重构"之间:美学命运之思[J].学术月刊,44(3):107-116.

陈春娣,乔凤杰,2007.作为艺术的武术[J].体育科学,27(6):77-81.

陈东山,陈向武,2011.陈鑫太极拳图解[M].太原:山西科学技术出版社:155.

陈鼓应,2003.老子今注今译[M].北京:商务印书馆.

陈鼓应,2009.庄子今注今译[M]2版.北京:中华书局.

陈沛菊,乔凤杰,2005.武术与舞蹈[J].山东体育学院学报,21(1):12-16.

陈青山,王宏,2003.中华武术美的本质[J].武汉体育学院学报,37(1):148-151.

陈善,2019.扪虱新话[M].查清华,整理.郑州:大象出版社.

陈望衡,1983.试论马克思实践观点的美学:兼与蔡仪先生商榷[M]//程代熙,编.马克思《手稿》中的美学思想讨论集,西安:陕西人民出版社.

陈望衡,2005.中国美学史[M].北京:人民出版社.

陈望衡,2007.中国古典美学二十一讲[M].长沙:湖南教育出版社.

陈小旺,2005.陈氏太极拳的发劲[M]//余功保.中国当代太极拳精论集,北京:人民体育出版社:210.

陈鑫,2006.陈氏太极拳图说[M].太原:山西科学技术出版社.

陈鑫,2009.太极拳图画讲义[M].太原:山西科学技术出版社.

陈鑫,2012.陈鑫太极拳论分类摘录[M]//顾留馨.太极拳术.上海:上海教育出版社.

陈秀芬,2009.养生与修身:晚明文人的身体书写与摄生技术[M].台北:稻乡出版社.

陈雁杨,2004.中国武术的意象理论[J].体育文化导刊(8):43-45.

陈幼韩,1996.戏曲表演概论[M].北京:文化艺术出版社.

程大力,1993.武术套路的最初形态与模仿巫术有关论[J].成都体育学院学报,19(1):32-40.

程大力,1995.中国武术:历史与文化[M].成都:四川大学出版社.

程大力,2004.论生态类型与传统体育[J].成都体育学院学报,30(1):16-19.

程大力,2005.神韵:中国武术与中国艺术[J].搏击·武术科学,20(7):1-4.

程大力,2006.完美:再论中国武术与中国艺术[J].搏击·武术科学,3(8):1-4.

程大力,2013.套路武术 中国舞蹈:论竞技套路来自何方去向何方[J].体育学刊,20(1):6-13.

程俊英,2004.诗经译注[M].上海:上海古籍出版社.

程俊英,2011.诗经译注[M].上海:上海古籍出版社.

程真如,2006.峨眉枪法·戒谨篇[M]//吴殳.手臂·附卷上.太原:山西科学技术出版社:167.

程志理,谢坚,1990.武术的文化特征分析:武术文化的三层次[J].天津体育学院学报(1):22-27.

程宗猷,2006a.耕余剩技·秘本单刀法选[M]//马力.中国古典武学秘籍录:上,北京:人民体育出版社:87-104.

程宗猷,2006b.秘本长枪法图说[M]//马力.中国古典武学秘籍录:上,北京:人民体育出版社:105-121.

崔怀猛,刘晓青,吴光远,2007.武术美学的"四重境界"[J].体育文化导刊(1):63-65.

崔乐泉,杨向东,2008.中国体育思想史:古代卷[M].北京:首都师范大学出版社.

笪重光,1987.画筌[M].关和璋,译解.北京:人民美术出版社.

杜甫,2018.观公子小大娘弟子舞剑器行并序[M]//莫砺锋,童强.杜甫诗选,北京:商务印书馆:328-330.

杜胜,1996."势"论通说[J].武汉大学学报(哲学社会科学版),225(4):29-33.

杜威,2011.艺术即经验[M].高建平,译.北京:商务印书馆.

杜维明,1997.现代精神与儒家传统[M].北京:生活·读书·新知三联书店.

杜佑,1988.通典[M].王文锦,王永兴,刘俊文,等点校.北京:中华书局.

范玑,2018.过云庐画论[M]//冯晓林.历代画论经典导读,长春:东北师范大学出版社:391-393.

范晔,司马彪,2008.后汉书[M].陈焕良,李传书,标点.2版.长沙:岳麓书社.

范振兴,1935.我对国术的所见[J].体育杂志,1(3/4):252-260.

方勇,李波,2015.荀子[M].2版.北京:中华书局.

费秉勋,1988.中国舞蹈奇观[M].西安:华岳文艺出版社.

费尔巴哈,1984.费尔巴哈哲学著作选集:下卷[M].荣震华,王太庆,刘磊,译.北京:

商务印书馆.

丰华瞻,殷琦,1988.丰子恺研究资料[M].宁夏：宁夏人民出版社.

弗洛伊德,2005.图腾与禁忌[M].文良文化,译.北京：中央编译出版社.

伽达默尔,2007.诠释学 I,II：真理与方法(修订译本)[M].洪汉鼎,译.北京：商务印书馆.

盖山林,2004.昨日重现：关于岩画[J].内蒙古大学艺术学院学报,1(1)：3-10.

高建平,王柯平,2006.美学与文化·东方与西方[M].合肥：安徽教育出版社.

葛洪,1986.抱朴子[M].上海：上海书店.

葛洪,2006.西京杂记[M].周天游,校注.陕西：三秦出版社.

顾留馨,2008.顾留馨太极拳研究[M].太原：山西科学技术出版社.

顾留馨,沈家桢,1994.陈式太极拳[M].北京：人民体育出版社.

管仲,2005.管子[M].房玄龄,注.刘绩,补注.刘晓艺,校点.上海：上海古籍出版社.

桂胜,2000.周秦势论研究[M].武汉：武汉大学出版社.

郭茂倩,1979.乐府诗集[M].北京：中华书局.

郭勇健,2006.作为艺术的舞蹈：舞蹈美学引论[M].南昌：百花洲文艺出版社.

郭兆霞,曲红军,任杰,2001.从运动形式看中西身体文化的差异[J].山东体育科技,23(4)：63-64.

郭志禹,1985.试论武术、舞蹈、戏曲之联系[J].山东体育科技(2)：64-68.

郭志禹,1997.武术形神论[J].上海体育学院学报,21(3)：1-7.

国家体委武术研究院,1996.中国武术史[M].北京：人民体育出版社.

韩林德,1995.境生象外：华夏审美与艺术特征考察[M].北京：生活·读书·新知三联书店.

韩愈,2002.韩愈集[M].北京：中国戏剧出版社.

何丽野,2006.象·是·存在·势：中西形而上学不同方法之比较[J].天津社会科学(5)：33-37.

何良辰,2006.阵纪选[M]//马力.中国古典武学秘籍录：上.北京：人民体育出版社：12-17.

何云波,2006.弈境：围棋与中国文艺精神[M].北京：北京大学出版社.

黑格尔,2009.美学：第一卷[M].朱光潜,译.北京：商务印书馆.

蘅塘退士,2008.唐诗三百首[M].郑州：中州古籍出版社.

胡小明,1990.武术之美[M]//旷文楠.中国武术文化概论.成都：四川教育出版社：

274-299.

胡小明,2009.体育美学[M].北京:高等教育出版社.

胡震亨,1957.唐音癸签[M].北京:古典文学出版社.

华东师范大学古籍整理研究室,2012.历代书法论文选[M].上海:上海书画出版社.

黄百家,2006.内家拳法[M]//马力.中国古典武学秘籍录:上,北京:人民体育出版社:233-238.

黄侃,2019.文心雕龙札记[M].周勋初,导读.上海:上海古籍出版社.

黄寿宸,2008.太极拳术的理论与实际[M].太原:山西科学技术出版社.

贾磊磊,2005.中国武舞平天下:中国武侠电影之艺术流变和美学意义[M]//俞小一.中国电影年鉴2005增刊:中国电影百年特刊,北京:中国电影年鉴社:317-327.

贾涛,2005.中国画论论纲[M].北京:文化艺术出版社.

贾谊,1976.贾谊集[M].上海:上海人民出版社.

江百龙,1983.武术中的"舞":略论武术与舞蹈[J].武汉体育学院学报(2):68-71.

江百龙,1995.武术理论基础[M].北京:人民体育出版社.

蒋孔阳,2007.美学新论[M].合肥:安徽教育出版社.

焦艳阳,2010."巫"、"武"与"舞"同源试证[J].忻州师范学院学报,26(4):55-56.

金良年,2004.论语译注[M].上海:上海古籍出版社.

金良年,2017.论语译注[M].上海:上海古籍出版社.

峻骧,1981.民族艺术与武术[J].文艺研究(1):83-86.

康德,2002.判断力批判[M].邓晓芒,译.北京:人民出版社.

康戈武,1990.中国武术实用大全[M].北京:今日中国出版社.

克莱夫·贝尔,1984.艺术[M].周金环,马钟元,译.北京:中国文联出版公司.

孔颖达,1997.尚书正义:十三经注疏本[M].上海古籍出版社.

孔子,2000.论语[M].长沙:岳麓书社.

寇效信,1983.释体势[J].陕西师大学报(哲学社会科学版)(1):53-64.

莱辛,1979.拉奥孔[M].光潜,译.北京:人民文学出版社.

李百乐,1972.北齐书:全二册[M].中华书局编辑部,点校.北京:中华书局.

李德元,1987.武术哲理中的和谐美[J].体育与科学(5):11-12.

李鼎祚,2016.周易集解[M].北京:中华书局.

李昉,1994.太平广记:足本2[M].华飞等,校点.北京:团结出版社.

李海富,2015.宋代套子武艺的历史成因与文化定位[J].中州体育·少林与太极(11):

4-6.

李富刚,2018.论武术套路之"势"[J].中国体育科技,54(6):127-135.

李江,2011."身体美学"视野中的太极拳艺术[J].体育与科学,32(1):34-36.

李觉民,2009.细节决定陈式太极拳艺术[J].贵州体育科技(2):22-24.

李力研,1998.野蛮的文明:体育的哲学宣言[M].北京:中国社会科学出版社.

李良根,2002.剑经注解[M].南昌:江西科学技术出版社.

李梦生,2004.左传译注[M].上海:上海古籍出版社.

李梦生,2016a.左传译注:上[M].上海:上海古籍出版社.

李梦生,2016b.左传译注:下[M].上海:上海古籍出版社.

李民,王健,2012.尚书译注[M].上海:上海古籍出版社.

李荣玉,2011.走进王芗斋[M].太原:山西科学出版社.

李冗,1983.独异志[M].北京:中华书局.

李山,2016.管子[M].北京:中华书局.

李淑敏,2012.太极拳与书法艺术[J].中华武术研究,1(4):83-86.

李孝定,1970.甲骨文集释[M].台北:"中研院"历史语言研究所.

李修建,2008.名士风流:魏晋士人形象研究[D].中国人民大学.

李学勤,1999.十三经注疏·毛诗正义:下[M].北京:北京大学出版社.

李亦畲,1995.走架打手行工要言[M]//王宗岳,等.2版.太极拳谱,北京:人民体育出版社.

李泽厚,2003.历史本体论;己卯五说:增订本[M].2版.北京:生活·读书·新知三联书店.

李泽厚,2005.实用理性与乐感文化[M].北京:生活·读书·新知三联书店.

李泽厚,2008.华夏美学;美学四讲:增订本[M].北京:生活·读书·新知三联书店.

李泽厚,2009.美的历程[M].北京:生活·读书·新知三联书店.

李泽厚,刘纲纪,1987.中国美学史:第2卷(下)[M].北京:中国社会科学出版社.

李泽厚,刘纲纪,1999.中国美学史:先秦两汉编[M].合肥:安徽文艺出版社.

梁启超,2015.怎样的涵养品格和磨练智慧:1924年6月在清华学校讲演[M]//梁启超清华大学演讲录:为学与做人,北京:东方出版社:241-256.

列宁,1990.黑格尔《逻辑学》一书摘要(1914年9月—12月)[M]//中共中央马克思恩格斯列宁斯大林著作编译局,编译.2版.列宁全集:第五十五卷,北京:人民出版社:71-206.

林小美,2005.竞技武术套路运动[M].杭州:浙江大学出版社.

刘安,2016.淮南子[M].许慎,注.陈广忠,校点.上海:上海古籍出版社.

刘长林,2006.阴阳的认识论意义[J].中国社会科学院研究生院学报(5):25-32.

刘长林,2008.阴阳五行与中国艺术[M]//中国系统思维:文化基因探视,北京:社会科学文献出版社:313-314.

刘国建,2009.唐诗[M].郑州:中州古籍出版社.

刘峻骧,2008.武术文化与修身[M].北京:中央编译出版社.

刘峻骧,2017.子午阴阳 求圆占中[M]//东方人体文化概论,北京:北京时代华文书局.

刘师培,1997.刘师培全集:第三册[M].北京:中共中央党校出版社.

刘师培,2008.中国中古文学史讲义[M].南京:江苏文艺出版社.

刘师培,2015.古政原始论·古乐原始论[M]//清儒得失论,北京:北京联合出版公司.

刘涛,2007.对武舞的历史解读:兼论武术套路对古典舞蹈的影响[J].沈阳体育学院学报,26(2):124-126.

刘同为,花家涛,2004.论竞技武术套路审美范式结构[J].体育科学,24(11):68-70.

刘勰,2009.文心雕龙译注[M].陆侃如,牟世金,译注.济南:齐鲁书社.

刘昫,1995.旧唐书[M].长春:吉林人民出版社.

刘义明,2009.苌氏武技书:上[M].太原:山西科学技术出版社.

刘义庆,1984.世说新语校笺[M].徐震堮,校笺.北京:中华书局.

刘义庆,2013.世说新语·巧艺[M]//刘孝标,注.朱碧莲,详解.世说新语详解:下册,上海:上海古籍出版社.

刘占鲁,苏长来,2003.武术套路是技击的艺术化[J].体育学刊,10(2):63-65.

楼宇烈,2009.中国的品格[M].海口:南海出版公司.

卢佑诚,2004.论"势":体势、气势、理势[J].北京联合大学学报(人文社会科学版),2(4):48-53.

罗泌,1985.路史[M].北京:中华书局.

洛正,1987.试论武术的和谐观[J].体育教学(4):20-21.

吕宏军,腾磊,2012.少林功夫[M].北京:文化艺术出版社.

吕友仁,2004.周礼译注[M].郑州:中州古籍出版社.

马虹,2010.陈式太极拳拳谱·拳法·拳理[M].北京:北京体育大学出版社.

马虹,2012.陈式太极拳拳谱·拳法·拳理[M].2版.北京:北京体育大学出版社.

马克思,2002.1844年经济学—哲学手稿[M]//中共中央马克思恩格斯列宁斯大林著作编译局,译.2版.马克思恩格斯全集：第三卷,北京：人民出版社：217-365.

马力,2006.中国古典武学秘籍录：上[M].北京：人民体育出版社.

马林诺夫斯基,1986.巫术、科学、宗教与神话[M].北京：中国民间文艺出版社.

马明达,2004.对太极拳文化现象的几点思考[J]//21世纪太极拳文化的继承与发展：太极拳国际论坛主题发言纪要.体育学刊,11(5)：2-3.

马明达,2007.说剑丛稿[M].北京：中华书局.

马庆,2012.美学思路下武术套路运动的艺术感染性分析[J].当代体育科技,2(9)：78-80.

马薇,马维丽,2002.中国少数民族舞蹈发展史[M].北京：人民音乐出版社.

马文友,邱丕相,2010.论武术的艺术化发展趋势[J].上海体育学院学报,34(5)：51-53.

马文友,邱丕相,2012.武术美学研究的回顾与展望[J].首都体育学院学报,24(3)：226-228.

马勇,骆红斌,2009.辨析"武"、"舞"之本：论当今武术套路[J].武汉体育学院学报,43(11)：76-81.

麦克乐,1992.新体育观[G]//国家体委体育文史工作委员会,全国体总文史资料编审委员会,编.中国近代体育文选,北京：人民体育出版社：56-70.

孟元老,1984.梦粱录[M].杭州：浙江人民出版社.

孟元老,2007.东京梦华录笺注[M].伊永文,笺注.北京：中华书局.

孟轲,2000.孟子[M].杨伯峻,杨逢彬,注释.长沙：岳麓书社.

敏泽,2004.中国美学思想史：上卷[M].长沙：湖南教育出版社.

耐得翁,1998.都城纪胜[M]//孟元老,等.东京梦华录,北京：文化艺术出版社.

欧阳修,2009.六一诗话[M]//欧阳修,释惠洪.六一诗话;冷斋夜话,南京：凤凰出版社.

彭吉象,2007.中国艺术学[M].北京：北京大学出版社.

普列汉诺夫,1973.论艺术：没有地址的信[M].曹葆华,译.北京：生活·读书·新知三联书店.

戚继光,1988.纪效新书[M].马明达,点校.北京：人民体育出版社.

戚继光,2001a.纪效新书：十八卷本[M].曹文明,吕颖慧,校释.北京：中华书局.

戚继光,2001b.练兵实纪[M].邱心田,校释.北京：中华书局.

钱穆,1994.中国文化史导论[M].北京：商务印书馆.

钱穆,2002.中国思想通俗讲话[M].北京：生活·读书·新知三联书店.

钱穆,2004a.灵魂与心[M].桂林：广西师范大学出版社.

钱穆,2004b.文化与教育[M].桂林：广西师范大学出版社.

钱锺书,1985.中国诗与中国画[J].中国社会科学院研究生院学报(1)：7.

邱丕相,1982.武术套路美学初探[J].上海体育学院学报,6(4)：46-49.

邱丕相,1985.试谈现代武术的美学特征[J].山东体育科技(1)：84-86.

邱丕相,2004.武术套路运动的美学特征与艺术性[J].上海体育学院学报,28(2)：39-43.

邱丕相,2005.中国武术教程简编本[M].北京：人民体育出版社.

邱丕相,2007.中国武术文化散论[M].上海：上海人民出版社.

邱丕相,2011.武术文化传承与教育研究[M].北京：高等教育出版社.

邱丕相,初学琳,2001.武术套路商业化的发展[J].体育学刊,8(3)：49-51.

全国体育学院教材委员会《武术》教材小组,1991.武术：上册[M].北京：人民体育出版社.

全国体育院校教材委员会,1997.武术理论基础[M].北京：人民体育出版社.

全国体育院校教材委员会《运动训练学》教材小组,2000.运动训练学[M].北京：人民体育出版.

任海,1996.中国古代武术[M].北京：商务印书馆.

阮纪正,2009.拳以合道：太极拳的道家文化探究[M].上海：上海人民出版社.

沈家桢,顾留馨,1994.陈式太极拳[M].北京：人民体育出版社.

沈维周,1935.世界体育标准之太极拳[J].山西国术体育旬刊,2(1)：12-22.

石涛,2007.石涛画语录[M].南京：江苏美术出版社.

舒斯特曼,2002.实用主义美学[M].彭锋,译.北京：商务印书馆.

司空图,2018.二十四诗品[M].武汉：崇文书局.

司马迁,1982.史记[M].2版.中华书局编辑部,点校.北京：中华书局.

四水潜夫,1984.瓦子勾栏[M]//武林旧事.杭州：浙江人民出版社：92.

苏轼,2018.与二郎侄书[M]//曾枣庄,曾涛,选注.三苏选集.成都：巴蜀书社：545.

孙刚,2009.中国武术的美学思想研究[D].北京：北京体育大学.

孙刚,2010.武术之"势"的美学思想解读[J].中国体育科技,46(3)：123-127.

孙刚,2011a.新时期武术审美教育的文化使命与实践方略[J].搏击·武术科学,8(9)：

21-22.

孙刚,2011b.新中国成立以来中国武术美学研究评鉴及前瞻[J].首都体育学院学报,23(6):503-507.

孙禄堂,2001.孙禄堂武学录[M].孙剑云,编.北京:人民体育出版社.

孙武,2011.孙子兵法[M].曹操,注,郭化若,译.上海:上海古籍出版社.

孙武,2017.孙子兵法[M].徐寒,注译.北京:线装书局.

汤浅泰雄,1993."气之身体观"在东亚哲学与科学中的探讨[M]//杨儒宾.中国古代思想中的气论及身体观.台北:巨流图书公司:93-94.

唐豪,2008.戚继光拳经[M]//王宗岳太极经;王宗岳阴符枪谱;戚继光拳经.太原:山西科学技术出版社.

唐顺之,2006.武编选[M]//马力.中国古典武学秘籍录:上.北京:人民体育出版社:1-11.

陶仁祥,1988a.武术著名拳种的技法特点与套路:上[J].体育科研(11):11-14.

陶仁祥,1988b.武术著名拳种的技法特点与套路:下[J].体育科研(12):11-14.

腾讯视频,2021.陈小旺太极拳年轻时珍贵片段.[Z/OL].[2021-12-29].https://v.qq.com/x/page/b0647oj9ofh.html?n_version=2021.

田宜为,1987.武术教学中形体动作与神韵、气质有机联系的探讨[J].辽宁体育科技,1:51-53.

童旭东,2003.孙存周先生武学思想概观[M]//孙叔容,孙婉容,孙宝亨.纪念武术大师孙存周先生诞辰一百一十周年.北京:人民体育出版社:36-37.

涂光社,1990.势与中国艺术[M].北京:中国人民大学出版社.

脱脱,2000.宋史·兵志[M].北京:中华书局.

脱脱,等,2014.百衲本宋史:3[M].北京:国家图书馆出版社.

汪宁生,1981.释"武王伐纣前歌后舞"[J].历史研究(4):173-179.

汪宁生,1989.民族考古学论集[M].北京:文物出版社.

王伯敏,1981.吴道子[M].北京:人民美术出版社.

王充,2006.论衡[M].长沙:岳麓书社.

王尔敏,2002.明清时代庶民文化生活[M].长沙:岳麓书社.

王夫之,1975.读四书大全说:下[M].北京:中华书局.

王夫之,1996.薑斋诗话·夕堂永日绪论内编[M]//船山全书编辑委员会,编校.船山全书:第十五册.长沙:岳麓书社:74.

王国维,2006.宋元戏曲史[M].北京:团结出版社.

王国志,2011.从舞台剧《风中少林》看武术的艺术化之路及国际传播[J].成都体育学院学报,37(2):51-54.

王国志,2012.中国武术发展的艺术路径与对策[J].成都体育学院学报,38(4):12-16.

王济亨,高仲章,1989.司空图选集注[M].太原:山西人民出版社.

王军伟,王震,刘先萍,2011.论高校武术套路教学的艺术化[J].搏击·武术科学,8(8):73-75.

王克芬,2014.中国舞蹈发展史[M].上海:上海人民出版社.

王淑民,罗维前,2007.形象中医:中医历史图像研究[M].北京:人民卫生出版社.

王先谦,1988.荀子集解[M].沈啸寰,王星贤,点校.北京:中华书局.

王芗斋,2010.拳学宗师王芗斋文集[M].北京:中国广播电视出版社.

王振忠,2004.少林武术与徽商及明清以还的徽州社会[M]//徽学:第三卷.合肥:安徽大学出版社:91-121.

王琢,1992.李可染画论[M].广州:广东高等教育出版社.

王宗岳,等,1995.太极拳谱[M].2版.沈寿,点校考译.北京:人民体育出版社.

魏收,1995.魏书[M].仲伟民等,标点.长春:吉林人民出版社.

魏文帝,1985.典论[M]//孙冯翼,辑.典论;容斋四六丛谈;四六谈尘;四六话.北京:中华书局.

温力,2000.论武术套路的综合创造和武术套路进入奥运会[J].武汉体育学院学报,139(6):1-6.

温力,2005.中国武术概论[M].北京:人民体育出版社.

闻一多,1987.闻一多全集[M].成都:四川文艺出版社.

翁士勋,1990.《角力记》校注[M].北京:人民体育出版社.

巫绍平,2010.有意味的形式:中国画程式的现代解读[J].艺术评论(6):98-100.

吴波,1992.中国武术界与文学艺术界的首次盛会[J].中华舞史研究(1/2):93.

吴敬梓,2020.儒林外史[M].苏州:古吴轩出版社.

吴庆华,江百龙,1990.中华武术审美特性的根源[J].武汉体育学院学报(1):48-51.

吴殳,2006a.手臂录[M]//马力.中国古典武学秘籍录:上.北京:人民体育出版社:239-312.

吴殳,2006b.无隐录[M]//马力.中国古典武学秘籍录:下.北京:人民体育出版社:1-41.

吴殳,2007.手臂录[M]//马明达.说剑丛稿:增订本.北京:中华书局:101.

吴松,2011.中国武术的艺术理论研究[D].苏州:苏州大学.

吴松,王岗,张君贤,2012.武术意象:一种典型的艺术化物象——对中国武术艺术理论的初探[J].体育科学,32(5):87-91.

吴文翰,2001.武派太极拳体用全书[M].北京:北京体育大学出版社.

《武术理论基础》编写组,1993.武术理论基础[M].北京体育学院出版社.

习云太,1979.武术套路运动中的节奏[J].成都体育学院学报(1):41-49.

习云太,1985.中国武术史[M].北京:人民体育出版社.

项退结,1988.中国人性格素描[M].哈尔滨:北方文艺出版社.

萧纲,1995.马槊谱序[M]//陈梦雷,原编.古今图书集成:戎政典(下).台北:鼎文书局:2852.

熊晓正,1984."礼·力"为核心的西周学校教育[J].体育文化导刊(3):36-37.

徐学林,2005.徽州刻书[M].合肥:安徽人民出版社.

许慎,2020.说文解字[M].陶生魁,点校.北京:中华书局.

薛颠,2011.薛颠武学录:上[M].太原:山西科学技术出版社.

薛富兴,1998.意境:中国古典艺术的审美理想[J].文艺研究(1):23-32.

薛富兴,2000.东方神韵:意境论[M].北京:人民文学出版社.

严复,2004.严复选集[M].周振甫,选注.北京:人民文学出版社.

颜元,1987.存学编[M].北京:中华书局.

杨炳,2018.习武序[M]//路遥.义和团运动起源研究.济南:山东大学出版社:300-304.

杨伯峻,2016.春秋左传注[M].北京:中华书局.

杨恩寰,2002.美学引论[M].2版.沈阳:辽宁大学出版社.

杨国荣,2003.审美的形上意蕴[J].社会科学(6):97-104.

杨国荣,2008.论规范[J].学术月刊,40(3):5-14.

杨国荣,2011a.成己与成物:意义世界的生成[M].北京:北京大学出版社.

杨国荣,2011b.道论[M].北京:北京大学出版社.

杨国荣,2013a.慢议"体验"[N].中国社会科学报,2013-05-13(6).

杨国荣,2013b.人类行动与实践智慧[M].北京:生活·读书·新知三联书店.

杨儒宾,1999.儒家身体观[M].台北:"中研院"中国文哲研究所.

杨天宇,2004.周礼译注[M].上海:上海古籍出版社.

杨天宇,2011.礼记译注[M].上海：上海古籍出版社.

杨文轩,陈琦,2014.体育概论[M].2版.北京：高等教育出版社.

杨武,鲁生,晓剑,等,1986.简明武术辞典[M].哈尔滨：黑龙江人民出版社.

叶朗,1998.说意境[J].文艺研究(1)：17-22.

叶适,2010.叶适集[M].2版.刘公纯,王孝鱼,李哲夫,点校.北京：中华书局.

叶滋森,1879(清光绪五年).靖江县志[M].刻本.出版地不详：出版者不详.

尤志心,2012.孙氏三十六手太极拳[M].太原：山西科学技术出版社.

于学剑,1989.戏谚赏析[M].济南：山东文艺出版社.

余功保,2016.陈小旺太极手册[M].北京：华文出版社.

余英时.从价值系统看中国文化的现代意义[M]//《文化：中国与世界》编委会,编.文化：中国与世界：第1辑,北京：生活·读书·新知三联书店,1987.

俞大猷,剑经.2006[M]//马力.中国古典武学秘籍录：上.北京：人民体育出版社：18-38.

俞剑华,2016.中国画论类编[M].北京：人民美术出版社.

俞晓艳,路明晶,2011.太极拳：一种具有哲学意趣的艺术[J].搏击·武术科学,8(4)：19-21.

郁振华,2012.人类知识的默会维度[M].北京：北京大学出版社.

袁禾,2007.中国舞蹈意象概论[M].2版.北京：文化艺术出版社.

袁禾,2011.中国舞蹈美学[M].北京：人民出版社.

曾天雪,王飞,2002.20世纪武术美学研究的反思[J].武汉体育学院学报,36(3)：44-46.

张伯伟,2002.全唐五代诗格汇考[M].南京：江苏古籍出版社.

张光直,2000.青铜挥麈[M].上海：上海文艺出版社.

张孔昭,1988.拳经[M].北京：北京师范大学出版社.

张江华,刘定一,2012.起点即终点：武术发展的知识向度[J].体育科学,32(5)：42-48.

张觉,等,2007.韩非子译注[M].上海：上海古籍出版社.

张茂于,1988.武术运动中的美学探讨[J].成都体育学院学报(1)：39-42.

张选惠,1983.论武术套路的演变[J].成都体育学院学报(3)：42-49.

张彦远,1964.历代名画记[M].上海：上海人民美术出版社.

张章,2012a.说文解字上[M].北京：中国华侨出版社.

张章,2012b.说文解字下[M].北京:中国华侨出版社.

张之沧,2005.论身体教育的迫切性[J].体育与科学,26(4):7-10.

张之江,1932.致天津大公报社函[N].大公报,1932-08-13.

张志勇,1998a.论中国武术美学思想的内涵与特征[J].成都体育学院学报(1):11-15.

张志勇,1998b.中国武术思想概论[M].开封:河南大学出版社.

赵尔巽,柯劭忞,等,1977.清史稿·列传·曹竹斋传[M].北京:中华书局.

赵晔,2006.吴越春秋校注[M].张觉,校注.长沙:岳麓书社.

郑仕一,2006.中国武术审美哲学:现象学诠释[M].台北:文史哲出版社.

郑仕一,2010.剧场表演艺术之审美感知的默会研究:以舞蹈为观照对象[D].苏州:苏州大学.

郑文生,闭锦源,1990.浅谈武术套路运动与表演艺术的关系[J].湖北体育科技(4):67-70.

郑玄,孔颖达,2004.礼记正义:五[M].济南:山东画报出版社.

《中国武术教程》编写委员会,2004.中国武术教程:上册[M].北京:人民体育出版社.

中华全国体育总会文史编写委员会,中国国家体委体育文史工作委员会,1990.中国古代体育图说[M].北京:北京燕山出版社.

钟錂,1985.颜习斋先生言行录[M].北京:中华书局.

钟嵘,1991.诗品[M].北京:中华书局.

周瑾,2005.心与手,知与会:评杭间的《手艺的思想》[J].北京大学学报(哲学社会科学版),42(1):155-157.

周均平,2011.壮丽:秦汉审美文化的审美理想[J].河南社会科学,19(2):166-172.

周伟良,2003.中国武术史[M].北京:高等教育出版社.

周伟良,2005.简论武术技术特征的历史演化[J].北京体育大学学报,28(2):250-252.

周伟良,2013.论武术套路的历史形成与发展[J].中华武术研究,2(4):17.

周宪,2008.视觉文化的转向[M].北京:北京大学出版社.

周英杰,2011.大历史的小切面:中国近现代史的另类观察[M].桂林:广西师范大学出版社.

周与沉,2005.身体:思想与修行——以中国经典为中心的跨文化观照[M].北京:中国社会科学出版社.

周振甫,2013.周易译注[M].北京:中华书局.

朱承爵,1985.存余堂诗话[M].北京:中华书局.

朱高正,2015.周易通解[M].上海:华东师范大学出版社.

朱光潜,1988.丰子恺先生的人品与画品:为嘉定丰子恺画展作[M]//丰华瞻,殷琦.丰子恺研究资料.宁夏:宁夏人民出版社:116.

朱光潜,2005a.文艺心理学[M].上海:复旦大学出版社.

朱光潜,2005b.无言之美[M].北京:北京大学出版社.

朱光潜,2006.诗论[M].合肥:安徽教育出版社.

朱良志,2006.中国美学十五讲[M].北京:北京大学出版社.

朱志荣,2005.中国审美理论[M].北京:北京大学出版社.

朱志荣,2012.中国艺术哲学[M].上海:华东师范大学出版社.

朱志荣,王怀义,2008.从实践美学到实践存在论美学[M].苏州:苏州大学出版社.

资华筠,2006.说舞:舞蹈学研究文萃[M].北京:文化艺术出版社.

宗白华,1981.东方书林俱乐部文库:美学散步[M].上海:上海人民出版社.

邹一桂,2019.邹一桂集:下[M].杭州:浙江人民美术出版社.

左丘明,1988.左传[M].蒋冀骋,标点,长沙:岳麓书社.

左丘明,2010.国语[M].郑州:中州古籍出版社.

后 记

　　岁月匆匆，一转眼距离 2015 年的博士论文答辩已过去整整六年。如今检阅与修改当时的研究成果，仿佛又看到了那个对自拟的选题涉猎并不深、多少有些不知深浅但充满学术激情与学术理想的自己，仿佛又回到那些埋头苦读、绞尽脑汁、搜肠刮肚、反复斟酌的博士论文撰写的"幽暗"岁月里。如今回想，苦是真的苦，但却又打心眼里为自己能这样披荆斩棘闯过艰难的岁月而感到快慰。人生能有几回搏，否则当我们将来步入晚年，有什么资本说自己曾经年轻过、曾经奋力拼搏过呢？

　　在这六年里，我依然过着读书、练拳、教学、科研的平淡生活，但却时有于平淡中捕捉到生活本真模样的欣然与释然。尤其是在这勿忘勿助、日日坚持的习武练拳与教学科研中，我不时发现，自己在读博期间所从事的"中华武术套路的美学研究"，其实可以渗透在生活与工作的时时处处，可以在与学生、与师友、与同事、与家人等的各种交流与探讨之中随时链接、纵横开掘，那种快乐是无与伦比的。我也更深刻地体会到，中国美学终究不是偏重思辨的概念分析与体系建构，而是注重生活中处处捕捉那些既感性又深刻、既俗又雅的情景与瞬间，当我看到与体验到那些看似高深玄妙的美学话题，可以在感性具体的武术套路运动中与生活中得到活泼灵动的展现与探究时，平淡的日子也便多了几分品味的乐趣与体悟的厚度。

　　如我在本书中反复强调的，中华武术套路是一项区别于他国武技、具有鲜明民族特色的身体技艺，它的孕育、产生、发展与成熟，都离不开中华传统文化的滋养，以至于任何时候其一出场，那浓浓的中华传统文化气息就扑面而来、无以遮拦。虽然撰写《从仪式到纪录：现代体育的本质》一书的美国学者阿伦·古特曼（Allen Guttmann）说："传统体育与现代体育之间的历史区别要比美国体育与欧洲体育之间的当代差异重要得多。换句话说，现在与历史的对比要远比这里与那里的对比重要得多。"但我依然要说，不管中国武术（包括武术套路运动）自近现代以来已被纳入体育学科和发生了多少新变化，武术套路运动作为一种身体文化样态所具有的民族文化的"异质性"，却是永恒与不容忽视的；而且，随着现代同质化文明的全球流布与深入发展，对"这里"与"那里"的"差异性需求"还会更加惹人关注。武术套路作为聪慧的中国人民贡献给世界的一种独特身体文化景观，尊重她、承认她、接受她、认识她、诠释她、发扬她的独特审美价值和多样功能价值，仍然具有不容忽视的深远意义。

本论著是在我的博士论文基础上加工修改而成的。本研究得到国家社会科学基金教育学青年课题（CLA130193）资助，还得到华东师范大学新世纪学术出版基金的资助。华东师范大学出版社的编辑进行了细心而严谨的编校，在此一并鸣谢！

李富刚

2020 年 8 月